U0051398

實相經宗通

——第六輯

——平實導師　述

ISBN:978-986-5655-06-8

本經古來並未分品，是故此書亦無目次。

佛法是具體可證的，三乘菩提也都是可以親證的義學，並非不可證的思想、玄學或哲學。而三乘菩提的實證，都要依第八識如來藏的實存及常住不壞性，才能成立；否則二乘無學聖者所證的無餘涅槃即不免成爲斷滅空，而大乘菩薩所證的佛菩提道即成爲不可實證之戲論。如來藏心常住於一切有情五蘊之中，光明顯耀而不曾有絲毫遮隱；但因無明遮障的緣故，所以無法證得；只要親隨眞善知識建立正知正見，並且習得參禪功夫以及努力修集福德以後，親證如來藏而發起實相般若勝妙智慧，是指日可待的事。古來中國禪宗祖師的勝妙智慧，全都藉由參禪證得第八識如來藏而發起；佛世迴心大乘的阿羅漢們能成爲實義菩薩，也都是緣於實證如來藏才能發起實相般若勝妙智慧。如今這種勝妙智慧的實證法門，已經重現於台灣寶地，有大心的學佛人，當思自身是否願意空來人間一世而學無所成？或應奮起求證而成爲實義菩薩，頓超二乘無學及大乘凡夫之位？然後行所當爲，亦行於所不當爲，則不唐生一世也。

——平實導師

如聖教所言，成佛之道以親證阿賴耶識心體（如來藏）爲因，《華嚴經》亦說**證得阿賴耶識者獲得本覺智**，則可證實：證得阿賴耶識者方是大乘宗門之開悟者，方是大乘佛菩提之眞見道者。經中、論中又說：證得阿賴耶識而轉依**識上所顯真實性**、**如如性**，能安忍而不退失者即是**證真如**，即是大乘賢聖，在二乘法解脫道中至少爲初果聖人。由此聖教，當知親證阿賴耶識而確認不疑時即是開悟眞見道也；除此以外，別無大乘宗門之眞見道。若別以他法作爲大乘見道者，或堅執**離念靈知**亦是實相心者（堅持意識覺知心離念時亦可作爲明心見道者），則成爲實相般若之見道內涵有多種，則成爲實相有多種，則違**實相絕待**之聖教也！故知宗門之悟唯有一種：親證第八識如來藏而轉依如來藏所顯眞如性，除此別無悟處。此理正眞，放諸往世、後世亦皆準，無人能否定之，則堅持離念靈知意識心是眞心者，其言誠屬妄語也。

——平實導師

自　序

大乘法之般若實證即是親證法界之實相，由於親證法界實相而了知萬法之本源，所見一切法不離**中道**而不墮二邊，如是現觀之智慧即名實相般若。一切已證實相法界而住於中道者，悉皆有此實相智慧，亦皆能親見實相法界之本來眞實與如如境界，即名**證眞如**者，是故一切證眞如者亦皆是親證實相而有實相般若之賢聖。如是賢聖亦皆同觀一切有情各各都有之眞實心性如金剛，永不可壞，名之爲親證**金剛般若**之賢聖。又親證實相者，必定得見涅槃之本際，洞見不迴心阿羅漢所入無餘涅槃中之本際，亦見定性聲聞聖者阿羅漢不知不見如是**涅槃本際**之事實。如是四理，一切有心修證大乘佛菩提道者皆應知悉；如是正理亦是亙古亙今永遠不變之理，故名如是覺悟者爲無上正等正覺。

關於眞實心之體性猶如金剛而永不可壞之正理，於拙著《金剛經宗通》中所說已多，於此即不贅述。**實相**者，謂宇宙萬有之本源，山河大地、無窮時空之所從來；亦謂一切有情身心之所從來，即是禪宗祖師所說父母未生前之自己本來面目，或謂本地風光、莫邪劍、眞如、佛性——成佛之性……等無量名所指涉之眞實體；以要言之，舉凡親見宇宙萬有之本源而能反復驗證眞實者，即名親證實相。

眞如者，謂此眞實心出生萬法而佐助萬法運作之時，能使所生之蘊處界內法及山河大地、宇宙星辰等外法運爲不絕，永無止盡，如是顯示自身之眞實性，而其自身之體性復如金剛永不可壞，合此二者故名爲眞；此眞實心於無始劫來如是生滅萬法之時，卻是如如不動，從來不於萬法起念而生厭惡或貪愛，乃至於未來無盡時空之中亦復如是絕無絲毫愛厭，永遠如如不動，故名爲如。合此**眞**與**如**等二法，故名**眞如**。

中道者，謂此實相心如來藏恆處中道，不墮二邊。世間人每執識陰六識覺知心自己爲常，不知前世覺知心是生滅法，唯能一世而住，捨壽入胎後即告永滅，不至今世；此世之識陰覺知心則是依此世五色根爲緣而生，非從前世往生而來此世，故有隔陰之迷，不憶前世。故說此世覺知心並非常住不變之本來面目，不論有念或離念之覺知心，捨壽入胎後永滅，不至後世，故此覺知心生滅有爲無常無我；而世間人不知，執此覺知心爲常，即墮常見外道所執之常，不離常邊。有一分外道經由觀行發現覺知心自己有如是過失，不能來往三世亙久永存，於是轉生一切有情死後斷滅之邪見，因此撥無因果，成就邪見，名爲斷見外道。然而親證此眞實心第八識如來藏者，現見一切有情之實際理地本是此心，不墮於覺知心與五陰境界中故離常見，亦因已見此心而知五陰永滅之後並非斷滅空故離斷見，亦見此實相心從來不住於六塵境界中，是故永遠不墮常斷二邊，亦復永遠不墮善惡、美醜、生滅、來去、一異、俱不俱、生死……等二邊。一切賢聖如是親證之後，轉依於如是實相法界境界，永遠不墮二邊而亦不離二邊，常住於三界之中自度度他，是名親證中道之賢聖。

涅槃者，無生無死、不生不滅之謂。阿羅漢以斷除我見、斷盡我所執及我執，捨壽之後永遠不受後有，永無後世五陰故不再流轉於三界生死之中，名爲入無餘涅槃。然而親證實相之賢聖菩薩，親見阿羅漢捨壽後不再受生，滅盡後有永無未來世之蘊處界時，如是無餘涅槃實即第八識如來藏獨存之境界。於其第八識獨存之際，無五蘊、十八界，迴無六塵及能知者，絕對寂靜亦絕對無我，故名無我，亦名涅槃寂靜，即是證得無生。而此絕對寂靜之涅槃中仍係如來藏獨存之境界，外於第八識如來藏即無涅槃之實證與存在；親證實相之菩薩於發願世世受生人間而世世陪同有緣眾生流轉生死之中，親見阿羅漢捨壽後所入之無餘涅槃境界，於阿羅漢未捨壽前即已存在，親見其捨壽後第八識獨存之無生無死、不生不滅而絕對寂靜之境界，無待捨壽滅盡蘊處界之後方見，故名實證無餘涅槃本際，名爲本來自性清淨涅槃。能如是現觀者，能知萬法背後之實相境界，方名親證實相之賢聖，必有實相般若。

而此眞如心、涅槃心、中道心、金剛心，實即第八識如來藏也，是萬法生滅之實相，故名實相心。此實相心於因地名爲阿賴耶識，通名如來藏、異熟識，即是求證實相智慧、求證中道智慧之佛弟子所應殷勤求證者。凡證此心而能轉依成功者，皆入菩薩五十二果位中之第七住位，已入三賢位之菩薩數中，其實相般若已非阿羅漢之所能知。若外於此眞實心如來藏而求佛法，皆無眞如可證，亦皆不見中道、涅槃，即無實相般若可言，名爲無知無證般若之凡夫。舉凡否定此第八識眞如心如來藏者，即無眞正佛法可知可證；故說否定第八識心而竟勤心求證佛法者，即屬心外求法者，是名佛門外道。當代、後代一切禪宗大師與學人，於此皆應留心；以此緣故，平實特請《實相般若波羅蜜經》爲大眾宣演；於宣演實相義理之時，益之以宗通之法，欲令眞求佛菩提道之眞實修行佛子得有入處，眞實生起實相般若，是故宣講《實相經宗通》。而今宣演圓滿整理成文，總有八輯，欲益今世、後世眞學佛法之有緣人；若世世代代皆有佛子因此實證者，非唯大乘佛法得以久住，亦令二乘正法得因諸菩薩之親證實相，亦得復興同能住世，即能廣利人天。茲以此書整理成文欲予出版流通天下，即述上理提醒學人，即以爲序。

佛子 **平實** 謹序

公元二〇一三年驚蟄 誌於竹桂山居

第六輯：

實相般若波羅蜜經

（上承第五輯未完內容）

接下來說：「一切眾生眞法性，是瞋眞法性。」爲什麼瞋的眞法性，也是一切眾生的眞法性呢？也就是說，瞋這個法性本來就含藏在自己的如來藏心中，而瞋心的現行是與意識、意根相應的；但問題是，爲什麼意識、意根能與瞋相應？這裡面有一個問題存在：意識與意根的瞋種子是含藏在如來藏中，而如來藏離見聞覺知，憑什麼把這個種子去流注給意識與意根？由這裡看來，顯然如來藏不是完全沒有見聞覺知，因爲意識、意根想要起瞋的時候，如來藏就全部支援而流注出瞋的種子讓祂去起瞋。如來藏爲什麼能夠這樣？其實都因爲如來藏以祂的妙眞如性在運作，才能夠使祂收藏的瞋心種子流注出來而與意識、意根相應。如果不是祂這樣運作，意識、意根憑什麼跟如來藏的瞋種子相應？瞋種子並不是由意根、意識自己執持的。可是如來藏很清楚瞭解意識、意根此時需要跟這一些種子相應，所以就把這個功能差別流注出來而讓意識、意根起瞋。

並且有一個現象，諸位有沒有注意到？只要每天吵架習慣了，只要是每天互相抬槓習慣的人，意識常常想說：「**我明天遇到他，不要再跟他抬槓，也不要再跟他吵架了。**」可是偏偏明天遇見了，又不自覺地繼續抬槓、吵架了，控制不了啊！那是見面就不離吵架，避免不了啊！爲什麼呢？因爲如來藏的眞覺具有這個功能，祂能夠去了別：意識、意根現在需要生氣了。因爲意識才一見，意根就知道這個人是每天都與自己抬槓的傢伙。好啊！只要對方一開口，馬上就抬槓過去了，眞的毫不遲疑，幾乎是直覺的反應。然而，何以至此呢？這就是如來藏的妙眞如性在運作。這個道理很難有人去瞭解祂究竟是怎麼運作出來的，明明是兩個不同自性的心，而瞋的種子又是由不了別六塵的如來藏所執持的，這個種子卻不跟如來藏相應，流注出來時卻是跟意識、意根相應。這表示什麼？表示說，其實世間法的一切法性不外乎如來藏的眞法性，所以意識、意根這個瞋的法性，其實不外乎如來藏的眞實法性，也就是眾生的眞實法性。

因爲眾生有眞有假——每一個有情都是有眞有假，眞假和合才能成就一個有情。不能像那些大師說的：「我們全部都是虛妄的，沒有眞實常住的我，一切都是生住異滅。」既然一切都是生住異滅，請問：「你把一切生住異滅都觀行完了，蘊處界都生住異滅，入了涅槃時五蘊、十八界都滅盡了，是不是斷滅空？你還有下一世嗎？」當我們這麼一問，他們就只好口似扁擔，閉得緊緊地，都不開口了。有沒有？有啊！你看印順就這樣啊，一直都不開口，追隨著他的那一些法師們也都不開口，然後就用一些事相上的話來講一些沒有意義、沒有營養的話：「這蕭平實程度太差了，我才不理他。」可是他們從來不在法上開口，爲什麼呢？因爲若要從法上來說時，他們嘴巴已經不是他們的，口掛壁上而不能用了！何以至此呢？因爲他們都不知道一切眾生的眞法性就是瞋的眞法性，不曉得瞋心的種子雖然是虛妄性的，卻附屬於如來藏、含藏於常住不壞的如來藏之中，流注出來的時候是跟意識與意根相應的；而我們說出來的正是這種凡、愚都難理解的法，所以他們只好在法上閉嘴了。

所以說，這瞋的法性是從如來藏中來，如來藏是眞實法、是眞法性。意根雖然是種子生住異滅而恆時不斷地存在的，卻還是從眞實法性的如來藏中生出來的。所以，如來藏就像兩頭蛇。有沒有人見過兩頭蛇？沒有啊？前幾年還有人看見兩頭蛇，把牠拍照出來而在電視上被報導呢。佛法中的兩頭蛇意思是什麼呢？是一個很長的身體生出兩個頭來。也就是說，祂生出第一個頭叫作相分，譬如說五色根是外相分，加上了意根這個心就成爲六根，就能出生自己的六塵相分——十八界裡的六塵，五色根與六塵就叫作有情自己的相分。可是如來藏身體把這個相分生出來要幹嘛呢？要給見分玩；見分就是兩頭蛇的另一個頭，就是要給自己的見分來玩自己的相分，而見分與相分全都是自己的如來藏所生的，全部附屬於如來藏才能運作；是由如來藏支援見分與相分的內涵，由如來藏所生的見分來與相分互動，有情眾生就這樣成爲自己玩自己，並沒有外法可言。

以一般的層次而不從種智的層次來說見分、相分（因爲見分、相分、自證分、證自證分這四分的道理太深了。其實八識心王又各有四分，但是那又更深了，所以我們不講，我們單講一般學佛人能聽得懂的層次），相分，比如五色根以及六塵，都屬於相分；那麼見分呢？就是六識心加上意根，也就是見聞了了而處處作主的自我。每一個人都是由自己的六識心、意根來了知自己的相分，來玩自己這個相分；而見分與相分都是由如來藏自體生出來的，如來藏生出了自己的見分來玩如來藏生出的自己的相分，簡單一句話叫作自己玩自己。既然是自己玩自己，而所接觸的六塵永遠是自己如來藏所出生的六塵——覺知心見分並沒有眞的看見外相分六塵，都只是看見如來藏藉外六塵而變現出來的自己十八界所攝的內相分六塵。大家理解這個道理了，那麼請問：當你花了好幾萬元去美國大峽谷觀光的時候，覺知心看見那個色塵很壯觀的時候，所能看見的那個壯觀的相分是如來藏生的？還是大峽谷自身的？（大眾答：如來藏。）錯了！因爲若沒有大峽谷，如來藏也無法在當時生出這個相分。

可是從另一方面來說，你們剛剛講的也對，你們見分所接觸到的那個大峽谷的色塵相分，正是自己的如來藏所生的，是自己的十八界裡的六塵相分之一。是由你的如來藏藉著眼根去攝取了大峽谷外塵相分，來變生你的十八界中的大峽谷影像的內相分，讓你見分覺知心去接觸，然後意識覺得好感動：**「哎呀！好壯觀呵！沒有白來一趟。」**可是推究到最後，覺知心所看見的還是自己的內相分；所以是如來藏生的見分來玩如來藏生的相分，還是自己玩自己，所以經中說如來藏所生見分（能取）與相分（所取），如蛇二頭並行運作。所以我想到這一點的時候，就想：**「我去美國玩幹嘛？我依舊是在把玩自己的相分而已。」**有一度，我開車時很漫不經心，因爲我所見都是自己的內相分。可是後來發覺這樣繼續下去會出問題，因爲把它當作自己的內相分時就會有些漫不經心而隨意開車，久了以後難免不小心而開到山溝裡面去，所以才再拉回來說：**「不行！我開車時不能把所見的外塵繼續看作內相分。」**又拉回來現實中開車。

這意思是說，當你悟後這樣瞭解了以後，你會發覺這個瞋心的相分是從如來藏眞法性中生出來的；可是我們自己這個會起瞋的六、七識見分，也還是從如來藏眞法性中生出來的。那麼請問：這個一切眾生的眞法性，是不是就是瞋的眞法性？是啊！如果這樣子，也許哪一天你走過什麼地方；譬如這邊以前很有名的——三、四十年前很有名的叫作什麼街？保安街還是什麼街？（有人答：保安宮。）不是保安宮，有很多綠燈戶的街道不是嗎？（有人答：華西街。）不是華西街，你們都沒有去逛過所以不知道啊！（有人答：歸綏街。）是歸綏街啦！當你有事情不得不從那邊走過，看見有一些人跑進去裡面花了錢玩女人，結果眞相竟然只是自己玩自己，因爲所得到的依舊是自己的內相分觸塵，對不對？他以爲有玩到妓女，結果他的覺知心還是只能接觸到自己如來藏變生的內相分。當你知道了，也這樣子現觀以後就說：「哎呀！愚癡呀！」因爲你發覺這一切眾生的眞法性，其實就是貪的眞法性；貪的眞法性是如此，瞋的眞法性也是如此，因爲都同樣是如來藏自己的法性啊！

換句話說，一切眾生的貪法性，也就是一切眾生的眞法性；一切眾生的瞋法性，就是一切眾生的眞法性。啊！原來是兩頭蛇，每一個人都是兩頭蛇。沒有一個有情不是兩頭蛇，而如來藏就是那蛇的身體，出生了一個頭叫作相分，又出生另一個頭叫作見分，然後這個見分就跟那相分每天來來去去互動，玩個沒完。這時就不自覺地說道：「啊！原來只是這樣。」這表示說，一切眾生的眞實法性，其實就是瞋的眞實法性，因爲都同樣從眞實法性的如來藏中生出來，而且自始至終都依附在如來藏上面運作；然後眾生都錯把見分與相分當作眞實的自我，就在那邊喜怒哀樂，貪著我所及執著自我而輪轉生死永無盡期，現代的大師們就是這樣子。一般初機學者都以爲說：「我是好眞實的存在，所以我要把握自己、要當自己。」結果努力修行而把握自己、當了自己一輩子，最後悟了才發覺自己是如此不堪，原來眞相就是自己的見分玩自己的相分，而見分與相分可都是如來藏所有的。可是，悟前都不知道自己所接觸的六塵相分是如來藏所生的，還以爲眞的是外六塵的相分，因此就迷己逐物。迷了哪個「己」呢？迷了眞實的自己——忘了自己的如來藏；就在相分裡面輪轉，開始追逐而想要永遠維持住色身和六塵這個「物」，然後把五陰自己當作是最眞實的，卻不知道自己是背後那個如來藏所擁有的。

可是這樣現觀思惟再反覆現觀，證實了以後回來看說：「如來藏收藏了那麼多種子讓我們流轉生死痛苦無量，我乾脆把如來藏滅了吧。」因爲苦受不如無受，誰願意受苦？寧可斷滅空也不要繼續受苦，對不對？應該是如此啊！有誰願意一直受苦而長生不死？如果可以永遠都不死，但每天都是痛苦無量，你要不要？不要嘛！到了那個地步其實是寧可斷滅的，因爲這樣活在三界中眞的沒意思，只有每天受苦無量。如果每天一醒來，每五分鐘、十分鐘就要被刺一矛，這樣好不好？這樣子讓你長命萬歲、萬萬歲，好不好？不好嘛！沒有人願意這樣長命的。都是因爲快活、快樂，所以才願意長命萬歲。如果是受苦的，任誰都不願意啦！所以經論中說：無常故苦，苦故無我。眞是說得有道理啊！

當有人到了那個地步，每天要受三百矛，體無完膚。睡著了就全好了，醒過來又重新再受三百矛，每天這樣子永遠不斷絕，他一定想：「**我寧可死後斷滅空**。**可是又無法全部空掉，怎麼辦？那我把如來藏給毀壞就行了**。」好啊！來想辦法把祂毀壞吧。可是想來想去，沒有一法可以毀壞祂，這才發覺說：「**如來藏是個金剛性，是萬法背後的實相，沒有任何辦法可以毀壞祂；不但咱們證悟的人辦不到，那些凡夫們更辦不到**。」那不然，也許這樣想：「**諸佛總可以辦得到吧**？」事實上諸佛也不行，因爲諸佛就靠祂成佛的，祂才是主體，附屬的五蘊怎麼可能反過來再把主體如來藏毀壞？這樣現觀過了，再看到一切眾生都有這個金剛性，都不能稍微離開這個實相，這就是證得「**金剛智慧度到無生無死的彼岸**」了，就稱爲「**金剛般若波羅蜜多**」。因爲一切眾生說穿了就是如來藏，假使沒有如來藏，還有一切眾生可言嗎？所以菩薩剛悟的時候，不管看到誰都一一指著說：如來藏、如來藏、如來藏。也許哪一天，他一時興起，遇到張三時就說張如來藏，遇到李四時又說李如來藏。其實如來藏本來無名可說，可是為了方便稱呼，就為祂們冠上不同的姓氏，但他們的如來藏也都永遠不會抗議。可是你要想辦法毀壞祂，卻是無法可想，因為祂就是這種金剛性而無法毀壞。

可是再回來看瞋心大發的時候，瞋是從哪裡來的？它還是從如來藏中來，都是從金剛心如來藏中生出來的。這樣看來，顯然瞋的法性是含藏在如來藏中，也是如來藏整體中的一部分，所以瞋的法性也是金剛性，是實相中的一部分；因為如果你把瞋的種子攝歸如來藏，它就是如來藏中的一部分——從一般的有情來說，瞋也是如來藏的一部分。那麼瞋這個習氣種子要什麼時候才有辦法斷盡？要到七地滿心才斷盡。換句話說，即使努力修學佛法以後，二大阿僧祇劫以內，瞋種子都還是歸屬於金剛性。既然二大阿僧祇劫以後才能斷盡，顯然那些瞋都是金剛性，因為它都還歸屬於如來藏中；所以假使有人說如來藏沒有瞋，他就落於一邊；假使有人說如來藏有瞋，也是落於另一邊。可是等他悟了以後說如來藏從來沒有瞋，或說如來藏有瞋，也還是全部正確，因爲他是從如來藏自體來說無瞋，或是從如來藏含藏的瞋種子來說有瞋。

所以悟前說如來藏沒有瞋，錯了；悟後說如來藏沒有瞋，卻又對了，他總是可以轉圜（編案：讀作圓，是圓成其說之意）的。所以將來人家問說：「師父！你悟前不是說如來藏沒有瞋，怎麼悟後還是這麼說？」師父說：「因爲悟前如來藏有瞋，悟後如來藏還是有瞋。」「奇怪！師父您剛剛不是說沒有瞋，現在怎麼又變成有瞋了？」因爲事實上是這樣，不管講有瞋沒瞋都對，因爲種子有瞋、心體無瞋，如今從種子來講就變成如來藏有瞋了；以前從如來藏心體的自性來講無瞋，悟後繼續從心體自性來講無瞋，也是都可以通啊！因爲心體也是無瞋的。但是爲了要讓人家離開執著文字，反過來就告訴他如來藏有瞋，又顚倒過來說了。「師父！我要怎麼樣證悟如來藏？」師父就告訴他：「如來藏有瞋。」悟了以後卻跟師父講說：「我現觀如來藏時，明明如來藏沒有瞋，您那時怎麼爲我說是有瞋？」師父說：「笨蛋！我告訴你的是『如—來—藏—有—瞋—』。」喔！終於會了，原來師父是這樣講的，這才是佛菩提道的實證妙法啦！

所以，只要你悟得深入，又整理得通透，反說正說全都對。而你有時反說、有時正說，目的是爲了什麼？都是爲這一些證悟菩薩們可以增益別相智——後得無分別智，所以佛陀才要這麼樣辛苦地長篇大論演說般若、廣說般若。你這個時候發覺說：「**原來不必把如來藏滅掉，因爲祂的種子是可以轉易的；只要我們轉依如來藏心體的自性，修行轉變自己去依止於祂的清淨自性，原有的瞋種子便能轉易掉。**」這個時候就知道說，原來瞋也是金剛性，也是實相。所有凡夫的瞋法性全都是金剛性，因爲都從如來藏中生出來而依附於如來藏心，本就歸屬於金剛性的如來藏心；由如來藏實相心中生出來以後，瞋本身是生滅變異的，可是它的根源是金剛性的如來藏心，而這個金剛性才是眞實的眾生性。只是眾生不瞭解，就以爲佛法只是在說明一切無常——緣起性空，不知道無常存在的當下就有常住法永遠不壞。既然是眞常不滅，當然就是金剛性，而這個「**一切眾生金剛性**」才是一切眾生的本際。當你通達了，你就知道「**一切眾生金剛性**」即「**是瞋金剛性**」。

爲什麼 世尊要講這麼多的開示呢？是因爲「**一切眾生調伏性，即是菩提故**」。換句話說，前面講了這麼多，都是因爲有覺悟佛菩提的緣故才能講這麼多。因爲只有從覺悟佛菩提的證境來說法時才能這麼說，如果是落在六識心裡面、落在意根裡面，就會落在常見外道等凡夫知見中，就不可能這麼說；若只是悟得二乘菩提，也不可能這樣子說法，因爲還沒有證得佛菩提。這二句經文說的菩提是指佛菩提，不是聲聞菩提、緣覺菩提。菩提名爲覺悟，而覺悟是覺悟什麼？就是覺悟「一切眾生的平等性，即是瞋的平等性」；乃至覺悟「一切眾生調伏性、一切眾生眞法性、一切眾生金剛性」，全都是菩提——都是「一切眾生調伏性」，而這個「調伏性」的現觀智慧是要從覺悟實相心如來藏而得來的。如果沒有覺悟——沒有實證佛菩提，就沒有「一切眾生」的「平等性、調伏性、眞法性、金剛性」可說，我們就說他沒有證得菩提。

爲什麼有這個菩提性呢？因爲眾生的調伏性就是菩提，而這個菩提要從實際理地的現觀來達成，並不是找到如來藏就完成了。找到如來藏的時候只是確定有這麼個實相心，可是這個實相心到底有些什麼自性？還是不很清楚的，還得要去作實際上的觀行而去深入理解。理解了以後才發覺說，不論什麼樣的有情，大家在這個實際理地中都是平等、平等。所以很多人明心的時候，在大殿裡面靜坐現觀時，一隻蚊子飛過來了，平常是馬上一巴掌讓牠沒命，現在發覺說：「牠在那邊叮、叮、叮，但牠跟我是平等的。」所以不打牠，讓牠去叮著也就算了：「我布施給你的，不超過一西西的血吧？」特別是女眾，本來很害怕的，結果看到在腳邊彎彎曲曲來來去去的，就說：「原來是蜈蚣菩薩。」蜈蚣也變成菩薩了，突然間不害怕了。以前看見那隻東西，一定要大叫「媽呀！」對不對？現在突然不叫了。何以至此？因爲看見牠跟自己都是如來藏性而平等、平等。得要從這裡來現前觀察，才會有菩提可言；如果不這樣觀行出來而轉依了，那就沒有覺悟了。光知道般若的密意又有什麼用？知道是知道，畢竟不是自己參出來的，不能成功轉依，就沒有智慧與功德受用啦！他是什麼功德受用都沒有的。

但是也要從這裡去觀行看看說，自己這個金剛心如來藏能不能與其他有情的如來藏合併？一定會發覺永遠沒辦法併，根本就合不起來。或許他又想：「從另一個方向來試試吧，不然我把自己的金剛心切一切，一刀切成兩個，我就可以有分身了。那我有眞身，也有分身，如果我有什麼事情正忙著，還得要處理另一件事情，便叫他去幫我作。」行嗎？不行！所以，那一些所謂的醫學家搞什麼複製人？其實都不是複製的，他們都是迷心而逐物；那只是把一個細胞弄出來放在一個適合分裂、成長的環境中，實質上是另外有個如來藏住進來讓細胞去分裂、成長而已。

事實上並不是由醫學家複製出另一頭羊，而是由另一個有情捨命後的如來藏來進駐而藉那個細胞製造出來的，並不是誰複製的。所以我十年前早就說過：「**如果『複製人』能夠弄得成功，那個委託複製『另一個自己』的主人，後來一定會怨：爲什麼從我的細胞複製出來的人，都不聽我的話？**」因爲他和那個複製人所持的無明種、有記業種、無記業種全都不一樣；因爲那個被複製的人其實是另外一個如來藏，進駐了他已經捨離的細胞而發展成爲另一個人，雖然跟他長得非常相似或者一模一樣，可是個性也許是完全不同的，也許差不多，但一定不會完全一樣。所以那個被複製出來的人一定不會完全聽命於所謂的主人，最多只是像父子、母女的關係一樣，依舊不是他自己；因爲那個複製人也是獨立的個體，有自己獨有的如來藏心和一切種子，所以也是和他一樣平等的。而複製人的如來藏中的內涵，跟提供細胞給他成長的主人是一模一樣具足無漏有爲法種子的，但卻有自己往世所熏習的各類無記業、有記業等種子，與他的主人大不相同，所以複製人有自己的完整種子。除非那個主人有辦法把自己的如來藏切一半、種子也分一半給他（如果這事情可以成功，當然會有後遺症），否則雙方是完全無關的兩個各自完整的人——從心性上來說。

這樣的事實彰顯了什麼道理？彰顯了每一個有情的實相心如來藏都同樣是金剛性的。金剛性的意思，表示祂是不增亦不減的。既然是不增不減的，就表示說：一切有情的實相心如來藏都是唯我獨尊而不可分割或複製，因爲每一個人都是獨一無二的。你也可以說：每一隻鬼、每一隻螞蟻都是獨一無二的，因爲他們的本際眞識全都和我們一樣不增也不減。由於現觀有情實相心如來藏這個不增不減的金剛自性，所以成就了你的菩提，當然就能了知眾生的調伏性是因爲有實相心如來藏，所以 世尊說：「**一切眾生調伏性，即是菩提故。**」

實相心如來藏有很多不同層面的法義，就因爲這樣，所以從明心七住位滿心，進修到十迴向滿心即將進入初地時，要修多久呢？一大阿僧祇劫的三十分之二十三，那是多久的時間呢？諸位可以自己想一想。所以佛法不是這麼簡單的，但是要說簡單也很簡單，只要你親證了如來藏，接下來有《般若經》作爲你的善知識，每天抱著《般若經》好好去讀，你就可以一面讀、一面現觀、一面思惟。思惟完了，那經中說的教理就轉變成你自己的，再也不會有人能夠遮障你。你只要去思惟完了——一面思惟一面用你所證的如來藏去作觀察比對，這樣子思惟完了，你所讀過的《般若經》的法義就是你的。

這時候有一天，突然你心血來潮說：「我來正覺以前，我那師父的道場那麼大、名望那麼高、徒眾這麼多，應該還有一些可取之處吧！」所以有一天突然覺得說：「今天好像沒什麼事。」想起來說：「好啊！師父有哪一本書是最有名、最勝妙、最深奧的？我來讀讀看。」往書架上去找：「這一本好了，是專講修證的。」才剛一讀，就會慶幸說：「好在我這時沒有正在吃飯。」因爲你會覺得他書中講的都很可笑。這表示什麼？這表示你已經不是昔日的吳下阿蒙了。可是你這智慧是從哪裡來的？從證得實相心如來藏而生出來的。那麼對於學人來說，剩下的問題就是：想要證如來藏時該怎麼證？我還是請 釋迦如來告訴你吧！爾時如來復說咒曰：荷——！

不過老實說，如來這個時候手頭有一點儉。如來有時候手頭很奢，可是公開面對不同根機的很多聽眾時，手頭當然要儉一點，才不會毀壞正法。你不能怪說：「釋迦如來就是偏心，爲什麼不讓我們全都一聽就懂？沒有平等心嘛！既沒有平等性，還爲我們說什麼平等性？」有一些粗淺根機的人就會這樣想。可是說實話，如來的心臟也是偏在左邊，從來不在胸腔的中央；因爲「平等」是要從基礎的平等來說，不可以是齊頭式的平等。如果責備你說：「你長那麼高幹什麼？把頭砍掉，要跟別人平等。」那其實不是眞平等。眞平等應該是基礎平等，誰是最高的人，要看所站的地方是否一樣高來斷定，才是眞平等；誰能夠在世間法中站在最高處，那也是要憑各人的本事，不應該是依靠特權。所以假使 如來覺得這個人的菩薩性很夠，福德也足夠，就會多給一點妙法，因爲讓他儘快悟了就可以利益很多人。可是如果這個人的根性是聲聞性，他的菩薩性遠遠不夠，如來就會手頭儉一點，只給他聲聞法的實證功德。如果在大眾中給了大家同樣的指示，他能夠參究得出來，就表示說他一定心性有轉變了，開悟所應有的福德也足夠了，才有辦法把這個菩薩妙法悟得出來。如來始終是這樣度人，我們也要如此效法。

那麼，這樣講過這段經文中說的四個法：平等性、調伏性、眞法性和金剛性。從理上直接依經文講過這四個法以後，我們再來看看補充資料。這個瞋的平等性、調伏性、眞法性和金剛性，其實總歸一句話也就是如來藏性，只是從不同的層面來作說明，爲的是讓大家可以對如來藏有更廣泛的認知。有了更廣泛的認知以後，萬一哪一天覺得自己好像是覺悟了，才能夠有能力拿來加以檢驗，免得誤犯了大妄語業。所以如來宣講二十九年的般若系列經典，其實就是把這個檢驗的量尺，一把又一把不斷地給你，讓你手裡有一大堆檢驗的尺。

當你認爲自己找到了如來藏，覺得自己是覺悟佛菩提的時候，可以先用這些尺中的一把拿來檢驗看看。這把尺檢驗沒錯，再換另一把試試看。在檢驗的過程中，如果有一把檢驗出來是不符合的，就得全部推翻掉，從頭再來參究，因爲一定是悟錯了。如果全部檢驗過了都正確，才可以自己認定是眞的開悟了。禪宗也是如此，所以祖師勘驗人，手段萬端，內容卻還是只有一個實相心如來藏。其實要勘驗的內容，仍然是在如來藏的實證上面是否有了差錯。如果實證沒有錯，依這個正確實證的如來藏心來作現觀，而用般若系列的所有經典來印證的時候，都可以通達而不會有隔閡，這才是眞的親證實相了。

所以總歸一句話，講了很多種的體性以後，其實無非就是實相如來藏性。在轉依於實相心如來藏的平等性之中，使得一切有情，使得一切法，都能夠加以平等觀待。在平等觀待之後，還是應該再轉依於如來藏這個實相法在一切功能差別上面顯示出來的，全無所得、全無境界、都無所有的涅槃實際的境界。要藉著這樣實證而產生的智慧來轉依實相法界之後，來滅盡大乘法中非常非常寬廣的大乘見道所應斷的異生性，所以才要經歷一大阿僧祇劫的三十分之二十三那麼長的過程，才能夠完成入地所需要的初分道種智的極少分；因爲剛入地時並沒有具足第一分的道種智，只是剛剛註冊而要開始修學第一分的道種智而已。

也因爲要藉著這樣修學般若別相智的過程，來一步又一步把性障的現行給修除掉，否則沒有辦法永伏性障如阿羅漢，就無法入地了，因爲入地以後常常要接受愚癡卻又剛強的眾生糟蹋和侮辱。大家都很希望趕快入地，可是入地後是要接受那種眾生的侮辱糟蹋，而你不許作負面的回報。如果眾生出來罵：「這蕭平實眞是個邪魔外道！」然後蕭平實趕快上網就回罵過去了，那表示蕭平實接受不了眾生的糟蹋侮辱。所以，有人希望我也上網去跟那些人回應回應，我說：「我才沒那個閒功夫，我的時間很寶貴。」本來就應該能夠接受眾生的侮辱和糟蹋，不然就跟眾生一樣了，所以別要求我針對某一個人的辱罵而上網去回應。我從來不上網，我如果上網，就一定是寄信，或者我們的義工網站有時要上去處理一些事情，其他的網站我可就不上去了，我哪有那麼多閒功夫？更何況被無明而貪著的眾生辱罵，本來就是我要接受的事。

所以悟後一定要能夠在這一些時間裡面，藉著修學般若的別相智而把性障的現行去除，才有資格去發十無盡願。否則，每天跪在 佛前把十無盡願痛哭流涕地發了，還是原來的三賢位菩薩，沒法子入地的。佛陀看見他每天都跪在那邊發十無盡願，也只能搖頭，無可奈何！爲什麼呢？因爲他都沒有辦法如實去修行永伏性障——不能完成慧解脫的修證而重新保留一分思惑以潤未來世生；也沒法子努力快速修集入地時應有的大福德。所以，必須要像我說的這樣作，才有辦法完成相見道位的功德。當然，不可能一悟就成爲初地菩薩，除非你過去世已經悟過很久而走過第一阿僧祇劫了，只因還沒有離開胎昧而不得不在此世重新悟入。

因此有人主張（不但是「有人」，而且是有許多大師在書裡面也都這麼講）說：「**開悟了就是初地聖人。**」然而我們在書中說：「**真的開悟了，只是剛剛進入第七住位的菩薩。**」他們還罵我說：「你蕭平實故意把禪宗給貶低了。」我說：「**我若真的貶低了禪宗，對我有什麼好處？我也是禪宗裡的開悟者，那我不是把自己貶低了嗎？那對我有什麼好處？**」真的沒有好處嘛！但我爲什麼要這樣講？因爲我就是要讓大家瞭解真相，也要讓大家回歸到真正的佛菩提中，必須每一步都如實，不能虛假、自我膨脹，隨隨便便就宣稱已經入地了，那是大妄語業。可是我這樣說了以後，固然有人罵我說「**故意把禪宗貶低了**」，而那個人竟然同時也罵我說：「**你這樣說是在高抬自己。**」奇怪！他們說悟了就是初地，我證實我悟的沒錯，他們也無法推翻我，好像應該是入地了；而我把開悟的果位拉下來說只是第七住位，他們竟然還罵我是高抬自己。他們這個邏輯，真不曉得是怎麼成立的；反正他們喜歡罵就由著他們罵去，我也不想去管他們。我只要把佛法如實地解說出來，讓大家得到利益就夠了。

這意思是說，證悟了是才剛剛在佛教大學裡面註冊完成，還沒有開學呢，可不要以爲自己多麼了不起；因爲後面眼見佛性的第二關在等著他，也還得再過牢關，才能接著完成相見道位的般若智慧。只要牢關過了，相見道位的智慧大約就可以通達，接著只要把般若諸經好好詳細瞭解吸收就行了——但這一著很難。然後還得要怎麼樣呢？還得要趕快離開欲界愛；可是離開欲界愛以前，一定要把未到地定好好修成。所以悟了以後還眞的如喪考妣，悟了不會比悟前快樂，因爲悟後有更多的事情要作。悟前只有一件事情要作：趕快開悟。悟後卻有很多事在等著，這就是你們進入正覺同修會的悲哀！（大眾笑…）所以有機會不斷地承接法露——或者說法乳——要好好吸收，不要輕易放過。有任何機會是可以幫助自己入地的，都要好好把握去作。可是這樣就能入地了嗎？不行，入地還需要大福德。

「**大福德是什麼？我每年捐一千萬元好不好？**」我當然說「好」啊！可是我其實不太歡迎，因爲如果錢多了，我也麻煩；錢來了擺在那邊不動，我要擔因果。你們以爲錢多了就是好，然而，你們捐的人好，我可不好。我若是把錢積在那邊不用，我得要擔因果；雖然沒有一毛錢是落在我口袋裡的，但還是有因果，因爲我把它擺著。話說回來，雖然有人願意每年捐一千萬元，連續捐上五十年，我也還是嫌他的福德少，因爲不如破邪顯正「救護眾生」的福德來得大。這就是說，正法要如何推廣出去，讓眾生回歸到正道來，不要繼續走在邪道中，才是最重要底事。當他們進入正道以後，我們如何把環境設立好，讓他們容易修集福德而容易證悟，讓正法的弘傳可以增加更多的生力軍，這才是眞正的大福德。這樣的大福德不斷地努力去作，而不是爲了自己個人的利益，這才眞的是大福德。如果是摻雜著自己在世間法上的利益，比如說名聲，或者是爲了要很多眷屬來恭敬，或者爲了錢財的利益，那就虧損自己的福德，使得入地的時間得再加長一倍、兩倍、五倍、十倍不等，可就成爲化短劫入長劫了；所以要怎麼樣去修集福德，還得要有智慧判斷抉擇。這福德夠了，其他的條件也都具足了，才有辦法入地。

但是入地之前的一個最主要根據是什麼？就是般若智慧的通達，因爲找到如來藏了就有總相智，也就是得到了根本無分別智，這才是剛剛入門註冊完成，只是眞見道位，還沒有開始正式修學；悟後開始進修了，也還只是相見道位中修學後得無分別智而已，仍然是見道位；所以，證悟了就值得驕傲嗎？不值得！因此明心開悟了以後，來到增上班上課時才會發覺：「原來我只是個小老弟，竟然有那麼多法是我依舊聽不懂的，沒什麼可以傲人的。」不像在會外道場，悟錯了都還覺得自己好厲害，好像卜派一樣；結果遇到正覺的法義時，才知道自己什麼都不是。想要通達般若的別相智並不容易，因爲般若的別相智就是從如來藏的各個不同層面，好像從前後左右上下、天南地北一般，要從各個不同的層面去瞭解祂、去觀察祂，去把祂加以一一體驗實證才能通達，才算是見道位的通達位。

這個是屬於般若別相智慧的部分，然而性障永伏如阿羅漢，爲什麼也是入地條件之一？是因爲要斷除掉大乘見道所應該斷盡的異生性，否則怎能稱爲大乘法中的聖人？而這個異生性與二乘法中見道所斷的異生性，是完全不同的，二者相差太多了。二乘見道所斷的異生性，那範圍是很狹窄，內容也很少的。可是大乘法見道所斷的異生性，層次差別非常多，而且範圍非常地廣，無法一時斷盡，必須很長的時劫才能全部斷盡。所以假使心性好的人，表示他過去世有努力在修除異生性；來到這一世如果能夠見道，如實履踐轉依完成，才有可能一世斷盡大乘見道所斷的異生性。但是還得要靠著對般若別相智的通達，才能夠達到這個目標；否則的話，那麼廣大深廣的大乘見道所應斷的異生性，是很不容易斷的。所以如果想要斷，得要很努力去用功，就得依照經中所說來用功了，《大般若波羅蜜多經》卷五十七：

【「復次善現！若眞如實有性者，則此大乘非尊非妙，不超一切世間天人阿素洛等；以眞如非實有性故，此大乘是尊是妙，超勝一切世間天人阿素洛等。善現！若法界法性不虛妄性、不變異性、平等性、離生性，不思議界、虛空界、斷界、離界、滅界、無性界、無相界、無作界、無爲界、安隱界、寂靜界法定法住本無實際實有性者，則此大乘非尊非妙，不超一切世間天人阿素洛等。以法界乃至實際，非實有性故，此大乘是尊是妙，超勝一切世間天人阿素洛等。善現！若內空實有性者，則此大乘非尊非妙，不超一切世間天人阿素洛等；以內空非實有性故，此大乘是尊是妙，超勝一切世間天人阿素洛等。」】這段經文今晚來不及講，就只能等下週再來說了。

我們上週《實相經宗通》講到補充資料，那麼經文唸過了，還沒解釋，今天要來解釋這一段經文。

佛說：「善現啊！如果眞如是眞實有的法性，那麼這個大乘法就不是尊貴，也不是勝妙的，這個大乘法就會因爲眞如實有的法性，而不能超越一切世間、一切天、一切人、一切阿修羅等；由於眞如不是實有性的緣故，才說這個大乘法是尊貴的、是勝妙的，也是超勝於一切世間、一切天、一切人、一切阿修羅等等。」

對於一般人來說，這個說法好像聽起來蠻震撼的，因爲禪宗說的開悟無非就是證眞如、見佛性。既然證眞如是見道，不共凡夫外道，乃至不共二乘聲聞緣覺聖人，那顯然是非常勝妙的，爲什麼說這個眞如假使是實有的法性，就不算尊貴、就不能超勝了？剛讀到經文這麼講，依文解義來讀就會覺得很震撼：爲什麼會這樣？從文字上來思惟時眞的是無可理解。那麼如果是聰明的大師們，專會作學問研究的，他就會說了：「因爲這個眞如，你親證以後得要不執著祂；你如果執著，那就是有執著性了，就不能解脫生死，所以不超勝、不尊貴。」

從表面上聽起來，這個說法還眞有些道理，所以才會有許多人相信，然而眞的是這樣的意思嗎？不但在還沒有證悟的人之間這樣想，我們六年前最後一批退轉的人（編案：指二〇〇三年初退轉的那批人）也這樣想，然後他們覺得說：「你蕭老師幫我證這個阿賴耶識，祂太平凡、太實在了，但又沒有三界性的眞實法，我不太相信。我想應該還要有另一個眞如，或者說還要有另一個如來藏是更勝妙的。我如果不小心被車子撞了，我叫眞如要使身體不痛，祂就能作到而使身體不痛。如果不小心被刀子割傷了，我叫眞如要使身體不流血，眞如就能使身體馬上停止流血，這樣才能叫作證眞如。」他們這個話傳回來的時候，我就說了：「半年前，我不就預告說他們所謂的證得佛地眞如是回墮意識境界了嗎？」原來他們想要的是有境界法，不是眞如境界。

然後我們不是爲他們印出了一些書嗎？他們又怪起來了：「以前你蕭老師怎麼不告訴我們說這個眞如就是阿賴耶識的眞實性？」我說：「難道以前講《成唯識論》時，我有把那一段解說『眞如亦是識之實性』的文字跳過去不講嗎？《成唯識論》的每一小段，我都要講解二個鐘頭；只是短短的一個小段就要講二個鐘頭，難道有可能把專講眞如是阿賴耶識的識性那一段跳過去嗎？」所以可見，他們上課時在增上班裡面，雖然沒有在打瞌睡，可是我想是在打妄想或聽不懂，才會沒有聽見我的詳細解說。因爲光是眞如這個意思，我在《成唯識論》是講二堂課四個鐘頭才講完的，怎麼會沒有講呢？錄音帶都還在呢。

所以說人眞的不可貌相，我們也學世俗人說不可貌相，剛開始我覺得他們還眞的是恭敬於法。到後來呢，就不是這回事啦！只因爲他想要當同修會領導人這一件事情，我沒有隨順他們，那麼以前我對他們好的九十九件事情就全部推翻掉，當作都不存在，這就是眾生。（編案：因爲在親教師會議中，百分之九十以上的老師們反對，以致平實導師無法退隱而幫不上忙。）所以，以前好多退轉的同修們都是這樣，我幫了他們九十九件事情，最後一件事我沒有幫忙，就把前面九十九件的人情一筆勾銷，這就是初機學人的劣根性。如果沒有這種劣根性，他們就一定不會離開，因爲一定會這樣想：至少蕭老師以前曾幫過我九十九件事情，就只有這一件沒辦法幫我，我還是感恩的。由此可見，想要斷盡大乘見道所斷的異生性，眞的很困難啊！所以入地不是一件容易的事情。

現在話說回頭，世尊爲什麼說「**眞如假使是實有性，大乘法就不勝不妙不尊不貴**」？這是什麼道理呢？這就是說，禪宗說的眞如與諸地菩薩說的眞如，是從不同層面來說的，因爲同是眞如而層次不同啦！但也不該要求禪宗祖師把諸地所說的眞如拉下來在禪宗裡講，而是要提升到法相唯識宗的層次來講，否則他就別幹禪師了！因爲他就得同時當經師、論師而不是只當禪師了；然而那是不可能的，所以一定要分階級、分層次來解說眞如。那麼，禪宗裡面講眞如與佛性，它是兩個法。眞如是在說：眞實心如來藏具有眞實性與如如性，眞實性與如如性合稱爲眞如；所以禪宗就用眞如這個名義來指稱第八識實相心如來藏，所以禪宗講的證眞如就是證如來藏。

如果見性呢，那就又有兩種不同了。有的禪宗祖師講的見性，是親眼看見了佛性，遍山河大地無一處不有，在每一處都可以看見自己的佛性；可是百分之九十九點九的禪宗祖師說的見性，只是說看見了第八識如來藏具有可以使人成佛的法性，這樣的見性就是指明心的境界，所以這一類的禪宗祖師說的明心與見性是同一個法。但是古來能夠教導眾生眼見佛性的祖師，歷史上有文字記錄的不會超過一打人。一打是幾個人？只有十二個人。我說的是，在中國禪宗史的記錄中，不超過十二個人具有眼見佛性的功德。那諸位想想：眼見佛性容易不容易？眞的難啦！

本來我的想法很簡單，這眼見佛性就這麼見了，有什麼稀奇古怪的？很簡單啦！等到度了眾生以後，才知道眞的不簡單。所以，原來我是把所有的人都當作跟我完全一樣：我如是眼見，大家也應該如是眼見。沒想到度眾生十九年下來，再三地失望，後來才服了 佛的說法。本來我不信 佛一個說法，佛在《大般涅槃經》說眼見佛性要有三個條件：定力莊嚴，慧力莊嚴，福德莊嚴。我想：「我見性的時候，那時候我也還沒出來弘法。」我心想：「我看見佛性的時候，雖然已經發了很多的佛書出去，接引了很多人進入佛教中；可是我在佛教上的錢財付出，只不過那麼一百多萬元台幣而已，算什麼大福德？但我也看見佛性了。」所以我對於眼見佛性需要很大福德來作莊嚴的說法，心中有些不太信服，我以前想：「爲什麼眼見佛性需要很大的福德？只要定力夠了、慧力夠了，這兩個足夠了，就應該可以看見佛性了，幹嘛需要福德呢？」我在心裡面打個問號在那邊，但我沒有敢講出來；因爲那是 佛陀講的，我怎麼可以懷疑？可是心裡面還是懷疑著。

到了度眾十九年下來，才發覺 佛講的眞是有道理，因爲有好多人定力非常好，慧力也是非常好，我把他們引導了出來，確實理解佛性是什麼了，但他們就是看不見佛性。就像台灣的一句俗諺說：「眼睜睜地就是看不見。」

我心裡面很氣餒，這時才完全信服了 佛的說法——一定要有大福德來莊嚴才能看得見佛性，最後我也只好特別觀察求見佛性的人，有沒有今世與往世所修的大福德來作莊嚴。有許多人第一次參加禪三時，我會把自己對他的直覺所知告訴他：「**你的福德不夠，你將來應該多修福德，不要為自己的利益打算，否則這一世不可能眼見佛性的。**」在小參室裡面都有聽進去，明心回來幾年以後他就忘記了，然後就開始為自己打算了。有好多人就是這樣，而這樣被我講過的人，大部分都離開同修會了；剩下一部分人尚未明心，也還在努力，我們慢慢看他們演變吧！也許很努力修集福德以後，將來會有機會開悟明心甚至於眼見佛性。凡是在第一次禪三初見面時被我講他開悟的福德還不夠的人，遲早會出問題；我就怕這些還沒有離開的人，將來也會出問題，很難說啦！因緣很難講。

這個眼見佛性真的很困難，可是對一般人、對大師們而言，明心其實更難；因為見性這個事情對他們而言，其實是與他們不相干的，他們再修十個大劫以後也是看不到佛性的，所以眼前是與他們無關。但是明心這件事情可能就與他們有關，然而他們想要明心，在這一世的機會也是微乎其微，因為他們的福德欠缺太多了。本來福德已經欠缺太多了，又出來當大師而且廣收供養，又勸募了一百億台幣、二百億台幣，在大山頭上弄了個大道場，金碧輝煌猶如皇帝的金鑾殿，他們跟當國王有什麼兩樣？然後他們與喇嘛們往來，住在大寺院皇宮裡面幹什麼，諸位只要意會就好，我就不用言詮了！那不是大損福德了嗎？像這樣子還想要開悟明心，我看要學內地人講話說：門都沒有！

但是諸位有這個因緣，我要告訴你們；而且在座同時聞法的人之中，有許多人是已經開悟明心的，他們都已經確定眞如不是實有性了。爲什麼眞如會是這樣？爲何不許說眞如是實有的法性？說穿了很簡單，因爲「**眞如亦是識之實性**」，玄奘菩薩早就說過了。也就是說，這個眞實性、如如性——眞如法性，祂就是阿賴耶識—如來藏識—的眞實法性。所以眞如在一切種智裡面講的是如來藏阿賴耶識—異熟識—的眞實性與如如性，不像禪宗祖師用眞如來指稱第八識如來藏。所以，眞如這個名詞只是在形容第八識實相心如來藏的眞實與如如的法性；既然是這樣，顯然眞如這個名詞在唯識增上慧學中，只是在形容如來藏的自性，是個形容詞。如來藏心是眞實法，但眞如的法相可以是眞實的嗎？不該說是眞實法，因爲祂只是在形容如來藏的自性。

譬如說張三，把這個人叫作張三，你可以說這個人是實有性，是很尊貴的，因爲張三當了國王，所以他很尊貴；可是「張三」這個名詞並不尊貴，因爲張三這兩個字只在形容或代表他這個國王而已。所以「張三」二字不是實有性，它只是代表說：當別人寫張三這兩個字或者講出張三這兩個字時，是在指稱什麼人，所以張三這個名稱並沒有實有性。如果張三這個名字是實有性，那麼張三這個名字或者聲音就不尊貴了；正因爲張三不是實有性，只是用來指稱當上國王的那個人，所以張三才尊貴；因爲張三指的是那個國王——張三國王，而張三這個名稱並非實有，因爲這個緣故，所以「張三」這兩個字才尊貴、才勝妙。

同樣的道理，眞如是在說明如來藏的眞實性、如如性，所以眞如只是一個名稱。這眞如之意，所指的就是如來藏的眞實與如如，所以眞如才能說是最尊貴的，而眞如這個名詞本身並不尊貴、也不勝妙。眞如只是在說明如來藏的眞實而如如的法性，眞如本身沒有法性，所以不可以說眞如是實有性；因此絕對不能像那些退轉的人說「**眞如可以出生阿賴耶識**」，或者說「**阿賴

耶識是真如所生，阿賴耶識被如來藏所生」。我這樣解釋以後，大家對經文就懂了，不會再有誤會了。因此，大乘法既然說見道就是證眞如，那麼證眞如到底是證個什麼？就是證得實相心如來藏以後，能夠現觀如來藏心的眞實性、如如性，這樣就是證眞如了。因爲，一切三界法界、十法界中，除了第八識心的眞如性以外，再也找不到任何一法具有眞如法性的了。

可是實相心如來藏到底是啥？這可不能不探究啊！印順法師說：如來藏是方便施設，爲了怕落入斷滅空的人，才告訴他有如來藏。但他其實是斷章取義，我們《楞伽經詳解》有列舉出來作了辨正，這裡不再重講。法鼓山網站裡面，在第一頁或者第二頁有說，他們也在教導大家求證如來藏，可是接著再過二頁、三頁就說：如來藏不是實有法，沒有這個東西可以證。我們有把那網頁複製下載存檔。請問：這是護法？還是謗法？還是弘法？諸位都知道是謗法。不過他們接引初機眾生的功德還算大，功過相抵以後，馬馬虎虎抵得過去，因爲至少把一些大官也攝歸佛教，這功德大，而且他們謗得不是很厲害，只是偶爾毀謗，不像印順那樣極力毀謗如來藏妙法，所以大致上還好。

但是如來藏的實有性，還不能親證的人竟想要夸夸其談，自稱是證眞如者，佛法中可沒有這回事；不論在娑婆世界或者極樂世界，或者三界世間隨便哪一處都好，或者去到十方世界不論哪個佛土，同樣絕對沒有這回事。正因爲眞如即是如來藏識的眞實性與如如性，所以證眞如時一定要有一個所證之標的，就是第八識如來藏心。而這個實相心如來藏，你可以現觀祂是眞實與如如的，這才能叫作證眞如。總不會說證眞如時只是證得一個名詞吧？如果只是證得名詞就算數，那就太好了，也太簡單了，我只要寫個斗大的眞如二字，也可以把眞如二字用草書來寫，然後大量複印以後再護貝起來發給大家，大家就是全都證眞如了。太棒了！哇！佛門大興了；但問題是，有沒有本質呢？沒有眞實而如如的本質啊！所以證眞如並不是證那個名詞，根本就不是印順說的性空唯名，也不是他說的證得所謂的緣起性空。

講到這裡，還是要講一下緣起性空。其實誰眞的懂緣起性空？阿羅漢不懂欸！阿羅漢懂的是世俗法蘊處界的生住異滅、無常故空。可是，世俗法蘊處界的無常故空，是從什麼法中藉緣而起、然後說是性空呢？阿羅漢並不知道。既然不知道是什麼法藉什麼緣而生起蘊處界，怎麼可以說他懂得緣起法呢？所以緣起性空四個字，我們這幾年來把它重新定義：只有菩薩才懂緣起性空。因爲菩薩現見蘊處界等一切法是實相心如來藏藉種種緣而生起，這樣才叫作眞實緣起。若沒有一個不壞法藉各種因緣來生起蘊處界我，怎麼能叫作懂緣起者呢？

否定了實相心如來藏而說有緣起法，那樣的緣起是虛妄緣起而不是眞正的緣起法。阿羅漢知道名色的緣起，但是沒有實證能夠藉緣生起五蘊的眞實法，只能觀察五蘊的生住異滅、無常故無我，但他們都知道有一個眞實法可以藉種種緣而生起五蘊諸法；因爲他們聽過世尊如是開示，在阿含諸經裡面也寫得很清楚：**識入胎以後才能出生名色，這個識是出生色身、六塵及意根、意識等六識的心；所以識入胎而生起名色，這叫作緣起；而所生的名色其性本空，因爲有生必滅、無常故空。**這樣了知本識及意根與名等六識，才叫作眞懂緣起。可是阿羅漢畢竟無法現觀實相心本識，等到後來迴心大乘以後才終於證得，成爲菩薩摩訶薩了，那時才是眞正懂得緣起性空。

話說回來，說這個眞如只是在顯示如來藏的眞實性與如如性，所以眞如當然不是實有法。咱們可以另外舉一個例子，譬如經中講（哪一部經典我忘了）：「設復有法過於涅槃，我亦說如幻如夢。」可能是《小品般若》裡面說的吧。也就是說，連涅槃都是虛妄的，都不是實有的；假使還有一個法能夠超過涅槃，我說那個法也是如幻如夢。爲什麼呢？因爲涅槃不是實有法，涅槃只是在說明實相心如來藏不再出生蘊處界——當如來藏不再出生名色時，那就是無餘涅槃了；所以涅槃其實是在講實相心如來藏的獨存境界。如果涅槃是實有的，請問阿羅漢滅了蘊處界入無餘涅槃的時候，如來藏也是涅槃，卻另外還有個眞實有的涅槃，那時是不是應該有兩個涅槃？好啦！那阿羅漢就不叫阿羅漢了，因爲他還有另一個涅槃尚未實證，還沒有具足涅槃。

但涅槃其實只是實相心獨存的境界，方便說此不再流轉生死的無境界境界爲涅槃，所以說，涅槃不眞實。包括佛地所證四種涅槃，或者八地菩薩所證三種涅槃，乃至下至阿羅漢所證二種涅槃，都非實有，因爲涅槃是在說明實相法界的不生不滅、無生無死境界；而且阿羅漢入了無餘涅槃以後，仍然是菩薩所證的本來自性清淨涅槃，而這涅槃是在說明如來藏不再出生後世的蘊處界了，或者依菩薩的證量來講本來性淨涅槃，是本來就不生不滅、無生無死、不增不減，並不是滅了蘊處界以後才有不生不滅、無生無死，所以涅槃是依第八識的境界而施設，仍然不是眞實有。假使有一個法是超過涅槃的，那當然還是施設法，因爲所有法都是依如來藏而施設的，一切法的實際理地本來就是如來藏，當然一切法都不是實有法，當然「如幻如夢」。

同樣的道理，超過涅槃的眞如當然不是實有，眞如只是代表著一個法，那個法就叫作如來藏眞實與如如。正因爲眞如不是實有法性，只是一個形容詞——形容如來藏的眞實與如如，所以才說這樣的大乘法是尊貴的、是勝妙的，也是超越一切世間、一切天、一切人、一切阿修羅。

接下來說：「善現！如果法界的法性，它的不虛妄性、不變異性、平等性、離生性，以及不思議界、虛空界、斷界、離界、滅界、無性界、無相界、無作界、無爲界、安隱界、寂靜界，這一些法的法定法住、本來沒有實際都是實有性的話，那麼這個大乘也就不尊貴也不勝妙了，也不可能超過一切世間、天、人、阿修羅等。」

這個法界法性，法界就是諸法的功能差別，就是諸法的種子。法界的法性是不虛妄性的，因爲都是如來藏性；也是不變異性，因爲永遠都是如此。祂也是平等性，遍於三界六道四聖六凡，全部都是平等性。祂也是離生性，因爲從來不生。這樣的法性是不思議的功能，也是猶如虛空的功能、斷的功能、離的功能、滅的功能，乃至無性、無相、無作、無爲、安隱、寂靜的功能，這一些全部都屬於如來藏的法定法住，本無實際。可是用這麼多的形容詞來形容這樣的「**法定法住本無實際**」，用來解說的這些法卻都不是實有性，因爲都只是在形容如來藏的眞如性，這些法性名言全都沒有自體，所以全部不是實有性。換句話說，「**法定法住**」就是說，這個法是必定如此，是不可改變的，而且是永遠這樣常住的。這一種「**法定法住**」的狀況，由這麼多形容詞來形容出來，但這些形容詞卻是「**本無實際**」，而這個「**本無實際**」也是「**非實有性**」，因爲全都沒有自體，都只是被用來說明如來藏的本來自性，是說如來藏本來就是這樣的自性。

比如說，離欲界或者離三界性，這都叫作離界，然而這個離界何曾外於如來藏而有？有沒有誰能夠外於如來藏而說能夠離欲界或者離色界、無色界？都沒有辦法；因爲乃至阿羅漢滅盡五蘊、不受後有而入無餘涅槃以後，都還是如來藏界，無餘涅槃也是如來藏的功德，何況是這一些形容如來藏「**法定法住**」的法性。而且說它們全部都是本來就沒有實際，因爲這些法都是依如來藏而有。所以不管你講「法界法性」的不虛妄性或是什麼性、什麼界，其實都是「法定法住本無實際」。可是這樣形容的時候，依舊不可以說這些是實有性。如果是實有性，這個大乘法就不尊貴、就不勝妙，也不能超越一切世間、天、人、阿修羅。

「由於所說的這一些法界乃至實際，都不是實有性的緣故，才說這個大乘是尊是妙，超勝於一切世間、一切天、一切人、一切阿修羅等。」這就好像禪宗祖師在議論的時候，不管講得多麼勝妙，最後徒弟一句話說：「師父！您也都在講那一些名詞，這時您已經不住在實際裡了。」老和尚只好說：「老僧方才語墮，仍然要放三頓棒。」為什麼？因為這一些都在形容如來藏，可是如來藏被你這樣一形容的時候，你的心已經不住在如來藏裡面了，已經落在名相上面了；所以有時候說：「老僧也該自領一棒。」說應該要打自己一棒才行，因為已經落入名相中而不住在本際的作意裡了。但事實上是徒弟已經辜負了老和尚，為什麼呢？因為老和尚這是為他而入草落水。為了徒弟而入草落水，卻需要自己挨一棒，還不是為了這個徒弟嗎？所以，說人時容易，自己怎麼樣立地就難了。這一段經文講了這麼長，但其中許多名相我卻還沒有解釋，因爲現在不是在講解《般若經》，而是引來解釋《實相經》的經文，讓大家容易瞭解《實相經》的眞正義理。話說回來，經文中說這些名詞所代表的義理也都不是實有性，就是禪宗眞悟祖師講的道理。

接著 佛說：「善現啊！如果內空是實有性的話，這個大乘法就不尊貴也不勝妙，也不能超越一切世間、一切天、一切人、一切阿修羅等；由於內空不是實有性的緣故，所以這個大乘是尊貴的，是勝妙的，超勝於一切世間、一切天、一切人、一切阿修羅等。」

其實何止內空非實有性？乃至把十八空都拿來講，講了以後你就說：「這十八空若是實有性者，大乘就非尊非妙；以十八空非實有性故，所以大乘是尊是妙，超越一切世間、天、人、阿修羅等。」請問諸位：世尊爲表達一個道理，不怕口乾舌燥講這麼多話，夠不夠老婆？就是這樣啊！二千五百多年前，那些阿羅漢們迴心大乘以後，爲了讓他們快速進入初地，費了多少口舌，不厭其煩，很詳細、很詳細地說明這些別相智，希望二十九年內這些阿羅漢們都可以通達，進入初地，這眞的像在塡鴨一樣。那鴨子要上市場，賣鴨人趕快多灌一些食物，因爲那些食物灌一兩就算一兩的肉錢，不是算食物錢，這眞是塡鴨嘛！世尊這個時候就像塡鴨。

不過好在那些阿羅漢們條件夠，因爲他們都是無量劫來就已經在修菩薩道的久學菩薩了，因此灌了以後他馬上就吸收，馬上變成肉了，所以大部分的阿羅漢們都入地了。這確實是有道理的，因爲這些阿羅漢們本來就是菩薩，跟隨 世尊行菩薩道以來，已經有無數劫了，只因還沒有離開胎昧，所以看來似乎是這一世才開始學佛的人，世尊這時當然要快速幫大家把往世的修證快速撿回來，再加持大家、教導大家快速增上道業，正是化長劫入短劫。然而你們看，爲了表達一個法義，世尊可以用這麼多話，詳細地一一解說，怕阿羅漢們聽不懂。

以前有一些人到底該不該打屁股？我就請問諸位。十來年前，有些同修，當然現在都已經離開同修會了；她們說：「老師啊！你怎麼講來講去都在講眞如、佛性，都在講如來藏？」因爲我從不同的方向、不同的層次來講祂，結果她們聽到煩了，嫌我講得太囉嗦。可是我講的有比 世尊開示的囉嗦嗎？我看，也大概就差不多而已，因爲我講的層次跟層面還沒有 世尊講的那麼多。請問：她們那些人該不該打屁股？我想是該打啦！因爲我這麼老婆每天落草，還眞的是入泥入水爲她們，希望她們快速圓滿別相智，結果她們還嫌我囉嗦。可是，古時候阿羅漢們沒有一個人嫌 世尊囉嗦：「您講這個《般若經》那麼長幹嘛？只要講那兩百多個字的《心經》就夠了，爲什麼要講這麼多《般若經》！」始終沒有人這樣講，大家都希望 世尊再講得更詳細一點，都希望這樣。

所以我們從《般若經》裡面，看得出 世尊是老婆心切。其實祂本來不用這樣辛苦，因爲像 文殊、觀世音、慈氏等菩薩，他們都是過去無量劫以來就跟著 世尊，爲什麼這麼淺的東西需要講給他們聽？他們才不用聽，因爲他們早就超過《般若經》的層次太多了！可是他們有沒有人起過這樣一個念頭？嘴巴裡說出來的事就不必提，他們不曾起過一個念頭說：「哎呀！世尊爲什麼講得這麼囉嗦。」都沒有！因爲他們很清楚知道，這些阿羅漢們要快速過完第一大阿僧祇劫，就是要這樣教，才能夠在這一世就到初地。所以只要誰眞悟以後讀了《般若經》就說：「哎呀！世尊好囉嗦。」那就表示這個人沒有資格入地啦！

我是怕大家嫌囉嗦，所以我是悟了以後，就直接用第三轉法輪的經典精華來爲大家注射，就好像打荷爾蒙一樣，希望人人很快就變成卜派那樣，都可以派上用場。那就是說，在這個邪說橫流已經淹沒正法的年代，我必須要這樣作。我沒有時間可以用二十幾年光陰來講解《般若經》，因爲我如果二十幾年都講《般若經》，大概會有很多人跑了：「哎呀！你好囉嗦，你怎麼講來講去都在講這個般若。」都不耐煩了！另外，因爲我這一世將近五十歲才悟入，不是像往世在二十幾歲就悟入的，我還能有多少時間來奠定正法的千年基業？眞的沒有多少時間。所以我必須要用快速的方法來作，不論是弘揚正法或者破邪顯正滅除相似像法，我都要採取快速的方法。因此，有人說：「老師！你不要與所有人爲敵，那會四面楚歌。」我說：「我沒有時間可以等候說服這個山頭以後，再來說服另一個山頭；我要一起把所有相似像法解決掉，正法才能有立足之地，不然我哪有那麼多時間。」如果你可以多送給我六十年光陰，讓我像老趙州活一百二十幾歲，我還可以接受慢慢說服的事。

這意思就是說，不同的年代要觀察不同的因緣，該有不同的作略。世尊那個年代，沒有什麼大山頭破法，只有外道，可是外道根本連《阿含經》中的解脫道都不懂，連斷我見的道理都不懂，層次非常粗淺，都很好處理，所以沒有這個顧慮。在龍樹的年代，單是般若中觀並不足以降伏佛門中的外道見，往往被聲聞僧人亂說般若混淆了正法；因此他的弟子提婆觀察因緣，就專門以唯識種智來建立正法，讓那些假冒大乘僧寶的六識論聲聞僧氣到不行，後來就收買惡人殺死提婆，嫁禍給外道；佛教在天竺的復興大業，因此就劃下句點了。到了正法東傳的唐代，玄奘看到正法沒有完整內容，沒有成佛的次第，而且俱舍宗風行當時而將成佛之道淹沒了，也沒有人弄通整個佛道內涵，所以玄奘在重新被胎昧籠罩的情況下也弄不清楚，只好發願去西天取經，追隨戒賢論師把整個佛道內涵全都弄清楚了才回來大唐；回唐以後的最重要大事就是把所有帶回來的大乘經典翻譯出來，作爲後世菩薩們證道時的依憑，免得被愚癡凡夫們指責爲自悟自說，沒有根據，正法就無法立足於中原了。

到了宋朝時，佛道次第一直都是證悟者所能理解而繼續受持著，這時最重要的事情就是廣傳而令正法普遍向下扎根才能久住，所以應該投入禪宗廣度有緣人悟入正法而繼續住持下去。到了明朝中葉一開始，所有皇帝都愛貪淫，很多代都是信奉道教的房中術，加上鍊丹服餌以增強性交能力，吃了那些丹藥幾年以後就導致汞中毒嚴重，所以多數皇帝都早死，而且死得不光彩；清朝開始的皇帝可就全都信奉密宗而廣修雙身法，抵制第八識眞如正法，特別是雍正抵制得最厲害；那時在中原是無法弘揚正法的，只好去西藏受生，看能不能在雙身法的老巢裡從根本改變過來；最後雖然功虧一簣，但也曾放射出萬丈光芒，讓達賴五世無法忍受，才會藉用清朝的政治運作消滅支持覺囊巴的國王，再發動薩迦、達布二派把覺囊巴消滅掉。到了現在，我們不但應該廣度有緣人悟入而住持第八識正法，也得重新再把佛道次第及完整的佛法呈現出來，顯示正法仍然可以實證，同時要把相似像法驅逐於佛門之外，以免相似像法不斷擴張而淹沒或遮蓋掉了義正法，這就是今天我們應該要作的事，所以弘法者都必須善觀因緣，知所應爲。

話說回來，世尊當時最重要的是，這些阿羅漢要怎麼樣快速提升到初地以後可以派出去弘法；哪一個星球須要有地上菩薩去，就把他們派出去。這些大阿羅漢們個個入了初地，就有很多人可以派了，就能廣利人天了，應該這樣啊！我也是同樣的想法，我希望趕快培養很多的親教師人才，才能廣利有緣人，使天界有情大量增長、修羅道有情不斷減少。所以假使再過五年後，我有一大堆的人，都可以隨時派出去開班，我就可以把家裡那個枕頭疊兩個好好睡覺了。這個歇後語叫什麼？（有人答：高枕無憂。）對啊！高枕無憂，諸位都知道。所以不同的年代，我們要有不同的作略；只要因緣許可，我寧可辛苦一點，把它作快一點，別怕四面楚歌。

雖然我們還有悟後起修的唯識種智課程，可以幫助大家快速提升，就不必像《般若經》這樣講；但我們終究要把《般若經》也請出來講一講，因為我們講了很多法，就是沒有講過三賢位中應該了知的金剛般若、實相般若。我把禪宗講了，密宗講了，阿含講了，唯識種智也講了，戒法也講了，就差一個般若，所以我當然得選一、兩部來講。這《金剛經宗通》、《實相經宗通》講完了，我就不再講般若了，用這二部作代表就夠了。不這樣子把具足而全面的佛法講出來，還眞的無法讓佛教界信服。當他們不能信服時，正法的千年基業就不能完全鞏固下來。

所以佛教界十九年來，就是這樣在等著看蕭平實，剛開始時他們講：「哎呀！**蕭平實只懂禪，其他的什麼都不懂。**」好吧！什麼都不懂，我們就講一講念佛，好不好？念佛到底懂不懂？終於也懂了。然後他們接下來說：「**他**

呀！他只懂得顯教，密宗的法義他就不懂了。」喔！說我對密宗不懂了，那沒關係，咱們來琢磨看看到底密宗是什麼東西；好！把密宗的教、理、行、果都寫出來給大家瞧瞧。當然，寫出來以後有的人是很讚歎，有一些學五術的人（不是練武那個武，五術——山、醫、命、卜、相），他們在網站上講：「奇怪！這蕭平實是什麼人物？怎麼密宗的東西他也懂。」可是佛教界還有一些南傳佛法的修學者，那些人就講：「哎呀！正覺同修會是新興宗教啦！你等著瞧，十幾年後就消滅了。」因爲新興宗教大概都是十幾年就收山了。如今我已弘法十九年了，到年底就整整二十年了。

所以我們依著計劃一步一步來作，那一些人看一看說：「他不懂唯識啦！有膽子的話，寫出唯識妙理來看看啊！」我想：「我們的書中講的不都是唯識的教理嗎？還有許多是實證的唯識眞義呢！」可是畢竟沒有機會來寫有關唯識種智的書籍，後來二〇〇三年那批人退轉而否定第八阿賴耶識，說阿賴耶識不是如來藏，又提出許多唯識經論裡的字句來質疑正覺，我們正好藉這機會把唯識教理中的增上慧學寫出來給大家見識一下，看我們懂不懂唯識，因此才有《眞假開悟》、《識蘊眞義》、《燈影》、〈略說第九識與第八識並存…

等之過失〉，以及台南同修寫的《辨唯識性相》、《假如來藏》二書的辨正。這麼一來，終於大部分人都閉嘴了，可是還有一小部分人放話說：「他不懂阿含啦！有種的話，請講一講阿含吧！」好嘛！我們就來寫，寫出《阿含正義》來。以前他們怎麼講：「蕭平實不懂阿含的。」那時候我還沒準備要寫，我就回應一下，總不能都不理人家，太沒禮了！我總要禮貌一點，人家都講了，我得要稍微回應一下，我當時說：「我初學佛時，是先讀四阿含諸經，是直接閱讀原典的。」那我到底懂不懂阿含？等到《阿含正義》寫出來，大家翻一翻、聞一聞、嗅一嗅：「嗯！也還眞有阿含的味道。」有的人是這樣，因爲讀了《阿含正義》，相信了而進入同修會。現在剩下什麼還沒講呢？剩下般若，所以該是時間了，因此孫老師的《中觀金鑑》開始連載，我跟著開始講《金剛經宗通》、《實相經宗通》，這不就全部函蓋了嗎？

至於第三轉法輪的經典我就慢慢來講，目前只在增上班裡宣講《成唯識論》與《瑜伽師地論》。第三轉法輪的經典實在太深奧了，希望明心的人多一點，公開宣講時大家聽起來才會有味道，否則每週二晚上來到正覺講堂總是有聽沒有懂，表情個個都是死板板的，顯然是無法廣利大眾的，那我講經時看著也難過。所以本來想《攝大乘論》可以請來講吧，《解深密經》可以請來講吧，但我又怕大家聽到後來覺得很枯燥，那時候講堂裡的講經法會中可能就會來了很多周公；因爲一面聽經就一面打瞌睡，都在跟周公講話而不聽我講經了。好在《攝大乘論》我不用講，現在已有親教師在進階班講解了，將來她也會寫書註解出來的，那倒是好極了，我就可以把時間用在講經上面。

這就是說，你要怎麼樣讓大家信服？當大家都信服了以後，一談到蕭平實時就想：「喔！金字招牌。」這樣正法的千年基業就鞏固了，將來我走人以後，自然就會有人把他們所見的講了出來，未來世的佛教界就沒有二話，否則還是會繼續罵我的。那些人把我往世寫的東西、講的東西供在佛龕裡面，有時候還拿出來爲人講解，就是作了法供養；可是今天我在這裡講，他們卻不聽。眾生就這麼愚癡啊！你有什麼辦法，這眞是無可奈何，所以這裡才叫作眾生濁、見濁、劫濁、煩惱濁、命濁，總之就是五濁。因爲大部分人不識貨，只有諸位才識貨，所以諸位算是我的知音。

以前弘法時都覺得知音難覓，因爲到處所見每一個人長得跟我不一樣。他們都跟我不一樣，意思是說，只有我跟他們不一樣，我變成佛教界的異類了。現在終於有幾十本書印出來，大家檢驗再檢驗，三檢驗、四檢驗、五檢驗，可都找不出毛病。好些大學哲學系教授們放話：「我要寫書，評論蕭平實。」可是轉眼三年過去了，也沒看到一個字寫出來。所以到現在為止，還沒有人幫我寫書評；連負面的書評都沒有，說起來還真悲哀。我著作這麼多，竟然沒有書評，好奇怪喔！其實真的不奇怪，因為如今誰有資格寫我的書評？我的老師才有資格。要看誰有能力去把　克勤大師請來人間寫一寫吧！不然誰能寫呢？

這意思就是說，要真正懂得法的意涵，懂了以後不要被它所繫縛；若是被它綁住而沾沾自喜，你就無法往上提升。所以，凡是學得更高層次的法以後，你還是要回歸到如來藏的法性來，而那一切法無非是在說明如來藏性。就像《楞嚴經》講的，全部都是如來藏的妙真如性——「本如來藏妙真如性」。那麼，這樣子實證了如來藏之後來觀察一切法空，這才叫作般若，才是實相智慧。如果外於常住心、外於本住法如來藏，來說一切法空而說那叫作般若，那個般若就會成為斷滅空的戲論。而且還會有一個更大的過失，那樣的般若就成為無因論的緣起性空外道見；因為一切法都是緣生緣滅，緣生緣滅所以一切法空。這樣的一切法空，表示每一個有情的出生都是隨機而生，諸佛菩薩的成佛或證悟也都是隨機遇而成就的；就完全是或然率或者機遇率，不是有因有緣世間集，就成為釋印順書中闡揚的無因唯緣的世間集，那就不可能貫通三世了。

依不可能貫通三世的法而說緣起性空，也就是說諸法無因而生，但憑諸緣就能出生有情的蘊處界。這接著馬上衍生一個過失出來，變成有情數可增或者可減，不是 世尊說的有情界不增不減；然後再衍生下去又會有很多過失，一個接一個不間斷地出生各種過失。所以說，真想修學佛法的人都不能夠否定如來藏，都不能外於如來藏而說一切法空、緣起性空，否則就會成為無因論的斷見外道的本質。

言歸正傳，要這樣子來實證心真如——實證自心如來，要如此來現觀真如法性：真如畢竟只是如來藏識的真實性而已。這樣來證知如來藏心，也就是證知如來藏心體所生的一切諸法全部都是無常空；像這樣來實證一切法空，乃至到達佛地以後仍然是一切法空，因為唯有無垢識是真實法，由如來藏無垢識來看一切諸法時全都是緣生緣滅、無常故空。這樣親證而圓滿具足了法空觀，一切都無所執著而使如來藏無垢識的一切功德全部發起，現觀一切諸法本如來藏妙眞如性而成爲一切法無生，那時可以自由運用而無所限制，才是究竟佛地的境界。

可是想要入地的人，必須要在如來藏所生一切法空上面來作觀行，才能圓滿相見道位的後得無分別智，才能入地；那就是要透過《般若經》，從佛道各個不同的層次，以及從如來藏各個不同的面向來作觀察，才能圓滿具足眞如的別相智。可是有了具足的般若別相智慧就能入地嗎？還不行！必須要具足福德，這個福德有兩項：第一要利樂眾生、救護眾生、護持正法，這是第一種福德；第二種福德，就是要除掉自己的異生性。想要除掉大乘見道所應斷的異生性，這就有兩個部分要達成：第一個部分，不會再毀謗任何正法了，因爲智慧已經通達了；第二個異生性，就是離欲界生，一定要能夠遠離欲界法，這樣子才算是修伏了或者修除了異生性。大乘見道所應斷的異生性全部修除了，才有辦法入地；因爲這時候已經永伏性障如阿羅漢，才有資格可以入地。

可是這個道理有沒有大師們知道？沒有。更多的是，常常有一些人寫信來或者打電話來說：「你們正覺的蕭平實必須要為我印證，因為我現在已經是等覺菩薩了，你們怎麼可以不為我印證？」我後來聽說了，覺得好笑：「對不起！你是等覺菩薩，我沒資格為你印證，因為我都還不是十地、八地呢！」當然那些人是無法被我印證為等覺菩薩的，只好大失所望了。如果他們是等覺菩薩，那我應該是佛上佛了，因為他們連般若的總相智都還搞不清楚，我見都還存在呢。甚至於有人稍微讀過我幾本書了，就說：「我知道了，我不但知道了，而且一切種智我也有了。」喔！他好厲害，才讀我的幾本書就成佛了！因為一切種智是佛德，諸地菩薩只證得道種智，那他幹嘛還要我印證？所以你們看，這些人，我只能讚嘆他們膽子眞夠大，而我是沒有這種膽子的。

我的膽子很小，別看我寫書時筆鋒這麼犀利，可是我膽子很小；我什麼人都敢評判，獨獨不敢說我成佛了，我連諸地的位階都不敢有絲毫僭越。我可是怕死了！不但這個不敢說，甚至於在三地心中可以轉變別人內相分的事情，我都不敢講出來；而且當我知道一旦講出來時就得下地獄，嚇得我趕快忘掉它。如今都把它忘光光了，現在不論是誰拿著刀子架在我脖子上，以死來要脅，我也是講不出來了，因為眞的忘記了。要命，有！一條；要我講出這個法，門都沒有！一個字都不會有。因為 佛說：如果講出去，就得下地獄。我嚇出一身冷汗來，在那個刹那之間就忘光了，哪還敢講？眞沒有那個膽子啦！

所以我的膽子小，還眞佩服他們有膽量，但我得說他們那個叫作愚膽。由於愚癡的緣故，所以膽子大到能夠把天都給包住了。我覺得他們的行為不足取法，我們寧可膽子小一點好；破斥外道可以很勇猛，可是談到證量，膽子小一點還是好的。這樣子，入地的道理也為諸位大略說了一下。可是入地之後呢？入地之後就不應該棄捨一切法而專取法空觀，反而是應該在三界中住心，觀察一切法本來無生而住於無生法忍中，不要一心想著要入涅槃，這樣才能夠勤修佛道，才能促使如來藏心中的一切種子流注出來，才能快速成佛，所以 佛陀這麼說：

【「善男子！夫於學者，觀一切法住平等性，不離有、不離無，不離有邊不離無邊，不即是邊不離是邊，不即是我不離於我，不即是色不離於色，不即是受不離於受。一切法者，不可言定，不可言無定；若無定者，應無三尊究竟解脫處，當知是法即有定者。若謂無者，上無諸佛下無眾生，是無定相。雖復如是，然不可言無、不可言有。若菩薩觀一切法，著有著無，即菩薩累；若見眾生而生著相，是菩薩累；若離眾生，亦菩薩累；若著眾生行，是菩薩累；若離眾生行，亦菩薩累；若著我行，是菩薩累。何以故？菩薩常應如是住中道心，得菩薩究竟慧。善男子！阿羅漢人都無是事，無是事故不得名爲究竟慧。】（《大方等陀羅尼經》卷三）

這在告訴大家什麼道理？說你固然已經永伏性障如阿羅漢，或者是像佛世的大阿羅漢們迴心大乘證悟入地了，卻不可以一心想要取滅，必須要爲眾生著想，所以在人間不著於有，卻不可以厭離有。執著是不許的，因爲會導致不得解脫；而厭離也不許，因爲會導致無法成佛。這就是我們常常講的，你要腳踏兩條船。眞正的菩薩永遠是腳踏兩條船的，一腳在實相法界，另一腳在現象法界；不許離開任何一個法界，才能次第進修而在最後成佛。從實相法界來看現象法界，它是無常，是緣生法，終歸於壞，所以無我而不執著它，轉依實相法界；可是轉依實相法界以後卻不可以厭離現象法界，因此仍然要在現象法界裡面受生行菩薩道，住在現象界中生死不斷而繼續依止於實相法界。這樣一世又一世在人間利樂眾生，攝取佛土，這才是眞正的菩薩道；不可以是執著現象法界而仍然不懂實相法界，竟然敢對別人說：「我在行菩薩道。」那是凡夫於外門行菩薩道。

可是如果說：「我悟了如來藏，如來藏是離欲的，是不在現象界中起任何心行的，所以我就依止如來藏的境界，現象界裡的什麼事情我都不管，別人被誤導也跟我無關，也是現象界裡的事。」這當然是現象界的事，難道會是實相界裡還能有人被誤導？問題是，他若是只要依止於實相界，不想管現象界裡面的不平等事，寧願眼看著眾生繼續誤入岐途甚至下墮三惡道，都不想「救護眾生」，那他乾脆學阿羅漢道就好了，修學佛法幹什麼！那我幫他開悟了也沒用，因爲他終究不能爲佛法所用，他有涅槃貪，不能長遠住在人間利樂眾生，這就不是菩薩，不該幫他證得菩薩法。

這段經文正是在告訴我們這個道理，所以 佛說菩薩們是於佛法中學，未盡無學。也就是說，大乘佛法中的無學是已經成佛；還沒有到佛法的無學位時，還是有學，乃至到了等覺菩薩位時還得要隨佛繼續修學。當您證悟了，這時候應該要觀一切法住於平等性；而這個如來藏的妙眞如性，上從諸佛下至螻蟻，全部都是一味的平等性。所以不管什麼有情，他的任何一個法全部都是住於平等性中。要這樣現觀，然後要以什麼樣的作意來安住呢？要不離有、不離無。菩薩一定是在世間有裡面，可是這一些世間法緣生緣滅，無常故空，終歸於無，證得實相的菩薩們卻也不離於無、不離於有；所以菩薩不但證得實相法界，也要證得二乘法所證的世俗諦，觀察一切法畢竟空無，然後從實相法界來看一切法。實相法界是不把世間的一切有加以了知、加以執取的，所以也是不離無；因爲如來藏就是這樣的無，祂沒有世間我性。

菩薩應當不離有、不離無，永遠不離有邊也不離無邊。不論什麼法，菩薩都很清楚觀照到「有」這一邊所有的法，知道這是有邊；可是在有邊卻不離無邊，在無邊卻又不離有邊；在有邊卻不墮於有邊，在無邊卻又不墮於無邊；這才是菩薩法。菩薩法是雙照雙運的，是雙照有與無；但是有與無兩邊的法，菩薩同時運行也都沒有障礙，所以不離有邊不離無邊。可是離有邊時，是不是就落在無邊呢？不是因爲離有邊就落於無邊，也不會因爲離於無邊就落入有邊，因爲實相法界如來藏妙心雖然在三界中與我們這個五蘊有同在一起，卻對三界諸有都沒有執著而無所住，所以說「不即是邊不離是邊」。菩薩從有邊來說法，從有邊來利樂眾生，但是卻不把自己落入有邊——不即有邊，因為自己的心境不住於有邊，可是並不因此就離於有邊，所以不墮於有邊卻不離於有邊。

同樣的道理，菩薩教導人家去證涅槃，那是離三界有，從眾生來說，這個叫作無邊。可是菩薩不即無邊也不離無邊，因為現見三界有在這裡已經歸於空。可是不能夠因為這樣子就使自己落於斷滅空邪見，一切不管：眾生死光了，他也不管；眾生都被邪見誤導，死後將會下地獄，他也不管。不許這樣。所以雖然不即無邊，但也不離無邊，這就是「不即是邊不離是邊」。

菩薩的實證智慧因為有這個特性，所以天魔波旬很痛恨。為什麼呢？因為菩薩不即欲界又不離欲界，這就是天魔波旬最痛恨的。如果菩薩都生到色究竟天去，天魔波旬將會很歡喜：「我高枕無憂了，因為這地球上有密宗在搞，我的徒眾就會越來越多。」他一定高枕無憂。可是有個菩薩在人間說：「大家都要超越欲界，不歸天魔所管；可是超越欲界以後都要繼續留在欲界中，度大家同樣都可以超越欲界而不歸天魔所管。」好啦！欲界所有人都不歸天魔管的時候，你說天魔還能管什麼？他最氣的就是這樣。你如果能離開欲界，你走人也就算了，爲什麼還要留在這裡不斷地幫人離開欲界？他最痛恨這樣的人。

可是天魔波旬只有一個武器，叫作五欲繩。天魔波旬繫縛眾生唯一的武器就是五欲，他用五欲之繩把眾生綁在欲界中。可是這個菩薩度了好多人能離開欲界境界，他的五欲之繩卻綁不住菩薩們；因爲菩薩身上掛滿了五欲——每天都在受用人間的五欲，可是菩薩隨時都可以把它丟掉，對五欲都不在意；這五欲影響不了菩薩，天魔波旬眞的無可奈何，當然他就很氣菩薩。可是氣歸氣，無可奈何；因爲菩薩住在人間五欲中的時候，不離有邊、不離無邊，不即是邊也不離是邊。換句話說，就是不即欲界法又不離欲界法，因爲菩薩已經住在五欲境界中了，但五欲境界影響不了菩薩，天魔就無法再拿五欲繩來繫縛菩薩了，天魔波旬就對菩薩無可奈何了，原因就在於菩薩有這樣的智慧。

然後又說：「不即是我不離於我。」菩薩一天到晚說：「我認爲你這樣不對，我認爲你這個說法是邪見，我說的才對。」請問：菩薩這時候有沒有我？有啊！因爲還有五蘊啊！可是菩薩雖然不離我，卻又「不即是我」，因爲菩薩比阿羅漢更清楚蘊處界是如何生住異滅的，菩薩更清楚現觀出來了。因為如此，所以無妨示現有三界我，作意卻是無我的。

然後說眞如心如來藏「不即是色不離於色，不即是受不離於受」，當然乃至不即是識不離於識。也就是說，實相心如來藏不即是五蘊，但是也不離五蘊。假使離了五蘊，就無法使如來藏在人間示現了。假使離了五蘊，還能在人間利樂有情嗎？所以菩薩還是要照顧好這個五蘊的。所以如果誰拿了刀子要殺我，我的第一個念頭就是跑啊！因為我還有很多事情要作，我幹嘛把這個五蘊交給他，我還要使用這個五蘊復興佛教欸！如果說這個人把我殺了，佛法可以長久堅固地住世一萬年。那當然可以，就讓他殺死我，我就不用逃了！因為完成這件事的責任既然要他來承擔，我就交卸給他。他有這個能力，他要來當法主，我就交卸給他，他就把我殺了吧！我就不用跑了，就這麼簡單。這就是說，菩薩固然現觀這五蘊全部無常故空，如來藏才是眞實無我，但不能夠因為這樣，就說：「那就不必吃飯，餓死就好了。」因為已經落到一邊去了。所以菩薩一定要照顧兩邊，不許單獨落在一邊。

同樣的道理，「一切法者，不可言定，不可言無定」；一切法不可以說有定，不可以說無定。定有定的道理，但是法無定法，也有它無定的道理；然而接著就說：「若無定者，應無三尊究竟解脫處，當知是法即有定者。」如果一切法全部都無定——都是不決定的，沒有一個決定性，可以各說各話，也可以各人悟各人的，那怎麼可能有三乘聖人可以證得究竟解脫呢？是依什麼標準而說是正確的涅槃解脫或實相境界呢？因為一切法若是無定時，顯然阿羅漢證得涅槃以後也是無有決定性，那麼證得涅槃以後不一定能入涅槃，所以不能一概都用「法無定法」來把所證的特定內涵抹殺掉。法無定法是從利樂有情而從不同的層面來為眾生說法，可以說「法無定法」。可是實證的內涵是決定而不該再有變化的，是絕對而不可改變或演變的。譬如說緣覺之所以為緣覺，正因為他聞 佛說法而現觀十因緣、十二因緣，得以出離三界生死。這個涅槃的實證是決定性而不可改變的，這是定。菩薩之所以為菩薩，是因為他證得本來自性清淨涅槃，能現觀無餘涅槃中的實際，這也是決定性的，不可改變。

所以由此來說禪宗所謂的明心開悟，那就是證如來藏，是從如來藏來現觀如來藏在諸法中顯現出來的眞如性，決定成為證眞如者。這也是決定性的，不可改變的。在這個部分不可以再這樣講：「哎呀！法無定法，所以你悟你的，我悟我的，你就不要評論我悟錯了誤導眾生，我也一樣不要評論你。」這樣一來，實相是不是有二種或是更多了？結果是三位、五位大師所悟的，各人各有一個樣，那就是開悟的實相有五個不同的內涵了，那是不是實相有五種？可是實相可能有五種嗎？實相如果有五種，佛也應該有五種，佛教就同樣應該有五種了：這是某一種佛的佛教，那又是另一種佛的佛教，是不是應該如此了？那顯然就不是佛佛道同了。

所以某一個部分必然是定，不可以在這上面主張說「法無定法」。所以以前陳履安打電話給我說：「蕭老師啊！你就不要講密宗的不對。各人講各人的法，其實法都是一樣的，你就不要評論。」我說：「如果法都一樣，他們的法卻跟我不一樣而在誤導眾生，那我要不要評論他們？」喔！問題來了，對不對？老實講，我那時候根本沒有想要評論密宗，是有人去跟他告狀，說我要寫專書評論達賴喇嘛，所以他就急著打電話來，因爲那時候孫□□度他進去密宗了。我說我並沒有計畫要評達賴喇嘛，那時連念頭都沒有起過，怎麼他會知道我要寫書評論達賴呢？到現在我也沒有寫過那種書（編案：這是二〇〇九年說的）。所以「**法無定法**」是在某一個方面來說，譬如爲學人講解時可以有種種方便善巧的譬喻與說法；可是從實證的層面來說，那是決定性的，不可改變的。譬如說阿羅漢，必定有他成爲阿羅漢的標準與證量。成爲辟支佛時，辟支佛也有他的實證標準與內涵。成爲菩薩乃至成佛，都各有層次標準與內涵，都是不可改變的，這就是「定」。

現在佛教界的問題，就是對於三尊——三乘菩提中的實證者——的實證內容與標準看法不一致，各說各話。當大家各說各話的時候，那麼某甲山頭悟得這一種，某乙山頭悟得另一種，某丙山頭又是另一種，某丁山頭又是另外一種，密宗還有另外享受淫樂的一種，那麼這樣的開悟內涵就有很多種了，所以大家都可以是開悟的聖僧或是法王了。問題是，這些開悟的聖僧或法王們，個個都是我見俱在，身見都沒有斷除，都與外道、凡夫一樣。後來出了一個蕭平實，講的是第六種開悟，與他們都不一樣。這個第六種開悟的內涵完全符合經教所說，卻把前面所有五種都推翻了，那你說，他們急不急？我不急，他們比我急啊！於是就這樣子互相評論對方悟錯了，一直混戰十九年了，到如今才終於大勢底定。

由於我們是全面性的實證，不是一個局部性，也不是只有一個層次；我們也以許多書籍從許多層面來解說清楚，所以大家才終於信了，如今只剩下附佛法外道密宗還在公開攻擊我們。其實最重要的一個「信」的理由是什麼呢：「嗯！看來正覺好像不是新興宗教，因爲二十年了，到現在都還沒有倒閉啊！他們每週二講經的時候，人頭晃動，聽經者還要排隊才能進道場。」所以現在正覺道場有名的是排隊的現象，如果講到正覺，人們就說：「喔！我知道了，就是承德路上每逢週二傍晚就有人在排隊的那一棟大樓。」原來這也是很好的廣告，排隊的現象竟然還有廣告效果。

這就是說，不應該說有定法，也不該說無有定法。但是也不能夠說無定法是錯誤，或者有定法是錯誤，應該從它的實質面來判斷。因此，「不可言無定」，如果本住法是無定的，就沒有三乘菩提道中超越世間人的尊勝聖者存在，也沒有三乘聖者所證的涅槃究竟處。所以在這方面來說，三乘菩提道的所證法是決定性而不可改變的。所以悟了以後是不是入地？佛法中自有它的準繩。悟了以後是不是七住菩薩？或者又退回去六住位？也都有它的準繩。悟了以後能不能夠成爲十住菩薩，也有它的準繩。然後在修道位中是不是滿初地心？是不是滿二地心、滿三地心、滿十地心？也都各有準繩。這一些衡量與判定的標準是決定性的，是不可改變的。世尊最後一個標定的準繩就叫作成佛，成佛也有它一定的標準與內涵，不是自己隨便講了就算成佛。

釋印順的傳記，書名叫作《看見佛陀在人間》，這是他自己同意的。但他是用什麼標準來判定？他是依自己另外建立的標準，不是眞正佛菩提道的標準。所以說三乘菩提法的每一個部分，都是決定而不可改變的，不能夠在這上面也說：『**法無定法**』，**我想要怎麼解釋證果，我就怎麼解釋。**」就如同如來藏的意涵一樣，不可以自己隨便解釋。若像密宗說觀想從頂輪到海底輪有一個中脈，這個中空的管子裡面有一個小小的發光亮點，把那叫作如來藏；那只是他們自己解釋的，不是佛法中的定義。所以在這個根本法、本住法的常住心部分，就是實相的境界，而實相只有一種，不可以主張「**法無定法**」。又例如，如來藏是什麼，必有決定不可改變的定義，不能由著釋印順擅自解釋爲緣起性空。所以在這個實相的層面以及三乘菩提道的內涵與次第上面，都不能夠說「**法無定法**」，因爲有許多法是決定性的，不可改變的。

但是，如果因爲這樣就反過來說「**決定是有定法**」，於是就主張說，除了本住法的實相境界以外，其他諸法就是「**全部都無**」，事實上也不可以這樣說，因爲實相以外的其他諸法在現象界裡的定相並不是決定沒有，只是會因生住異滅而沒有定相。譬如經中講「**上無諸佛下無眾生**」，這是對的，但是對一般人來講這是不對的；因爲對凡夫來講一定有諸佛，一定有眾生，一定有菩薩、緣覺、聲聞；對眾生而言，這是一定有的，因爲眾生是從五陰來看諸法的。從五陰來看時，就說這位是 釋迦牟尼佛，這位是 文殊菩薩，這位是 觀世音菩薩，這位是阿羅漢。有 釋迦牟尼佛在世時就看不見獨覺的辟支佛，只能看見緣覺的辟支佛，譬如佛世的諸大阿羅漢們；可是無佛之世還是容許有獨覺辟支佛。那麼當然也有六道眾生，這些世俗人依五陰來看的時候應該說三乘聖者是決定有，因爲是從五陰的事相來看。

可是，如果菩薩從證得如來藏，轉依實相法界如來藏的自住境界來看時，可就是「**上無諸佛下無眾生**」，實相境界中何曾有諸佛與眾生？不過是同一如來藏。而如來藏從來離見聞覺知，不了知諸法，不現觀諸法，所以「**上無諸佛下無眾生**」，這時所說的「無」也是決定性的，這時乃至可以說無一切法。這樣的話，依這個實相法界的境界來看，這個無還是決定性的，是不可改變的；因爲從如來藏的立場看時，一切法都是無，哪裡還有佛、有眾生可言？當然是無，這依舊是定相。可是如果你從實相的另一個角度而說「無定相」也可以，因爲既然無佛無眾生，又哪裡會有定相？因爲如來藏的境界中沒有相，這也可以說是無定相，那就要看你從什麼層面來作怎麼樣的解釋，要這樣才可以說「法無定法」。

接下來說，雖然是這樣子，但是不可以說無，也不可以說有。也就是說，一切無所著，一切無所著才是眞正成佛。如果有人找上門來說：「蕭老師！你一定要爲我印證，不印證不行。」我說：「我只有在禪三時才爲人印證，等你去打禪三時，我再爲你勘驗、印證。」結果他說：「你這樣算什麼善知識？我不服氣，你這樣不是善知識。」就走了。請問：他有沒有資格讓我印證？顯然沒資格，因爲他根本還落在蘊處界裡面，具足三界有，當然是悟錯了。所以不可決定言無，也不可決定言有，因爲你應該轉依於如來藏來看待一切法。當一切眾生沉淪欲界中，你要如何救度他？你有義務救度他，因爲這是菩薩的本分，這時候你怎麼可以說「無一切眾生，我又沒有看見誰即將淪墮三惡道」？不許這樣，所以這時候從度眾生的事相上來看，就不可以言無了。可是你教化眾生的時候，他來到你座下學習了，你就不可以繼續爲他說一切法都有：「有眾生啦！有佛啦！」因爲那都是五陰現象界裡的事，言不及義，這樣怎能叫作度眾生？言不及義就不能說是眞的度眾生，因爲眾生跟著他修學時，一定無法到達無生無死的解脫彼岸，怎能說是度？

所以當他們剛剛來學的時候，你要爲他們解說：「有佛、有眾生，你好好學就可以成佛。」等他眞正開始學了，可以進入內門修學時，你就要告訴他：「無佛無眾生，你證了如來藏時，從實相法界來看一切諸法時，就是無佛無眾生。」你要這樣子作，要具足理事二邊諸法，才能眞正度眾生，這才是正確的「法無定法」。如果他來了以後已經進入內門修學了，你還告訴他：「我是菩薩，所以你跟我不一樣；你永遠是你，永遠是凡夫，而我永遠是菩薩。」那你跟我見具足的耶和華不是一樣了嗎？對啊！耶和華就是這樣講：生天堂的永遠住天堂，下地獄的永遠在地獄受苦，永遠不能改變；而我永遠是上帝，你永遠是我所牧養的羔羊，永遠無法成爲上帝。那你要當那個羔羊嗎？有智慧的人都不願意當。因爲：我就是要跟你一樣當上帝，你如果能夠接受這一點，我才要信服你上帝。這才是平等法，才是有智慧的人。因爲諸佛就是這樣：你們將來都要跟我一樣，都要當佛。你想：「這個不錯，很平等，我將來可以跟諸佛一樣，而諸佛也這樣子教導我。」因此你才要學佛。以此緣故佛說：「若謂無者，上無諸佛下無眾生，是無定相。雖復如是，然不可言無、不可言有。」這就是說，言有言無，要看你以哪個立場——從哪一個層面來看。從另一個層面來說，如果菩薩觀一切法的時候，說一切法有或者說一切法決定是無，那就是落在現象界有生必滅而執著於有、執著於無，這個有無就成爲菩薩之累。菩薩會因爲著有或著無而累死了，一定會累死了：如果著有，他就只會看到一切法都有，所以要想辦法勸募更多的錢財，要建世界第一大的寺院；就發動大家去勸募，把大家弄得焦頭爛額終於蓋了起來，誇口說：「我這個寺院世界第一高，所以我的證量最高。」好啦！問題是，建築廠商來要錢時：「師父！您還欠我十二億元工程款，您什麼時候要給我？」那時候好過不好過？

如果弄一大片山頭，搞得非常的壯觀雄偉，大家都佩服說：「眞是大師呵！可見他的證量很高。」但這件事情可能剛剛完工或者還沒有完成，他老人家已經走人了，那不是害死徒弟們嗎？他們將來要維持那麼一大片的道場，可就很辛苦了！眞是害死人！咱們不要像他們那樣害人，眞的沒意思啦！我們要讓人家學佛學得很快樂，爲什麼還要留下一屁股的工程讓人家去辛苦，然後接下來的事還是沒完沒了。就算工程都完成了，工程款也都付清了，問題是，他死後，弟子們要維持這一大片家業——眞的是業呵！一個月要付多少電費、水費、維持費、修繕費？喔！徒弟們可都焦頭爛額了！因爲一年難似一年啊！大和尚走了，徒弟們名氣小，及不上他，號召力顯然差很多，明年的進帳少了，還可以馬馬虎虎撐一撐、過一過，可是後年呢？大後年呢？大大後年呢？哇！糟糕了！進帳越來越少，眞是焦頭爛額。

所以我們只建設弘法時夠我們用的建築物，不要搞什麼大山頭。你們別看那些大山頭好像很風光的模樣，事實上有的山頭大和尚都還在，本山就已經一天到晚打電話：「**某某精舍，你們這一個月該繳幾十萬元，怎麼還沒有繳上來？**」那些接到電話的各個精舍住持可就焦頭爛額了，他也是要一直打電話催著信徒來拜拜，才會有進帳，無法在法上用功求證啊！你看，這眞是害死人，這叫作「**著有**」。又不是講經說法、上課需要，他們買下那麼大一片山頭，又四處買房子建精舍，弄成大山頭的氣勢卻造成一屁股債留給弟子們，何苦來哉？

還有一種人呢：「老子什麼都不管，我躲到山林裡面去，弄個茅棚住著，我什麼都不管。餓了，採點水果，摘點野菜，就這樣子過活。」他其實有法，卻不願意出來弘法，不願意利樂眾生，因爲嫌累，他就想：「反正那一切都是假的，我縱使弄得一片大山頭，還不是照樣要走人？下一輩子五陰再來的時候，人家又不認識我，我弄那麼一大片山頭在那邊，幹什麼？」他什麼都不要。好啦，什麼都不要，一天到晚優哉游哉，不然就打坐在定境中享受。請問：他什麼時候可以成佛？那不叫作三大阿僧祇劫，要叫作阿僧祇阿僧祇劫，除非後來他想通了而改變心態。所以，「著無」就成爲他的菩薩累，因此 佛說：「若菩薩觀一切法，著有著無，即菩薩累。」

如果看見眾生而產生了執著相，這也是菩薩累。譬如我蕭老師今天看看三個講堂的學人們，心想：「哇！這三個講堂坐得滿滿的，這樣加一加、減一減，有一千多人來聽經，不錯！不錯！」這就是著眾生了。這種想法跟我們一向的門風不一樣，我們一向是這八個字：「來者不拒，去者不追。」我們不想擁有「菩薩累」。如果某甲佛說：「你們是我的徒弟，怎麼可以用神足通跑到某某世界去聽某某佛說法？」假使有這種佛（當然事實上不會有），就叫作佛累，對啊！所以應該要像佛世那些阿羅漢們迴心以後的情況一樣，他們根本不管誰是誰的徒弟，有人來請法時他們就教導，自己的徒弟要去跟別的阿羅漢請法，也都歡迎，這才是沒有「菩薩累」——不被眾生所累。如果出來弘法時想：「你們是我的徒弟，可不許跑去向別的老師問法；假使有人跑去向別的老師問法，將來每一次禪三報名時，我就把他的評語寫得很差。」那就是眾生累，也是菩薩累，因爲執著眾生。可是如果因爲這樣，就說：「我一個徒弟也不要，我連一個徒弟都不收。」對不起！這還是菩薩累，這叫作「離眾生」，也是「菩薩累」。所以 世尊說：「若見眾生而生著相，是菩薩累；若離眾生，亦菩薩累。」

菩薩始終都是隨緣，因緣是如何那就如何。假使哪一天，正覺講堂的因緣是該關門了，我就把它關門。老實說，我以前曾經準備要關門的；那一年的農曆正月初一過後，我已經跟兩三位同修說：「這個新年過後，第一堂課還會繼續講法，講完了就宣布解散。三處地方都一樣要解散，我不再弘法了。」結果有人後來知道了，不想就這樣終止了義法的共修，他們幾個人又去租了個地方成立講堂。既然他們租了講堂，好吧！我就參與一分，與他們一樣出資去租那個中山北路六段的地下室，我也跟他們一起去工作，把講堂建立起來而離開原來那三個地方，就這樣子，才有今天的正覺同修會；否則我們的共修道場早已經解散了，就不會有諸位今天在這邊修學時的法樂無窮。我的想法很簡單：當眾生不需要我了，那就是我自己的時間了；我還沒有全部完成的禪定，就可以把它完成；因爲我是修到一半就把它擺在那邊，爲了大家的道業，我就沒有時間修完自己的禪定功課。

所以我的看法從來都是這樣：一體有兩面，這邊得的時候，那邊就失；這邊失的時候，我在那邊就得。我從來都是如此想，我是這一世在孩提時代就這樣想的，是還沒有學佛以前就這樣想的：「我這一邊如果失去了什麼，我那一邊就一定會得到什麼，只是我現在還不知道會得到什麼。」我從來都這樣想的。我從小觀念就是跟人家不太一樣，有點怪怪的，所以左鄰右舍的老人家都說我是個怪人，也說我長大了以後不會有什麼用處。對一般人而言，我這個想法還眞的很怪。話說回頭，同樣的道理，著眾生相是菩薩累，但是離眾生也是菩薩累。菩薩應該是這樣子，能夠這樣想清楚而轉依這個道理時，才能夠心無罣礙；那時該如何作就如何作，心裡面不怕得罪人，也不必去討好人，菩薩本來應該如此。如果需要討好人，那二句諷刺的話就可以印證在他身上：「茶、泡茶、泡好茶；坐、請坐、請上座。」就印證在他身上了！你如果不著有、不著無，這些諷刺可都跟你無關，所以說菩薩累有很多種。

接著說，離眾生以後會怎麼樣呢？著眾生以後又會怎麼樣呢？如果執著於眾生行，是菩薩累；如果離眾生行，也是菩薩累。著眾生行，也就是說，看見眾生開著法拉利呼嘯而過，或者說看見眾生坐在勞斯萊斯裡面，司機穿著白西裝、白皮鞋、戴著白帽子、掛著黑領帶，老闆就坐在後座；見了就心想：「哇！好氣派！」於是他心中也想這樣子。對不起！那叫作「著眾生行」。如果看見某大法師一出場，身後有人擎著寶幢爲他莊嚴，前面有四個護法金剛，後面又有四個護法金剛；「哇！我也要這樣。」那叫作「著眾生行」，因爲那位大法師正是眾生。你是想要當眾生，還是要當菩薩呢？答案當然是「我要當菩薩」。你既要當菩薩，就不要想著那個寶幢和護法金剛；因爲想要當大法師時，已經是「著眾生行」，就是「菩薩累」。

可是，如果因此心裡面就想：「我什麼都不要。」眞的什麼都不要了，請問：你來上課的時候，一、二十里地，都用走路來的嗎？你連車子都不開、都不搭嗎？因爲你什麼都不要啊！那當然要用走路的方式過來聽法，那也成爲「菩薩累」，因爲這叫作「離眾生行」，因爲現在的眾生就是要坐車子，除非你就住在講堂隔壁。所以說：「離眾生行，亦菩薩累。」當你親近一個道場，那個道場離你家有好幾公里，下了班，你當然得要開車去或者騎車去，不可以說：「那個也是眾生行，因爲眾生都騎機車，我就不要騎。」那也是「菩薩累」。所以你該怎麼樣去運用它，但是你心可以不在那上面執著，這才是菩薩行。

「若著我行，是菩薩累」，如果度化眾生的時候，心心念念都是想著自我的利益：我的名聲、我的眷屬、我的道場、我的所有。所有一切都是在我所上面想，那就是菩薩累，因爲著我嘛！因爲世間一切法的執著，不外就是我與我所，這也都是菩薩累。包括著於內我所，就是對自己這個見聞覺知非常愛惜，所以這見聞覺知心如果被人家講了一句閒話，他就氣憤塡膺，這也是著我，也是菩薩累，因此 世尊說：「菩薩常應如是住中道心，得菩薩究竟慧。」為什麼要住在兩邊而遠離二邊才能離開菩薩累呢？因為菩薩常常都應該像這樣子住於中道心中，不執著兩邊卻也不離於兩邊而自度度他，這樣住於中道心的時候，才能得到菩薩的究竟智慧；生生世世這樣子行菩薩道，就不會有菩薩累，不會努力行菩薩道幾年以後就退失了。

可是這種正見是菩薩才有的，不迴心阿羅漢們沒有這種事情；因為定性阿羅漢不證實相，只在世俗法蘊處界上面去觀察生住異滅、無常故苦、空故無我。不迴心阿羅漢們只在事相上面——在世俗法蘊處界上面去作觀察，及不上這些世俗法所從來處的實相境界；他們的觀行內涵無法觸及到世俗法蘊處界之所從來，也就是觀察不到實相法界，所以 佛說：「阿羅漢人都無是事，」不能夠確實的住於中道心中，所以阿羅漢的智慧不可以名為究竟慧，才說阿羅漢們：「無是事故不得名為究竟慧。」

也許有人說：「你蕭老師講的不一定對喔！因為我讀過四阿含諸經，四阿含裡面也有講中道喔！」我說：「何曾講中道？它只有講『中道』。」聽懂嗎？因為它只有講中道那兩個字，並沒有講到中道的內涵。中道的內涵非常廣大，才會有般若諸經裡的無量中道義理，但阿羅漢沒有實證中道，聽聞世尊演說般若中道義，無法勝解而記不住，結集大乘經典成爲《阿含經》時就只剩下中道名稱，所以四阿含諸經中並沒有講解般若，何曾講到中道？因爲不迴心的定性聲聞聖人，他們修解脫道的實證不必觸及到法界實相，所以他們沒有中道實相的觀行，也就是沒有中道觀行—中觀—的本質，所以不得名爲究竟慧。

這一段經文意思在告訴我們：去觀行一切法的實際，也就是轉依如來藏來看一切法的時候，全部都無所得；有所得的都是五陰，而五陰也是無常，所以五陰的所得也是無常，仍然是無所得。從如來藏的自住境界而觀一切法時都無所得，從五陰來觀一切法時又因爲無常而無所得；當一切法都無所得以後，自然不應該取空，因爲無所得時連空也無了。但是也不應該取有，卻同時要不捨眾生；必須觀照空與有兩邊、常與無常兩邊、生與死兩邊，然後不離兩邊而常住於兩邊，如是永遠不離一切有情、不離人間，常觀無餘涅槃實際卻又永遠不取無餘涅槃，這才是入地以後必須要修行的地方。

又一週時間過去了，今晚又與大家重逢。佛陀住世的年代，你如果進了廁所，剛好遇見 佛陀也在，你要不要問訊禮拜？有的說要，有的說不用。

說「不用」的人，是因爲以前聽我講過。很多年來我一直想要講這件事情，可是上了法座就只記得法，這事情都忘記了，也就沒講。我在事相上的念心所一直都不好，因爲一直不注重事相上的事情。佛陀有交代過，到了浴室、廁所時，不必因爲見了 佛陀也在，就趕快問訊、禮拜。在廁所、浴室裡面都用不著這樣。在沐浴的時候不必管這件事情，那時不要分別大小尊卑。所以，以後你們男眾進了廁所若看見我也在，都不用問訊，當作沒看見就好！這樣記住了呵！這是 佛陀交代的，我們就遵行。

接著回到《實相般若波羅蜜經》，上一回第十七段經文的補充資料，今天要談理說的第四個部分。要告訴大家入了初地心以後，既然是不應該想滅盡思惑來取無餘涅槃，但也不是就這樣一直都在原地踏步踟躕不前，而是要繼續往上地邁進，所以應該要攝受佛土，也就是攝受眾生。那麼要攝受眾生，當然應該對一切有情要生起饒益心。

因爲我們正覺同修會和別的道場完全不一樣，我們講的是全面性的佛法，所以十幾年前，有位幹部建議我說：「**我們就來建立一個宗派。**」有的人說要建立什麼正覺宗，我說：「**都不要叫作什麼宗，我們就是佛教，沒有**

什麼宗也沒有什麼派可立。」在《宗通與說通》書中，我也曾表達了這個意思，所以我們不要建立宗派，因爲我們是整體性的、全面性的佛法，不像外面有的人是所謂的南傳佛法，或是什麼宗派。其實南傳的法不能叫作佛法，那只能叫作羅漢法，只是佛法中的一個很小的部分，不能使人成佛。那麼有人蓋好了寺院，就叫作某某禪寺。這「禪寺」二字到底好不好？也應該探究。因爲如果叫作禪寺，它就只有二種內涵：一種就是修禪宗的法，開悟以後就沒事了，以禪悟爲主，所以才叫禪寺；也因爲禪寺跟禪事諧音，可見他們的層次就侷限在追求明心開悟，哪天眞的開悟了以後可就沒事了，然而眞正的佛法不只是這樣子。

另外也有別的禪寺，他們對禪的理解是說，他們所修的是類似禪定的禪；即使他們修的眞是禪定的禪，不過就是通外道的世間法，就是共外道法的四禪八定，這樣跟佛法的實證又有什麼相干呢？譬如，以中國地區的八大宗派來講（密宗四大派就除外不說，因爲不是佛教），其餘的七個大宗派，所謂禪宗、律宗、三論宗……等，乃至有一個最荒唐的命名，叫作法相宗，都是眞正的佛教。其實法相宗是根本錯誤的命名，本來應該叫作法相唯識宗。如果要簡稱時應該叫作唯識宗，不該叫作法相宗；因爲法相是生滅法，他們修生滅法幹嘛呢？沒意義啊！而且說句老實話，自從窺基大師走了以後，還有誰能眞實弘揚法相唯識呢？第三代慧沼已經差很多了，不足以承繼法相唯識的宗風了。

而且當年玄奘菩薩的目的不是要弘揚法相，也不單單是弘揚唯識，而是要弘揚全面性的、整體性的圓滿佛法。他在中國時已經通達了俱舍宗的《俱舍論》等二乘法，他想要弘傳全面的佛法，無一遺漏；但因爲他以前生在天竺時，曾經三世當過國王來護持正法，因此重新墮入胎昧中，所以生到中國而去天竺取經時就有隔陰之迷；當他去天竺又再度悟得了如來藏以後，通達了唯識宗所說的種種法相，所以回來弘揚全面性的佛法；但他觀察當時佛法將來可以久住的因緣，主要是在翻譯經論上，譯經事務很忙而且年歲所限，就比較沒有在培養人才上面用心，法相唯識宗因此三代而絕，好在禪宗依舊在他所預計的狀況下傳承不絕。

但因爲佛法其實不是只有法相唯識，所以他後世轉生就進入禪宗去了；藉禪宗的實證方法來住持正法，否則法相唯識宗也無法弘傳。我們今天教導大家從禪宗的層面悟入以後，仍然要依所證的眞如心而修學法相唯識宗的內涵，因爲主要是側重在第二大阿僧祇劫跟第三大阿僧祇劫的修行上面，才能具足全部的佛法。單單依靠禪宗眞見道位的第七住佛法，只有根本無分別智，沒有後得無分別智，更沒有道種智，其實是無法住持整體佛法的；整體的佛法是要函蓋全面性的，先要從人天善法來下手，一劫乃至萬劫修行信心得滿足之後，才能夠進入初住位中，專從布施度修起。然後二住位中就是要好好持戒，乃至六住位中修學般若要實證能取與所取皆空，這樣才算完成了第六住菩薩的修行。也就是我見斷除了，也已經了知能取的覺知心自己是空性如來藏中的一部分，而覺知心所取的色身與六塵也是如來藏空性中的一部分；具足這些知見和觀行以後才能滿足六住心。

接著再求證實相心第八識，實證了以後就能現觀實相法界，能作實相中道的觀行而發起了實相般若，有這個根本無分別智才能成爲眞見道位的第七住菩薩；然後繼續修學，在十住位中眼見佛性，獲得世界身心如幻的現觀；然後要在初迴向位中如實摧邪顯正救護眾生遠離眾生境界，像這樣一步一步修行到初地。但是初地以上的實證者，在佛世大部分是大阿羅漢迴心——絕大多數是大阿羅漢迴心修學佛法而轉入菩薩道中成為初地菩薩，諸大阿羅漢座下的小阿羅漢們卻還得修行多劫才能入地。阿羅漢迴心以後，若是看不見佛性的人，可得要繼續修學，時節因緣到來時，得要回頭再來補修十住菩薩眼見佛性的學分，所以「**法無定法**」。

但是在我們正覺同修會裡面，並不是只修解脫道，或者只修禪宗的開悟，或者只修淨土念佛求生極樂世界，我們是全面性的佛法。所以明心之後在同修會中不是大事已了，反而是要更加努力去求進步，因為明心之後跟眼見佛性的十住位只差三個階位。大多數人明心之後，看看這六、七年來的狀況，也都有一些懈怠或者消極；因為看看這六、七年來，連一個眼見佛性的人都沒有；有些人也嘗試去努力，但始終沒有結果，因此就心灰意懶。我知道有很多人是這樣，本來剛明心時還興沖沖地想：「**我要繼續拚見性第二關。**」本來以為這第二關就像第一關一樣：「**我第一關的開悟明心，進來會裡二年半、三年半，**」有的人說「**我是七年半**」；心想：「**我這麼快就已經明心了，這第二關我再拚個十年看看。**」沒想到迴無消息，所以心裡就有些懈怠了。事實上第二關也真是很難。有的人剛開始總是想：「**我從初住位到六住位圓

滿，進入了第七住位；這第十住位，了不起再花個六、七年努力吧！」沒想到這短短三個位階——從第七住位到第十住位，就是爬不過去；有人爬了十五年，將近二十年了還爬不過去。

事實上，也是不容易完成，因爲這個佛菩提道，它的位階是越往上面每一階都越難通過，是越上去越困難。諸位想想看，三十個位階是一大阿僧祇劫；入了地以後，七個位階就得一大阿僧祇劫；然後進入第八地開始只有三個位階，也是一大阿僧祇劫；所以越往上面去，每一個位階都越難完成。所以事實上佛法不是一件單純的事，不要把它看得太單純；對於想要明心的人，我們卻教他要盡量單純；對於已悟的同修們，要學的法卻非常繁雜，所以「**法無定法**」。因此在我們同修會裡面，明心以後不是就沒事了，而是還有更多事，要修的福德更多，要努力的道業也更多。雖然在會裡學法是很辛苦，因爲進了同修會確實很辛苦，悟前與悟後都沒有可以懈怠的時候；在會外假使能夠明心，一世就滿足了，什麼都不用再思索了；可是在同修會裡面，明心才只是完成註冊，剛剛要開始上課修學深妙法而已，所以講起來也是很辛苦。

然而法緣殊勝，這一世辛苦可以抵得過未來一千世的修行，因爲未來世我不一定會出來弘法，我並不想出頭，重新遇見我的機會不是很多；未來世一定會有的機會就是讀我今天宣講以後整理出來的書，這是未來一定會有的因緣。除非法又快要滅了，那時候時勢又把我拱了出來，我不得不去挑起那個擔子，否則大概是不會主動出頭來弘法，因爲我向來沒有意願要當法主，多世以來一向如此。所以趁著這一世這個好機會，大家就努力修學；有這樣的好因緣，一世可以超過很多世，雖然很辛苦，也還是划得來。就好像在社會上，如果二十年的事業努力可以在一年中把它完成，雖然很辛苦，還是寧願把它完成，因爲接下來十九年就是享受成果，這有什麼不好？所以也別太灰心，也別覺得太累。

同時也要告訴大家，我們在正覺同修會裡悟了以後，可以修學的法是很廣的；只要我們時間夠，都會一一爲大家解說，讓大家可以按部就班一步又一步穩紮穩打的實證，這才是同修會設立而想要永遠存在的眞正原因。而我們從一開始就沒有打算要建立什麼宗派，因爲凡是建立宗派時都會有侷限，那不符合我們這個法的本質，所以我們絕對不建立宗派。在這個大前提下，當然今天就不能只爲大家談一談明心的內涵就算數，所以明心以後還得修學後得無分別智，你還沒辦法離開同修會；除非你是得少爲足的淺根菩薩，否則明心以後你是邁不開腳的；因爲正覺講堂的法膠是很黏的，你要邁開腳離開還眞的不容易。即使你邁開很遠很遠了，那絲都還會把你黏住而綁著，出外流浪很多年以後你都還可以循著黏絲再回來，只是時間遲早的差別而已。這樣子，其實應該也算是幸福的，因爲表示這個法的緣很深，所以一直都有這樣的聯結，道業的進展當然也是快速的。

因此，上一週講到說，三賢位的過程已經完成，接下來該入地了。可是到了可以入地時，不應該想要入地斷盡思惑時就突然改變心意而取涅槃，因爲取無餘涅槃的是二乘人。很多人都知道，我這個人向來討厭二乘人。所有二乘種性的人，我都討厭。因此說，假使我要幫助眾生，一定會先弄清楚他們不是二乘人。如果悟了以後只管自己快活過日子，不肯爲正法作事，不理眾生法身慧命的死活，我說他還有濃厚的二乘心性，不是我要度的人。但是不要用這個道理來責備我說：「你下一世怎麼不出來弘法？」因爲我本來沒有當法主的意願，我從來如此。在世間法中，我也不想跟人家爭長短，我會跟人家討論這個法或者這個道理是應該如何，但是我從來不當頭。沒辦法，這個習性已經養成了，很難改變的。

所以如果二千年後、三千年後，法快要滅了，看見眾生被誤導，受不了，出來講一講正法，講到後來被大家拱出來當了法主，那是情勢使然，不是故意要當法主。未來世再遇到正覺的正法時，寧可在會裡安分當親教師，不想出頭。就像這一世一樣，也是被拱出來的，我又不是自己想要出來當法主，心中沒有這個念頭。到後來發覺已經抽不了腿了，這叫作弘法大業的泥淖；或者說，這個「**住持正法、救護眾生**」法身慧命的重擔挑起來以後，現在沒個地方可以讓我放下來，那就只好繼續挑下去。這個叫作騎虎難下，不是故意喜歡騎上虎背。既然局面已經如此，我就開始要求大家，希望未來一千年、二千年、三千年，你們大家一世又一世都能夠挑起這個重擔來，而我這個淡泊於世間法的本性就不用去改，由你們一代又一代去當大師就行了，我可以繼續過我的閒雲野鶴日子，看著大家福德快速增長就好了。因爲我這個人喜歡的是山林，不喜歡鐘鼎。這是本性如此，無可奈何。

所以說，諸位在這一世該怎麼樣去把三賢位應該修的別相智修起來，這個過程拚完了，你們可以入地了，就用不著我了。因爲每一個星球只要有一位初地菩薩住世，法就不會滅了；所以希望大家多努力一點，三賢位完成了以後入初地心，那是要留惑潤生——要留住最後一分思惑來滋潤未來世生，讓自己未來世可以繼續在人間受生出世弘法；當然這時候靠的就是欲界愛的習氣種子，才能夠在人間繼續受生。那麼，接著就是要怎麼樣對有情生起饒益心，因爲入地時一定是攝受佛土，是正式的攝受佛土。既然要攝受佛土，當然佛土越廣大越好，不必要求自己現在攝受的佛土一定要如何精美，還沒有佛土的時候就先攝受了再講，有了佛土以後慢慢再來莊嚴它。還沒有佛土就想要去莊嚴它，那叫作空中樓閣。現在話說回頭，攝受佛土就是對有情起饒益心，先要瞭解應該要有什麼樣的心態？然後才能夠付諸於實行，才會如理作意來攝受佛土，所以《大般若波羅蜜多經》卷九這麼說：

【「復次舍利子！諸菩薩摩訶薩修行般若波羅蜜多時，於一切有情若劣若勝、若好若醜，起平等心。是菩薩摩訶薩於一切有情起平等心已，復起利益安樂之心；是菩薩摩訶薩於一切有情起利益安樂心已；於一切法性皆得平等。是菩薩摩訶薩於一切法性得平等已，普能安立一切有情，於一切法平等性中作大饒益。舍利子！是菩薩摩訶薩由此因緣，於現法中得十方界一切如來應正等覺共所護念，亦得十方一切菩薩摩訶薩眾共所稱讚，亦得一切聲聞、獨覺修梵行者共所敬愛，亦爲一切世間、天、人、阿素洛等供養恭敬尊重讚歎。」】

這就是入地以後應該要怎麼樣去作的心態，所以攝受佛土利益有情的前提就看心態正確不正確，正確的心態就是平等心，以平等心爲前提來利益有緣人的道業。一定是心態正確了，心中的作意才會正確；作意正確了，表現出來的身口意行也才會是正確的。那麼，這一段《大般若波羅蜜多經》卷九裡面的經文是這麼說的：「舍利子！所有的菩薩摩訶薩們修行智慧到彼岸的時候，對於一切的有情，不管他是低劣的有情、或是超勝的有情，不管他的身相生得莊嚴或者醜陋，都起同樣的心態，平等來看待他們。」

這意思在說什麼呢？是說菩薩不是看誰長得美，就幫她；長得醜，連瞧都不瞧一眼。也不是說，誰長得英俊威武，就幫他；誰長得醜陋而且病懨懨地，就什麼都不管他。也不是說，他貴爲國王、皇帝、總統，我就得幫他悟，對他有所期待；若是市井小民、販夫走卒，我就不理他。這樣就不是平等心了。所以，我們正覺同修會眞是佛教界的異類，什麼大官要來時若是希望我另眼相看，要辦什麼儀式來見他，我都不接見。若是要來禮佛，不論什麼時候，一定會有哪一位義工菩薩來幫忙開門，讓他禮個佛，就可以走了。若是要與我相見，也很簡單，只要來聽經，事先約好，講經完了也可以相見。我們就是這樣，攀緣大官不是我的習慣，因爲我這個人生來不會講奉承的話。大官來了都是要奉承的，我總得要祝福他。但是天知道他們心裡面在想什麼，我這個祝福不就白祝福了嗎？祝福給不必被祝福的人，也眞的沒意思嘛！應作如是觀。因爲我這個人嘴巴有一點毒，雖然我不曾對誰下過咒，但是常常祝福別人，而我祝福以後大多成功了；所以還是不能隨便祝福，因爲對不必被祝福的人祝福，那是損了我佛菩提道的福德，何苦來哉！

他們又不是菩薩種性一心爲眾生努力，我何苦去蹚這個政治渾水呢！所以就省了。因爲我們一向無所求於他們，事實上縱使想要求也求不到，因爲你如果求說：「請你幫幫忙，把佛教界的那一些亂相、亂說法的人壓制一下。」你想可能不可能？因爲他們信眾的選票比我多，我還能要求什麼？所以我都不走這一條路。我十年前就開始廣度普羅大眾，我就走這一條路，不向大官攀緣，專從大眾來度化；六祖惠能當年就是這樣作，也是廣度基層眾生而成功的；我們今天還是要走這一條路，因爲我對政治無可期待也沒有期待。所以，不要期待我偏藍、偏綠、偏黃、偏紅，我什麼都不偏，我只是一味偏佛。誰對佛教了義正法的弘傳有幫助，我就認同誰，我只有偏向佛法，不蹚政治渾水。

這意思就是說，其實要起眞正的平等心並不容易，特別是當咱們團體力量還很小，偏偏被各大山頭打壓的時候，卻能在一開始就拒絕了政治人物的涉入。這很難作到，但是我們作到了。以前如此，現在如此，未來還會如此。政治人物當然還是可以進入同修會，但就是會員、學員，是各別的個人身分，不要把政治身分帶進會裡來，那我們都會很歡迎。來學法都可以，但就是會員、學員，或者依制度漸漸爬到親教師等位置；但正覺同修會裡不可能成爲政治演講拉選票的地方，我們的立場就這麼簡單，對所有人平等看待。也就是說，實證佛法的人一定要有平等性的心態，所以泛藍、泛綠、泛黃的政治人物都好（現在台灣可能還沒有泛紅，將來也許有，也許五十年後簽了個兩岸和平協議，那就可能開始有泛紅人物在台灣活動了），都沒關係，我們統統接受，因爲我們這個佛法百貨公司什麼都有賣，什麼人來買佛法精品都沒關係，但原則上是不要把政治帶進來。

因爲過去世的教訓太多了：成也政治，敗也政治。以前在西藏時，成功的時候是政治的因素成功的，可是背後的政治因素消失了，靠山倒了，我們也就跟著倒了，那又何苦呢！所以我們就把政治因素從會裡撇除掉，純粹憑法義、憑個人自己的智慧，把正法弘揚出來讓大家接受，要這樣來走向菩薩道。不管太陽起來了，或太陽下山了，或者明天換另一個太陽，都沒有關係，它總是得要上來繼續陽光普照，然後我們就以佛光照回去，我們不會受影響，應該要這樣作。我們同修會要能這樣作，而且永遠都要保持這樣的平等心，不管誰來都一樣看待。

但是，有一樣，我要說我是不平等的，就是說如果聲聞人來了，我瞧都不瞧他一眼，請他買了《阿含正義》回去自己讀，我不幫他講解那些內容。因爲我要度的是菩薩，我如果度了聲聞人，法將會滅，而且很快，傳不過三代就滅了。我們如果度了很多菩薩，正法可以一代又一代綿延流傳永不斷絕而能夠廣利人天，這才是我們要度的人。所以，以前有很多法師或者寫信或者打電話或者託人轉告我：「你蕭平實如果出家了，我就要來拜你爲師。」

我想：「我這一世如果又出家，一定會有很多過去世的聲聞徒弟回來，我度他們幹嘛？」過去世有好多聲聞徒弟得了法以後只管自己，困難來的時候他們比我跑得更快；我一直沒跑，他們早都先跑了，那我度那些人幹嘛呢！我不想再度那些人。我要度的是菩薩，困難來的時候大家齊心合力把正法遭遇到的災難一起化解、度過難關，所以我們只看重菩薩。對聲聞人，不要期待我會起平等心，我永遠是如此的；因爲如果要入無餘涅槃，我早就入了，何必等到這一世再來跟聲聞人鬼混？

我這意思就是說，奉行平等心時是有一個前提，因爲《般若經》是講給菩薩摩訶薩聽的；就是已經明心後的菩薩，乃至明心見性以後的菩薩要聽這些法，不是講給聲聞人聽的。聲聞人不需要聽聞般若，聽也聽不懂，也聽不進去，心裡面會排斥的。所以「於一切有情若劣若勝、若好若醜，起平等心。」這是對菩薩種性的有情說的，不對聲聞人講這個。所以諸位要注意這個前提，不要哪一天看見了說：「蕭老師！你怎麼對那個人不理不睬？」不要怪我，因爲那是個聲聞人，聲聞種性的人我會感應出來。特別是他的種性很強烈時，是個決定性的聲聞人；我感應出來時，瞧都不瞧他一眼；不管他跟我講什麼，我一句話都不跟他講。所以有的人去打禪三時吃足了苦頭，去了好幾次禪三我就是不肯幫忙，爲什麼？因爲他雖然心性好，但聲聞種性很強烈，所以我不想幫忙；到後來改變了，我才有可能幫忙；好在也轉變了，後來成爲菩薩種性了，眞的有努力去作，那我就幫他證悟，不然他還要再欠我一世的人情。這個就是起平等心了。

接著說，這樣的菩薩摩訶薩對一切有情生起了平等心以後，不是只平等看待而已，還要再進一步去生起利益安樂之心；要去生起一個作意，心中想要去幫助所看見的這些有情；只要他們是具足菩薩性的，不管是美是醜、是勝是劣，都願意幫忙。幫忙時當然是依照每一個人不同的狀況加以幫忙，並非一視同仁都拉拔到同一個地步。譬如你種了菜，有的是一個月前種的，有的是十天或者二十天之前種的，你說：「我今天該去菜園子採收了。」那時你是不是因爲平等心就全部都把它們收了？不行嘛！你應該說，這些都是一個月前種的，所以起平等心全都收割了；二十天前種的那一批菜還不能收割，還要再等等啊！是同樣都在三十天到期了才採收，而不是某一天去了就全部採收下來，連昨天種的芽都還沒有長出來，就要挖土採收，那不是眞平等，那是不平等。

也就是說，有的人證道的條件還不夠，表示他修行以來時劫還不長，你硬把他拉上來；但他的信力不具足、慧力不具足而無法安忍，他未來就會毀謗正法，反而害他成就大惡業。這個傻事，我以前沒有度人的經驗時曾經幹過，如今不希望大家重新再來一遍；因爲我這一世沒有師父教導，我又沒有離開胎昧，就只是一片赤誠不分別眾生的根性與福德，就這樣子亂度眾生悟入。但我從度眾生過程中學習，終於懂得這個道理：只要證道的法緣還不是很成熟的，寧可把他留到再半年、再一年或者甚至再三年以後才幫他開悟，會比較好。所以，起平等心以後應該怎麼樣去安樂他，而安樂利益對方的時候不是不看對方條件的。否則的話，佛世爲什麼會有初果到四果的人？應該每一個人都得四果才是。也應該每一個人都悟般若而成爲菩薩了，爲什麼還有幾十個定性聲聞入無餘涅槃去了？原因就是由於種性不同——各人的根性不同，因此應該要依大家的狀況，用平等心看待，該怎麼樣幫忙就怎麼幫忙。

對一切有情起了這一種利益安樂之心以後，才能夠於一切法性皆得平等。這也就是說，菩薩摩訶薩起了平等心，起了利益安樂之心以後，他對諸法法性平等的眞實義才算是轉依成功了。這時轉依成功而得一切法性平等以後，就能夠普遍安立一切有情，對任何不同根性的有情，他都施設不同的方便善巧去攝受，讓這一些有情都可以進入佛法中。這就是他能夠於一切法平等性之中，卻不落入消極性的心態中，而能夠觀察各人不同的因緣，平等利益一切有情，這才是能夠作大饒益的人。

所以菩薩弘法時不應該獨沽一味。獨沽一味知道嗎？就好像有的人飲酒，專門挑某一種牌子、哪一個年分的酒，其餘的都不肯喝，這叫作獨沽一味。菩薩如果是這樣，那他出來弘法以後說：「**我只要當禪師，其餘的諸師，我什麼都不當。**」因爲當經師要定期說法，太辛苦了；當律師要傳戒，還要先爲大眾講解戒相，那也很累人，何況還會有傳戒以後的羯磨、布薩等事情。如果當論師，一天到晚要寫論，伏案疾書弄到老花眼。如果還要去作軌範師，那也太辛苦了。如果要作依止師……等，他都不想要，他只要當禪師。當禪師最輕鬆了，對不對？而且最寫意，眞的很寫意！晨朝起來沒事，徒弟上來問訊完了，漱漱口，洗把臉，田埂繞一圈，就回方丈室去了，他就沒事了。

他只要去繞一圈就好了，大家在那邊出坡等等，他去繞一圈就回方丈室了。然後就等著人家來請上堂，不是上法堂，是上五觀堂。早齋過後，他沒事又回方丈室去了，大家就忙活去了。他一天到晚就這樣，也許下午午覺睡了起來，然後田埂上再去走一走，叫喚人：「某某人！」「有！」「是什麼？」然後他又回方丈室去了。明天上來，過程再重複一遍，也許下午換個法就說：「你手中那個圓鍬給我。」徒弟拿過來，他接過手就問：「圓鍬為什麼不在你手裡？」然後往地上一插又回方丈室去了，他又沒事了。禪師就是這麼過活，當然也沒有虧負徒弟們，但是你說：寫意不寫意？太寫意了！絕大多數的時間，可以說他一天到晚都在揞黑豆。黑豆懂不懂？那經典請下來一翻開來不是一顆一顆的黑豆子嗎？然後徒弟就慢慢去混吧！這就是禪師，日子可寫意了。

但是當禪師好不好？從過出家生活方面來說是最棒了，可是如果從成佛之道來說可就是最差的了；因爲像禪師這樣子攝受佛土，可就是要混三大阿僧祇劫才能成佛，因爲像這樣攝受佛土，速度非常、非常慢。所以，如果眞正要快速成佛，不能像禪師那樣；應該是既要當禪師，也要當法師，也要當論師，也要當戒師；不但如此，你說法的時候也要面面俱到：這種根性的人愛樂學習眞正的密法，你就跟他講一講密宗——《楞嚴經》裡面的眞如、佛性宗旨；他喜歡解脫道，你就爲他講一講阿含解脫道；他喜歡中觀，你就爲他講解般若系列的《心經》、《金剛經》、《實相經》；他喜歡唯識種智，你就爲他講一些第三轉法輪的無生法忍經典等等；你要面面俱到，這樣弟子們的道業成就很快，你成佛也就很快。假使我的企圖心強一點的話，我每一世都出來弘法，我成佛的速度一定快得不得了，一定等於是在坐高鐵一樣；但是沒有必要這樣，因爲如果我是這樣，我會很快成佛，可是成佛時的徒弟沒幾個人，因爲沒有更多機會給弟子們去攝受佛土，使得弟子們攝受的佛土太少了，當然我將來成佛時的弟子也會跟著大大減少，就不是利益很多人了。

如果有一尊佛成佛了，一生只度十個徒弟，就算在家居士有度一千個人好了，這樣的成佛好不好？喔！大家搖頭了，眞的不好，因爲這樣會使人對佛法不生起莊嚴心，所以有時候你得要有智慧去衡量一下。佛法不單純，很深妙的，因爲它牽涉太廣了，所以度人時也應該要面面俱到。只要你出來當法主的時候，你就得面面俱到，不可以只是攝受一小部分人，每一個部分的人你都要攝受。也許有人抗議說：「你蕭老師剛剛不是說，那聲聞人你不攝受嗎？」誰說我沒有攝受？那我《阿含正義》七輯還眞白寫了呢？對不對？只是我不想攝受，因爲我又不是現在成佛了；可是我也得作一點，那就用書籍攝受他們就好了。因爲他們成阿羅漢以後就入涅槃走人了，也不用再理我了，未來世也不會來爲佛法久住的事情共襄盛舉；如今我有寫了書籍，用正確的道理給他們，他們本事行，自己成爲阿羅漢以後，死了就去入涅槃；我也不管他們，他們也不必來照會我說：「**我明天要入涅槃好不好？**」我才不會對他們說好或不好，他們自己決定去。

這就是說，你要怎麼樣把每一種不同根性的眾生都照顧到，這就是你要作的事情，這樣子成佛才會快，將來成佛時佛土才會莊嚴圓滿。將來要成佛時，你至少也得有一千二百五十位大阿羅漢吧！至少也得如此嘛！因爲這是人壽百歲的時候，至少也要這樣；何況 佛陀座下那一千多位大阿羅漢們，各自座下又有不少的阿羅漢弟子呢。你如果現在只度聲聞人，將來成佛的座下想要有一千二百五十位大阿羅漢弟子是不可能的，因爲你在菩薩道的因地弘法過程中，一定也會度了許多徒弟將來成爲阿羅漢，但他們成阿羅漢以後就會當世入涅槃，你成佛時還能有一千二百五十人的大阿羅漢嗎？不可能啦！這樣講清楚，這個道理大家就懂了。這就表示說，你已經有智慧、有能力「**普能安立一切有情**」，那就表示你「**於一切法平等性中**」，可以為一切有情「**作大饒益**」。

那麼，你能夠這樣的時候會有什麼好處？佛說：「**舍利子啊！這樣的菩薩摩訶薩由於這個因緣，所以在現法中，**」不是等到未來世，而是現法中，是這一世之中已經「**得十方世界一切如來應正等覺共所護念。**」這就是說，當你的道業到達某一個階段，而你的福德也圓滿了，是應該成就的時候了，有諸佛共所護念，自然就會有因緣讓你圓滿這一地的現觀，你就提升上去了，這樣修行才是最快。不要覺得自己很行，沒有誰是很行的；因為連我都覺得我很不行了，如果你覺得你比我更行，那顯然你是很不行的，絕對比我更不行。因為如果比我更行，那一定智慧深妙，只要講出一句話來就讓我佩服。一定可以如此啊！那當然可以寫出我所不知道的妙法讓我信服，我一定不得不趕快跑到你家去把你拱出來領導同修會。

以前有人拱過一位老菩薩，說他是八地菩薩，不斷地向我推薦了兩年，我還眞的拜他爲師。然後我就請求他來率領同修會，他沒敢來，因爲那是假的證量。他如果來了，不久就會很難堪；因爲如果是騙我的，遲早會被我拆穿。我在下座聽久了以後，有一天一定會下決心把他拆穿。等我下定決心當眾拆穿時，他能怎麼辦？這意思就是說，如果你是眞的，那絕對假不了；因爲若是假的，想要裝眞也裝得不像，遲早會被人家看破手腳。言歸正傳，你如果能夠眞的面面俱到，照顧了應該照顧的人，爲這一些人作了大饒益，十方一切諸佛一定是共所護念的。當十方一切諸佛共同護念你的時候，你還怕道業進步很慢嗎？根本不用擔心。不但如此，而且「**得十方一切菩薩摩訶薩眾共所稱讚**」；是「**共所稱讚**」而不是「**共所護念**」，是因爲十方一切世界的菩薩之中有的人修證比你差，聽到諸佛讚歎你的時候，他們當然是稱讚你、不是護念你，可是你也會有上地菩薩護念著。

不但如此，那聲聞、獨覺修梵行的人當然要敬愛你，因爲如果不敬愛你，哪一天要瞧你的臉色可就難堪了。就像佛世時的 維摩詰大士，大阿羅漢們個個怕他，也不敢說：「**這位居士眞討人厭。**」不管哪個大阿羅漢，乃至十大聲聞都一樣，遠遠看見 維摩詰居士來了，就走到旁邊去閃過、避開，爲什麼？因爲這位居士很討人厭，會當場考問佛法，使得大阿羅漢們當下難以自處。可是又沒有人敢評論他，當別人談起這位 維摩詰居士，他們也只好跟著稱讚，何況大阿羅漢座下的諸阿羅漢們？可是阿羅漢們如果迴心大乘以後，卻又喜歡去親近他了，因爲這位居士說法言無不盡、知無不言，但憑個人的器量根性能得多少就得多少。

所以，菩薩其實不必修證很高，只要入了地就夠了，一切聲聞、緣覺都會敬愛你；但如果你確實入了地，而有阿羅漢說話評論你，你就知道那個評論你的人一定是個凡夫，不是阿羅漢；因爲菩薩所證的法，從來沒有違背或牴觸阿羅漢所證的法，卻是比阿羅漢所證的更深妙、廣大，他們只有敬愛的分，不可能評論的，因爲他們沒有能力評論的。既然連二乘聖者都是「共所敬愛」了，請問一切世間的天、人、阿修羅等，是不是應該供養、恭敬、尊重、讚歎呢？如果一切世間天、人、阿修羅等都是共同的供養、恭敬、尊重、讚歎，你的日子還有什麼難過的呢？這正是菩薩的可愛異熟果報，這就是準備要入地的人應該有的作意。有了這樣的作意就知道悟後應該如何修行，入地之後就依這樣的作意付諸於實行。這就是說，已經轉依心眞如的無所得實相境界以後，應該要遵循著 佛的囑咐「**以無所得爲方便故**」，在心裡面生起受生願，世世受生於人間；不要自顧自地一個人往前走，還要返身垂手接引眾生；不要只顧自己日子過得寫意，還得要來護持正法，這樣才能夠次第成就佛果。這樣繼續不斷地熏習修集這種作意以後，才能夠捨棄涅槃貪，世世常在人間行菩薩道而不住生死卻能不盡有爲。

當一個人有能力斷盡思惑的時候，對於無餘涅槃的取證意願是很強烈的。一般人若是眞的知道無餘涅槃的境界以後，心中是想：「**入這樣的無餘涅槃？我怕死了！**」入涅槃是要把自己五蘊全部滅掉，眞的怕死了！眞正有能力取無餘涅槃的人卻不是這樣想，他是很喜歡入無餘涅槃而希望滅掉五蘊自己的，涅槃貪就會很強烈。不過只要能夠事先把悲心培養起來，把護法的深重責任心建立起來，那麼看見正法凋零、看見眾生法身慧命被摧殘，悲心生起時就不會再起涅槃貪了，就會很努力投入護持正法的行列，根本不計較生命有沒有危險。這時候涅槃貪就不存在了，當涅槃貪不存在時，才能夠安穩的一步一步邁向佛地。

由於這個緣故，說平等性以及無所得空這兩個法，是眞見道以後的菩薩們應該修學的法。眞見道的意思懂嗎？就是剛明心，找到如來藏的時候來現觀自己的如來藏、眾生的如來藏，都同樣是眞實如如性，同樣都是平等性，也同樣是無我性；都是同樣的不生不滅性，同樣的清淨性、涅槃性，而且都具有同樣的功德性，這樣現觀而不退轉的人就是眞見道位的菩薩摩訶薩。這個眞見道只是進入內門開始修菩薩行的第一步，在這個眞見道位所獲得的智慧，叫作根本無分別智，這又簡稱爲根本智。

什麼叫作無分別的智慧呢？就是現見諸法實際本來就沒有分別，能夠這樣現前觀見了，然後就會生起實相般若的智慧；明心開悟時可以生起這種智慧，這叫作根本無分別智。但這只是一個總相，這個總相是很籠統的，其中的細相都還不知道，因此還得進入相見道位繼續修學：這個如來藏還有各個不同的層面，從每一個層面都去觀察，具足瞭解如來藏的體性和功德性，才算是完成了相見道位的功德；相見道位的智慧圓滿了，就稱爲後得無分別智圓滿了。當後得無分別智已經圓滿了，才有資格談到入地實修道種智的事，所謂的資格就是解脫道的第四果有沒有實證？入地所需的廣大福德有沒有具足？

所以一定要這樣在眞見道以後，繼續努力的一步一步去修學觀行如來藏心，從世間法、出世間法來觀察，全部了知如來藏心的各個不同層面以後，才能夠完成相見道位的功德。相見道位的功德圓滿了，才有資格談到如何入地的其他條件。所以說平等性與無所得空，這兩個法是修學第二轉法輪般若諸經的三賢位菩薩們，都應該特別注意、特別要用心的地方。完成了這兩個法的實修，還要記住 佛陀吩咐的另一方面「**以有所得爲方便故**」，來修學種種法；別老是落入無所得中而捨棄種種世間法，不想救護眾生就離群獨住。然後心中還要再生起受生願，願意繼續在人間一世又一世去入胎，不離胎昧卻願意世世重新再來一遍，這樣子繼續「**救護眾生、護持正法**」。這個目標講得好像很大，可是什麼地方才能入手？一定有人想：「**總得要先給我入道吧？我都還沒有見道，你就告訴我說要努力修相見道位的功德，還要入地。就好像說，我現在還站在地面，一〇一大樓的大門都還沒有讓我進去，就跟我講一百零一樓上面的風光，我怎麼能到達？**」所以當然要回到宗門來說，我們就請 克勤大師來開示吧！克勤大師云：

【「大眾！釋迦老子道：『以大圓覺爲我伽藍，身心安居平等性智。』諸

人既欲安居，還識得平等性智麼？若識得去，人人具足、箇箇圓成，乃至動靜施爲，悉皆在大伽藍中，與他諸聖把手共行，與他諸聖同作佛事。且作麼生識得？去三條椽下、七尺單前，各宜照管。久立。」】

這是《圓悟佛果禪師語錄》卷九裡面的記載。克勤大師說：「大眾啊！釋迦老爸這麼說：『以大圓覺作爲我的寺院，身心安住於平等性智之中。』」很多人說我們學法要去寺院學，不知道每一個家庭裡都有好幾座寺院，後來弄清楚了才知道說：「原來我來到正覺寺裡面，這正覺寺裡面還有這麼多寺院。」伽藍就是寺院，諸佛以大圓覺作爲祂們的寺院，也就是說，諸佛常住於大圓覺的境界中。住在這個寺院之中，色身以及自己的八識心王，當然同樣安居於平等性智之中；因爲諸佛的無垢識可以和五個別境心所法、善十一心所法相應，不像我們的第八識只能與五遍行心所法相應，所以諸佛連無垢識都住於平等性智中。對諸佛來講，八識心王全部都互通，所以全部身心安居平等性智中。引了這一段 佛陀的聖教，克勤大師就問：「你們大家既然想要安居，還認不認得平等性智呢？如果能夠認得平等性智了，當場就看見了每一個人都具足，而每一個有情也都已經圓滿成就平等性智了；乃至於動靜施為之中，其實全部都已經住在大寺院中了，每天都跟所有已經入地的聖人乃至等覺、妙覺菩薩，每天跟他們手拉手一起在行走，並且每天都跟這一些聖人同樣在作佛事。」

這話說得好！眞的好啊！可是如果沒有明心或者才剛剛明心的人，聽了就覺得不太好，因為心中想：「我還是不太懂。」會這樣想啊！譬如說，諸佛諸大菩薩們，他們的如來藏跟有情的如來藏是同樣清淨性平等性的；如來藏自身的體性並沒有差別，一樣是眞如法性。可是螞蟻、蟑螂那麼下賤，牠們的如來藏卻還是跟諸佛菩薩一樣清淨；但問題是，螞蟻、蟑螂們不知道自己的如來藏也這樣子清淨。老實說，根本就沒聽過什麼叫如來藏，你跟牠們講了，牠們也聽不懂。可是從證悟的菩薩摩訶薩智慧境界來看的時候卻說：「螞蟻老哥！原來你的如來藏跟我一樣平等無二，不分高下。」然後，菩薩摩訶薩又說：「你這個蜣螂！」蜣螂懂嗎？蜣螂就是類似獨角仙的屎殼螂。就跟牠說：「你這個蜣螂啊！一天到晚在糞坑裡爬進爬出的，可是你跟我一樣每天時時刻刻都住在寺院裡面。我出家了，你也出家；我不出家，你也不出家。」眞的如此！菩薩示現了居士身，然後跟這個蜣螂說：「你出家，我也出家，我們同樣都住在解脫的寺院裡面，都住在大伽藍中。」哪一天有位出家菩薩來了，又跟蜣螂說：「蜣螂老哥！你不出家，我也一樣不出家，我們都在三界家裡面混。」

這兩位菩薩講的到底一樣、不一樣？其實都一樣而沒有差別。因爲若說出家，那明明是個在家菩薩，卻跟蜣螂臭蟲說兩個都已出家，因爲二者明明同樣住在出三界家的伽藍中。是哪個伽藍？是如來藏寺。二者同樣都每天住在如來藏寺裡面，從來沒有踏出過如來藏寺大門一步。每天在如來藏寺中住，不是眞的出家了嗎？雖然蜣螂不可能出家，那位菩薩也沒有出家，可是原來都已出家了，因爲都住在如來藏大伽藍中。另外那一位出家菩薩卻說：「咱們都沒出家。」爲什麼都沒出家？因爲這個蘊處界都在三界家裡面，何曾出過什麼家？所以兩個人說的都對。只可惜這兩位菩薩都浪費了口水，因爲蜣螂兄聽不懂。不過他們二位菩薩有沒有白講了呢？沒有！因爲天人跟在身邊聽著，因爲護法龍天在身邊聽著，甚至於如果有善心的鬼神眾得到護法龍天的允許，靠近菩薩身邊護持時也多少聽了幾句。

請問：諸大菩薩不都是在利樂人天嗎？也許某家菩薩說：「對不起啦！

我才剛剛悟入，我只有根本無分別智，還沒有別相智，智慧很差，我是利樂不了人天的。」久悟的菩薩卻告訴他說：「你每天都跟諸聖把手共行。」請問諸聖是誰？是什麼菩薩呢？是如來藏菩薩啊！每天都跟祂把手共行。文殊、普賢來了，也是跟如來藏菩薩把手共行，你又何嘗不是如此呢？這時候才發覺：「**對呵！原來我不管作什麼事情，我都在大伽藍中，我都與如來藏大聖把手共行。**」因爲從來沒有踏出過大伽藍一步，每天都像色界天的天人一樣有法共行；色界天的天人們假使要去到哪個地方，他住的宮殿就載著他飛過去；到了那個地方，他走出宮殿就行了。你們也是一樣，每天住在大伽藍中，要去正覺講堂，大伽藍就移過來正覺講堂，然後你只要從大伽藍中探頭出來聽我說法就行了。

這正是人間實相法界的眞相，你說佛法妙、或是不妙呢？妙啊！假使你找到了如來藏，聽到這一席話，不知不覺就拍案讚歎說：「**妙哉！妙哉！眞的是如此！**」可是如果還沒有找到如來藏時，心裡面就只好打個問號，然後覺得說：「**哎呀！好玄！好玄！那蕭老師講了一堆話，究竟是在講什麼？我怎麼一句都沒有聽到？**」這聲音進去耳中，可是話卻沒有聽到，因爲不知道在講什麼。可是如果明心了，聽進這一席話時就說：「大乘法還眞的是妙！原來別相智是可以這樣說、這樣懂的。有了別相智就能橫說、豎說、長說、短說，全都由著你說，而全部都對。」心中很歡喜，回到家裡，趕快找到白天泡的茶，應該還有茶水吧，斟一杯來，浮一大白，慶賀一下：「我終於眞的成爲菩薩摩訶薩了！我眞的聽懂了。」可是喝了這一杯，責任來了，應該要爲正法發心了吧？別老是躲在大伽藍裡面，不肯爲眾生探個頭、說個話。所以，我一向瞧不起古代某些禪師，原因就是這樣；因爲他們都太安逸了，有幾個願意出來奮鬥而把如來家業挑起來？他們都太聰明了，要找幾個像我這麼傻的傻瓜，還眞不多。但是如果你願意當傻瓜，瞿曇老爸一定不辜負你，眞的是如此！只要你願意去作，祂回報你的，永遠比你付出的更多。

但這個佛法實相般若的親證，就得從禪宗入手；從禪宗入手時眞的可以到手，就是開悟明心，就得到法相唯識宗所說眞見道的功德。得眞見道的功德而不懷疑以後，要入相見道位，那就是順其自然、水到渠成。這時才知道：「原來自己悟後修行如是，諸聖往劫悟後修行到今天入了聖位，亦復如是。」諸聖是這麼行，我們現在也跟著這麼行，不就是「與他諸聖把手共行」了嗎？

諸聖是如此來廣作佛事，我們也是如此來廣作佛事，這不就是「與他諸聖同作佛事」嗎？到這個地步才終於眞正懂得「佛道無上誓願成」，這還眞不是叫人家亂發願，還眞的可以成；只要發了誓願，將來就一定能成，沒有不成的。

有的人發了誓願，可是始終不成就佛道，想要實證佛道卻是沒有因緣，問題出在哪裡呢？問題在他兩隻腳都各綁著一條鐵鍊，每條鐵鍊後面都還各有一顆好大的鐵球拖累著。那二顆鐵球叫什麼？叫作貪、叫作瞋。問題就出在這裡，所以被這條鐵鍊拖著的時候，連想要入眞見道位都很困難——無法打破無始無明。像這樣的人，縱使後來終於見道了以後，二顆鐵球卻是依舊重得要命，每次只是想要往前踏出一步，都得要花掉整天的功夫才能走那麼一步；人家一天已經走了幾公里去，他才能晃出那麼一步。若是聰明人，早就不要綁著那兩顆鐵球，早把那條鐵鍊解掉了。

解掉的人要叫作什麼呢？叫作無貪亦無瞋。當人家抱怨的時候，你就說：「對不起！對不起！我改進，改進。」不像以前人家一建議某一件事情應該改進的時候，他老哥開口就說：「你行！你來！」起瞋了呵！以前有個很有名的寺院，有位老菩薩眞的這樣子；當他們寺裡打禪七的時候由她掌廚，人家勸她說：「老菩薩！妳那個香菇能不能別弄那麼鹹？」那位老菩薩一聽，把勺子一丟就說：「妳行！妳來！」她就走了，也不管寺裡中午過堂會不會斷糧，她可不管，就這樣走了。眞的有人這樣，這就是瞋心很嚴重。

這瞋行就是一個大鐵球，把這個大鐵球甩掉了以後，想要跨出右腳這一步就很容易了。可是左腳那一步依舊很難跨出去，因爲還有「貪」這個大鐵球，心中若還有貪，菩薩道上想要大步大步前進就很難了。貪的內涵可就很多了，貪財、貪眷屬、貪名聲、貪五欲、貪田產、貪大道場，還有貪什麼呢？還有很多啦！反正就是貪，一句話就是貪。只要有貪，右腳這一步雖然跨得很輕鬆，這右腳每跨出去以後卻要回過頭來幫左腳用力，那還是很辛苦啊！所以眞正懂得佛菩提道的路要如何走得輕快的人，就是要先把那兩條鐵鍊卸下來，就是把二顆大鐵球給丟了。當人家把那二個腳鐐鐵球的鎖匙遞過來時，就要趕快接過來，趕快自己開了鎖，捨了鐵鍊就大步走人了。可是有的人竟不想要，你給他鎖匙，他不想要，繼續起瞋，老是記恨；又繼續起貪，貪名、貪財、貪利、貪眷屬、貪五欲，他就是要繼續貪一大堆，在菩薩道中就是被拖著而走不動，然後叫人家：「你們走慢一點啦！等我啊！等我啊！」誰要等他？這種愚癡人還眞多，眞的不少欸！

講到這裡，好像有一些語重心長。好，咱們給一點入處吧！這時就說：「**且作麼生識得？**」不是說這個功德人人圓成、所有有情都具足嗎？剛剛還說「**動靜施為，悉皆在大伽藍中**」，那要怎麼樣去認得這座大伽藍？你們有這個福報來到全球最大的正覺寺院；這裡是全球最大的寺院，有哪一個寺院能夠像我們這樣把妙法送給大家？沒有！他們就算是一座寺院蓋個幾十公尺高，了不起給他蓋出二百公尺高，好不好？也就只是一座寺院建築。我們這個正覺講堂裡面今晚有多少的大寺院呢？（平實導師伸手指著一位又一位同修說：）一座又一座的大伽藍。因為他們無法像我一樣說他們有這麼多寺院，所以有的大師說他要在全球各地都蓋寺院，五大洲的每一國都要去建寺院；但他再怎麼建，都比不了我們的寺院多啦！我們單是週二晚上就蓋了一千多座大寺院了。每週二晚上都蓋一千多座大寺院，這還只是在台北，其他地方都還沒有算進來，所以正覺這個寺院大！全球再也沒有像我們一樣有這麼大、這麼多的寺院了。問題是，你自己的寺院在哪裡？這得要琢磨琢磨，總不能隨便聽一聽就算了。

那麼想要找到自己大寺院的人，克勤大師就指示了說：「**去三條椽下、七尺單前，大家好好去照管一下。**」三條椽、七尺單，現在有好多年輕人已經不懂了，我來解釋一下。椽就是橫梁，以前蓋起房子時不都是斜屋頂嗎？那斜屋頂從側面來看，中間最高的就是一根大梁，前後兩面牆壁上面又各有一根橫梁，這三根大梁就叫作三條椽。椽就是梁，因爲屋頂一定有三根，古人就說三條，三條二字是故意把它說得小小的，因爲在無上法中都不對世相法加以推崇的。「**去三條椽下**」，是說應該去寮房裡面；「**三條椽下**」就是寮房裡面，爲什麼要說是去寮房裡面呢？因爲 克勤大師說的是要去「**七尺單前**」，當然要先說「**去三條椽下**」。單又叫作衣單，衣單鋪下來要睡覺的時候，那空間有多長呢？大約七尺。所以誰要是出了家，床鋪最長就是七尺。我們禪三的通鋪到底有幾尺長？六尺多？還沒有違規。

「七尺單」，譬如去寺院安住時要掛單，掛單是什麼意思呢？就是把你最外面的僧服拿下來，指定一個地方讓你掛搭；那個讓你掛搭衣單的地方，就是你晚上睡覺的地方，所以叫作掛單。演變到後來，古時寺院裡面就有個規矩，有幾個人來寺裡掛單，每一個人都要寫個條子，把法號寫上去貼在同一個固定的地方——或者貼在知客堂或者什麼堂，讓知事僧知道今天有多少人掛單，這叫作掛單。有的規矩是，每到一年都要重新整理現在有多少人掛單，就在那個固定地方貼單上去，這叫作貼單。

所以「去三條椽下、七尺單前」，就是去自己睡覺的床鋪前。克勤大師指示說：「各人去寮房自己睡覺的床鋪前，自己照管好吧！」這麼開示完了，他就說：「久立。」說你們諸位站久、腳瘦了，休息去吧。這就是禪師的說話，這還算是老婆的。最寫意的禪師在晚上是不作普說的，也不主持晚參的；他就只是白天大家在菜園子裡工作，或者收割稻子的時候，他禪師老人家就去田埂晃一晃，說兩句話，或者跟人家要個什麼，或者丟個什麼給人家，然後就回方丈室去了，連晚上普說、小參都免了。克勤大師倒是老婆，所以他有時候普說講的是「絡絡長」，講一大堆，不過，平常大部分時間他講的都蠻簡短的。

好啦！他說：「作麼生識得？去三條椽下、七尺單前，各宜照管。」這就是入處。請問：是要照管個什麼？這就是文章，這裡他倒是賣了個關子。

這個關卡透不過去，就叫作玄關。眞的叫作玄關，玄就是很黑暗，你根本看不清楚也摸不清楚，就叫作玄。已經證悟的有智慧者，才有能力爲人點出這個玄關，教人看得清清楚楚，教人自己可以讀懂般若諸經。然而大家聽他普說一晚以後，這一關到底在哪裡？依舊都弄不清楚嘛！因此他開示說：「**去三條椽下、七尺單前，各宜照管。久立。**」他便走人了。弄不清楚時，這就叫作玄關。你如果弄清楚了，就不叫玄關了，因爲你已經邁步過去了。你如果弄不清楚，該怎麼辦？該找證悟的禪師幫你點一點吧！可別找一貫道的點傳師，他們自己都不知道眞正的玄關在何處呢？怎能爲你點玄關？可是眞悟的禪師只要往你眉心這麼一點，你就透過去了。他這麼一點，就叫作點玄關（大眾笑…）。懂了沒？

你們別說這個叫作笑話，這眞的有典故。一貫道的點玄關是有典故的，只是難會，他們自己也不懂什麼叫點玄關，竟然說是由點傳師對剛剛進入一貫道中的人，往眉心一點就是點了玄關而得道了，眞是：一場笑話幾百年啊！但是請諸位看看，到底 克勤大師意在何處呢？所以這一關不容易會，正因爲不容易會，所以有一些自以爲聰明的佛學研究者就說：「禪宗祖師那些公案都是自由心證。」但問題來了，如果都是自由心證，應該是沒有統一標準，可是爲什麼自古以來會有那麼多聰明智慧的人，願意盡形壽投入禪宗裡面而至死都不後悔？而同樣證悟者對悟錯的人卻都同樣不能許可而加以拈提？這一定有道理啊！你看那些禪師們個個說話不同凡響，絕對不是癡呆愚笨的人，可是爲什麼這一悟以後，願意盡形壽爲這個法住持到老死，一生終究不曾後悔，這一定有原因啊！這到底又是什麼道理呢？

所以有智慧的過來人才有資格幫人家點玄關，若不是過來人就沒資格幫人家點玄關。因此眞要說，其實我才是眞的點傳師，其餘就沒有別人了。一貫道裡的點傳師都是點假的，我可是點眞的；因爲我只要這麼一點（平實導師此時伸手往虛空一點），法就傳過去了（大眾笑⋯⋯）。學法的人，這一悟就眞正入門了，那你說，什麼人有資格來點？現在只有正覺講堂裡面才有眞正的點傳師，一貫道那些點傳師全都是徒有其名而無其實。可是點傳妙法時，還必須要窮本溯源，要追溯到最源頭；這娑婆世界的無上妙法是從　釋迦牟尼佛來的，窮本溯源，祂就是法主，所以法主在世時大家都要尊重。諸位有沒有注意到，有沒有哪一部經典裡面記載　文殊菩薩、觀世音菩薩、維摩詰菩薩弄出一個機鋒，幫了誰開悟？有沒有？只有在 佛的授意下，他們才可能有這種行爲。這個傳統就這樣一直傳下來，傳到現在正覺裡面也還是這樣子。所以我們在這個玄關上面，還是請 世尊來爲大家點了吧！世尊怎麼爲大家點呢？「荷——！」這樣會了沒？

經文：【爾時世尊復以一切如來住平等相，爲諸菩薩說一切法最勝平等性實相般若波羅蜜法門，所謂：「一切法平等性故，般若波羅蜜平等性。一切法第一義性故，般若波羅蜜第一義性。一切法法性故，般若波羅蜜法性。一切法業用性故，般若波羅蜜業用性。」**爾時如來復說咒曰：**

頡唎——！(長呼)**】**

講記：如來說了：「頡唎——！」你們到底悟了沒？這時應該要悟了才對，否則豈不是浪費了 如來的口舌嗎？也許你心中說：「哪有？那個咒又不是如來親自唸的。」誰說不是？那就是如來！誰說不是如來？哎呀！所以說無明籠罩，眞的很難突破！

回到經文來，上一段經文講完了，接著 世尊又以一切如來住平等相，爲諸菩薩說一切法最勝平等性的實相般若到彼岸的法門，這個法門就是說：「由於一切法都是平等性的緣故，所以智慧到彼岸也是平等性。一切法都是第一義性的緣故，所以智慧到彼岸也是第一義性。一切法法性的緣故，所以有智慧到彼岸法性。也由於一切法都有業用性的緣故，所以智慧到彼岸也是有業用性的。」這樣開示完了，如來又說咒：「頡唎———！」

這是最早的言語機鋒，可是你們有沒有看到有哪一位菩薩爲人說法以後就來一個「荷———！唵———！頡唎———！」沒有！菩薩們都不敢，因爲當時的法主是 世尊。世尊要把法給誰，是由 世尊來決定，即使身爲妙覺菩薩的彌勒，都不敢自作主張。不是只有 釋迦如來的時代是如此，每一尊佛的年代都是這樣，於是 如來示現入涅槃以後，每一代傳承祖師的門下也都這樣奉行。現在回頭來說「世尊復以一切如來住平等相」，什麼是「一切如來住平等相」？也就是說，一切應身佛在人間示現的時候，容貌可以有種種不同，但是諸佛的實際理地是永遠無差別的，所以諸佛的莊嚴報身相也都是平等無差別的。

他們雕刻佛像的商家，對這一點倒是有共識，因此他們都以報身佛的莊嚴像來雕刻，所有雕出來的佛像都千篇一律。你要請 琉璃光如來聖像，好！把這一尊佛像請下來：這就是 琉璃光如來。改天你帶了好朋友說：「這一家雕得很好，去看看啦！」朋友說：「我要供奉釋迦牟尼佛，不是要琉璃光如來。」好啦！這師傅請下來還是同一個模樣的一尊。當你提出質疑時，他說：「諸佛同樣是三十二大人相，同樣有八十種隨形好，你叫我怎麼去把祂們雕出不同來？難道三十二大人相有不同的嗎？」說得有道理！可是信徒說：「我要怎麼樣區別這是哪一尊佛？」他們說：「那很簡單啦！你如果要供養多寶如來，我就弄一個寶塔放在佛像的法界定印手上，這便叫多寶如來。」寶塔就是象徵 多寶如來，他就用這樣來代表。你想要供奉哪一尊佛，他就加上個不同的象徵法器等等，就表明是某一尊佛，這就行了；因爲從報身相上來看時，諸佛全都一樣。如果說我要二千五百年前那應身佛的模樣，那好，就弄個頭髮長長的、耳垂再掛個耳環的雕像，因爲 悉達多太子剛剛出家成佛的時候就是這個樣子。

那麼佛陀的實際理地到底又是什麼？凡是人身的諸佛模樣，那都只是一個示現，不是眞佛境界；所以眞佛是無垢識，是一切平等相的，因爲實際理地無垢識的境界內涵是完全相同的、都無差別的，這就是一切如來的平等性。這時候 世尊以「**一切如來住平等相**」，來爲諸菩薩說「**一切法最勝平等性**」的實相智慧到彼岸法門。一切法最殊勝而又平等性，三句不離本行，仍然是說第八識實相心如來藏性，因爲一切法之中其實沒有所謂的最勝最劣或者平等不平等可說，因爲一切法全都歸屬如來藏，沒有一法曾經離開過如來藏之外；任何一法都函蓋在如來藏裡面，從來不曾外於如來藏，當然全都歸屬於不生滅的如來藏，所以一切法就變成不生不滅。一切法正因爲如此，所以一切法無高無下，這就是一切法最殊勝的平等性；因爲這種平等性是亙諸十方三世而不改易的實相法，十方三世諸佛都不能外於這個平等性的實相。這樣一切法最殊勝的平等性的實相智慧到彼岸法門，當然是應該傳授給證悟菩提的菩薩摩訶薩們，因此 世尊才要從各個不同的層面來加以宣說。那麼到底什麼是「**一切法最勝平等性**」的實相智慧到彼岸的法門呢？也就是說，由於一切法平等性的緣故，就是實相智慧到彼岸的平等性。

　　在中原地區佛教界，三百多年來一直都誤會般若，都認爲所謂的般若就是從覺知心的層面去瞭解一切法不來不去、不生不滅等等，說這樣就是中觀，就說自己懂得中道的觀行了。但問題是，當大家從文字表面去瞭解，去思惟、歸納、分析、整理出來而得到了結論以後，他們是不是眞的開悟實相般若了？我這一世初學佛時就想過這個問題。因爲我學佛不久，就訂了一套《大正藏》，我想聲聞解脫道應該是最初階的法義，便從四阿含開始讀起，讀過二、三年以後，接著讀到第一部《般若經》時便產生這個懷疑：到底這樣讀過以後，瞭解了這些文字的意思以後，是以什麼樣的標準來認定自己已經證悟般若？如果沒有一個標準來界定，那到底要怎麼樣去確定如何才是眞正的開悟呢？如果沒有明確標準，是不是變成各說各話？可是，如果可以各說各話，那麼反過來說，實相又豈能有三種、五種、百種、萬種呢？這是個大問題啊！當初我也是弄不懂。然後又看見禪宗裡說要求開悟，禪宗的開悟跟般若又有什麼關係？還是不懂啊！初學佛那幾年眞的摸索得很痛苦，根本不知道如何下手，所以只能服了那些大師說的話：三藏十二部經浩如煙海。

眞是浩如煙海，因爲根本不知道般若與唯識有什麼關聯，唯識與禪宗又有什麼關聯，般若與密宗又有什麼關聯，般若與解脫又有什麼關聯。看來根本沒有關聯啊！因爲諸家大師各說各話，可是都不懂欸！那麼該如何入手？

但佛法可以是這樣嗎？佛法必定是有一個中心，然後諸法都可以連貫，這樣才能叫作佛法；可是看起來一個山頭一個法，不同的山頭都說他們開悟實證了，所悟的內容卻都不一樣；加上密宗又來亂搞一場，把外道法說成佛法，那就更亂了！努力探究五年的結果，佛法是怎麼樣？根本就不知道，所以後來就不管它啦！我先選定一個，把它完成了再說，那就從禪宗解決吧！反正都已經在見山不是山的過程當中了，就先把這個難題解決再說。

當時因爲沒有人可以指導說，禪宗的開悟究竟是悟什麼？我那時悟後也沒有人可以印證我，當時就算有人願意幫我印證，其實也是無效的印證，於是破參以後我就自己讀經來解決了。其實當時也不知道自己找到這個非心心時就是開悟了，所以每天盤著腿就只是讀經，腿功是那時候練得最好，因爲每天最少盤腿八個鐘頭讀經。就這樣讀經，一直讀下去，終於通了：原來如此！可是要到這句「原來如此」四個字，那可是悟後花了很多年讀經以後，才眞的知道原來如此呢！所以諸位有福報，不必自己辛苦摸索。

可是，一切法的平等性到底是什麼道理呢？那就得等下週再來談了，請諸位下週再揹著佛殿來！

上一週《實相般若波羅蜜經》講到第十八段，就是經本三十四頁倒數第一行，今天要從這兩句講起：「一切法平等性故，般若波羅蜜平等性。」在講這一段經文之前，還是要先說明一下般若的本質是什麼。般若是以什麼爲體？這一定要先弄清楚。否則的話，大家對般若都很有興趣，說般若講的就是中道觀，那般若到底是以什麼爲體？那中道觀到底是觀什麼法爲中道？終究還是無法弄清楚的。般若的實證，一定有個對象。譬如說有一個人，生而沒有名字，那麼這個人在社會上是上不了檯面的。諸位有沒有看見過公司行號中或在社會上，有誰是沒有名字的？如果是沒有名字的人，那一定是一個人孤孤單單地躲在荒野叢林裡面，都沒有跟人類接觸過，譬如人猿泰山，他沒有名字，但是當他被文明人知道了，終究還是要被人叫作泰山。

凡是跟同類在一起的人，一定有名字，那個名字管他叫張三、李四、王五、趙六，一定會有一個名字。可是那個名字以什麼爲體？以那個人爲體，不可能說一個人的名字是無體的。如果有一個名字是無體的，那便叫作戲論。譬如說，有的人好奇，上搜尋引擎搜索一下蕭平實。爲什麼要上網搜尋蕭平實這三個字？因爲這三個字一定有體——代表著某一個人。也因爲是檯面上的人物，當然一定有體。如果有人化名上網來隨便講些什麼，你根本不知道他是什麼人，你可能就搜尋不到具體實質了，因爲他可能過個幾天又換個新的化名了。蕭平實這三個字本來只是個聲音或只是一些文字符號，它到底以什麼爲體？以坐在這裡說法的我這個人的五蘊爲體。所以凡是名都有體，如果是無體的，那就叫作心不相應行法，當然無體，因爲它不代表某一個東西、某一個人、某一個物，所以無體，只是人們心中建立的方便說。

同樣的道理，般若以什麼爲體？既然講出來說「般若甚深極甚深、微妙極微妙」，我相信諸位都聽過這樣的形容。既然是甚深極甚深，而且微妙又極微妙，就不可能無體啊！所以般若究竟以什麼爲體？就值得探究了。假使你沒有先去探究般若是以什麼爲體，你就無法證實：**我到底是要去證得什麼，才能夠宣稱是證得般若？**總不能夠說般若諸經讀一讀，這樣瞭解了就算是開悟了，不能這麼說吧？所以般若一定有體，我們今天就是要說明，般若以萬法的實相爲體。如果離開了萬法的實相，那就沒有般若可說了。

法的實相是以什麼爲體？三句不離本行，還是如來藏心。你如果證得實相心如來藏，就可以去現前觀察：萬法都從如來藏生。只有直接生、間接生、輾轉生的差別，無一法不從如來藏中出生。這就表示說，如來藏是萬法的根源；萬法都從祂而來，所以萬法的實相就是如來藏；因此只要證得了如來藏，就有萬法實相的智慧產生了，實相的智慧就稱爲實相般若。所以，如果不能現觀萬法之所從來而說他證悟了般若，佛法中沒有這樣的事。社會上可以有這樣的事，因爲外道們都可以這麼說，自稱他們也悟了般若，但佛法中沒有這樣的事。一定要證得如來藏心，才會了知實相法界的事情，才能夠說是已經獲得實相智慧。

那麼台灣佛教這幾十年來，也常常聽人家說「中觀」；中觀這個名詞在台灣佛教也很流行，已經流行了四、五十年了。但是中觀以什麼爲體？中觀就是以中道的觀行爲體。如果沒有辦法作中道的觀行而說他證得中觀、說他有中觀，佛法中也沒這回事。但是在日本的「批判佛教」邪說裡面竟有這回事，那表示他們所定義的中觀，跟我們佛法中所定義的中觀是不一樣的，所以他們的中觀是日本學術界的假中觀，不是佛法裡的中觀。

接著衍生下來的問題是，中道的觀行是以什麼爲體？（有人答：如來藏。）對嘛！三句不離本行，所以中道的觀行是以如來藏心爲體。爲什麼呢？因爲只有證得如來藏的時候，才有辦法現前觀察：如來藏與萬法和合不離的時候，永遠是處於中道而不落二邊。如來藏與祂所生的萬法同在一起，這個現象也是法界中的事實；而如來藏於諸法之中永遠不墮二邊：不墮於有或無二邊，也不墮於常或無常二邊，也不墮於善與惡二邊；所有處於二邊的法，如來藏都不在其中，可是祂不在二邊之時卻又函蓋了二邊，所以又是不離二邊，成就了祂與諸法不即不離的中道義；這樣觀行的人，才是有正確中道觀行的人，才能說是懂得中觀的人。

諸位還記不記得《六祖壇經》在最後面，六祖捨報前提出幾對法句？三十六對。那三十六對，用來作什麼？用來堵天下人的嘴。假使有誰來說什麼，你就一對又一對拿出來答覆他。比如說相對的事相中，黑與白是一對，人家來問：「**如何是佛法大意？**」你說：「**不黑不白。**」這就答完了，而且是正答。如果第二天又來問：「**如何是佛法大意？**」「**不黑不白。**」「**師父！這個您昨天就講過了，請問不黑不白是什麼？**」就告訴他：「**不是白無常，也不是黑無常。**」也是答了。如果說：「**不要跟我講黑白啦！今天我來了，您跟我講一點別的。**」「**那你問啊！**」「**如何是佛法大意？**」你就告訴他：「**不善不惡。**」

凡是相對而可以湊成一對的，你就拿出來講，不什麼也不什麼，那就答完了。那三十六對一定夠答，因爲每一對你都跟他弄個三天。好啦！那三十六對你可以弄上一百多天，讓他每天上來問，你可以答上一百多天，這徒弟最後只好也服了吧！因爲：「師父到底住在什麼境界裡呢？我始終摸不著，這不能不服。」

這三十六對的用處，你們明心的人當然一聽就懂了。如果你還沒有找到如來藏，不知中道以何爲體，你就不會曉得他三十六對在講什麼。爲什麼六祖惠能要提出三十六對？這三十六對跟佛法有什麼關聯呢？看來好像八竿子也打不著。可是找到如來藏以後恍然大悟，原來這三十六對是在堵人家的嘴；可是堵人家的嘴時無妨卻有爲人處，也就是偏正具足、理事雙全，既答了對方的所問，實際理地也已經告訴對方了。所以這個偏正具足，還可以叫作理教皆俱，教門也有、理上也有，這就是禪師家讓古時候的文人大官們佩服之處。這就是說，你只要證得理體了，那所有的法，你就一步一步可以通。

那麼現在把話拉回來，實相般若以如來藏心爲體；因爲實相般若講的就是實相的智慧、就是萬法的根源，可是萬法根源卻是如來藏心，因此說實相般若以如來藏心爲體。中觀，中觀就是中道的觀行，離了如來藏就沒有眞正的中道觀行可說。純粹用意識來理解中道的觀行，就不免成爲戲論，就跟西方哲學一樣虛無飄渺而無實體了；這種人若自稱開悟，其實只是無根的浮萍。所以當你證得如來藏這個心，你就有體；有這個實相般若的體，也就會有中道觀行的體，於是你的實相般若就是正確的，你所作的中道觀行也跟著正確。

當你有體的時候，出來爲人說法時，只有越說越勝妙，不會講到後來前言不對後語，互相矛盾、互相衝突，一定不會有這個現象。有體而說法時，所說就不是戲論了。如果所說的都只是一些佛法名相堆砌起來的言語，那堆砌起來的東西根本沒有實質，既不能使自己得解脫、生智慧，也不能開人家的智慧，這樣講一堆的佛法還不如無，反而是在推廣相似像法而成爲《阿含經》中　世尊所指責的破法者；倒不如每天打坐，讓心輕安下來還要好一些。因爲最怕的是不如實知卻要強以爲知，以邀名聞利養，然後就成爲廣泛地誤導眾生，反而造了極大的惡業。所以一定要先弄清楚般若的理體，然後學般若才有正確方向而能夠實證。如果沒有抓到那個體，而說修學般若、說他在作中道的觀行，都是在外圍轉，轉不進去，根本沒有中觀可說。

可是，你如果知道般若以什麼爲體，那你學佛就有一個方向了。當你知道說，原來學佛不外乎解脫、實相智慧以及一切種智，成佛不外乎這三個法。那麼解脫以什麼爲體？仍然要以如來藏心爲體，因爲如果沒有如來藏作爲無餘涅槃中的本際，那無餘涅槃就成爲斷滅空了，也因爲入無餘涅槃時把十八界滅盡以後就變成空無了。如果是斷滅空，這種涅槃就不能稱爲常住不變，也不能稱爲清涼、寂靜；因爲 佛陀在四阿含中說解脫道阿羅漢的修行，他們所證的涅槃是清涼、寂滅、常住不變。如果是斷滅空，可以叫作清涼嗎？如果斷滅空可以叫作清涼，用這個邏輯來矇人，是連小孩子都不會接受的。同一個邏輯，若是斷滅空、空無，也可以叫作清涼，當孩子回到家來說：「媽！今天好熱，妳有沒有買冰淇淋回來啊？」媽媽說：「沒有，但是我可以給你清涼。」孩子說：「妳要給我什麼清涼？」妳說：「無，什麼都沒有。」孩子一定說老媽精神有問題。什麼都沒有，怎麼可能清涼？一定要有一個東西可以使人家清涼，才能叫作清涼；所以斷滅空不可能是清涼，那種斷滅空的涅槃當然是無實體法，就是戲論。

《阿含經》中又說涅槃是「眞實」，既說是眞實，不可能是斷滅吧？佛說阿羅漢所入的涅槃是眞實，眞實怎麼會是斷滅空呢？如果一切法緣起性空而成爲斷滅空，入涅槃後十八界滅盡而完全不存一法，這時候的斷滅空若可以叫作眞實，那好啦！當他今天去銀行存了一億元（因爲現在千萬元已不算什麼了，現在台灣社會說的都是億來億去），他今天去存了一億元，明天要去領的時候，銀行隨便在一張紙條上寫了一億元就給他一億元了，那時他接不接受？當然不接受啊！那時銀行的行員依他的邏輯說：「因爲一切滅了就是眞實，所以我把你的一億元據爲已有；那我現在給你寫著一億元的紙條，我現在已經把一億元給你了，你收到了沒有？」「我沒收到啊！」沒有，當然就不是眞實。「你要眞眞實實給我一個可以讓我有一億元購買力的東西，等額的鈔票，這樣才能說是給我一億元；不然就得匯到我在另外一個銀行帳戶裡面，你把這個一億元跟我匯過去，那才能夠說是給我一億元，我才可以拿來使用。」這時他又不認帳了，又說得要有一億元鈔票才說是眞實的了，又不說斷滅空無以後就是眞實了。所以，涅槃既然是眞實，一定有體，不可能是空無、斷滅。那麼涅槃以什麼爲體呢？《阿含經》中說是「本際」，有時說是「諸法本母」，有時說是能生名色的「識」。如果說這個本際是斷滅空，是十八界滅後的空無，那麼阿羅漢所證的涅槃顯然不能說是「眞實」。

佛又說阿羅漢所證的涅槃是「常住不變」，如果阿羅漢十八界滅盡，入了無餘涅槃以後是空無，那空無怎麼可以叫作常住？又怎能說是不變？所以一定是有一個體存在，不能夠把理體推翻了而說有涅槃、有解脫。當你提出這個質疑的時候，密宗的應成派中觀師們發覺自己出紕漏了，所以他們以前指責說：「你們禪宗說有一個本體常住能生萬法，那叫作本體論，本體論是錯誤的外道法。」又指責說：「這就是外道的神我、梵我。」然後問題來了：當我們提出來說：「你們應成派這樣的中觀不就是斷滅空嗎？因爲四阿含諸經中寫得很明白，阿羅漢入涅槃是五蘊十八界全部滅盡，以後永遠不受後有，這一滅盡又不受後有，豈不是斷滅了嗎？」這時他們總不能再恢復而承認本體論吧？因爲本體論是他們剛剛還在極力否定的！那時該怎麼辦？就無法回應了，印順法師正因如此，直到死亡都無法回應我一個字。

都因爲他不承認佛法中說的如來藏本體，之後該怎麼辦呢？只好自己再來建立一個本體，但是不叫作本體，他們就把意識細分而建立一個細心出來，說這個細意識是常住不壞的，是可以貫通三世的常住心。那麼問題緊接著又來了：細意識假使眞的能作爲諸法的根源，那是不是本體論？仍然是他們以前所否定的本體論。現在問題來了：「**意識細心，你們應成派中觀師們有沒有誰證了呢？**」答案依舊是沒有。因爲他們如果證了，就得要教人家跟著實證，不可以說：「**我們實證了，而你們永遠證不到。**」如果那樣講，那就跟密宗一樣了，也和宗喀巴一樣了；因爲密宗的宗喀巴寫的《廣論》流傳下來，有個《廣論》團體在新竹鳳山寺，他們怎麼說呢？他們都說：「**你們居士們是一壺永遠燒不開的水。**」那麼我要請問了：他們穿著僧衣的鳳山寺那一些人，水燒開了沒有？結果一樣沒有燒開啊！全都因爲他們錯信了六識論的應成派中觀，全都因爲他們錯信了落入意識的二種《廣論》的常見外道法中。所以，如果建立了另一個本體論來取代 佛所說的第八識本體論，他們就必須要教導人家實證，不可以說：「**師父我能證，你們都沒辦法證。**」不可以這樣。

但是問題來了，就算他們眞的可以實證意識細心好了，那個細意識是不是意識？仍然是意識，佛陀早說了（佛陀早就預備了一些東西在前面等著，這些人還是一個個繼續跳進去）：「**諸所有意識，彼一切皆意、法因緣生。**」一網打盡，不管哪一類的意識：遠的、近的、現在的、粗的、細的意識，所有的意識全部都是藉意根與法塵爲因緣而出生的；那麼細意識當然是生滅法。意識細心永遠逃不出意識的範圍，永遠是意、法因緣生的。且不談這個意、法因緣生的生滅性，單說他所主張的能執持一切業種的意識細心，他們實證了沒有？答案還是沒有。因爲從宗喀巴以來就沒有證，不但宗喀巴，連宗喀巴的祖師推究到最源頭的佛護，一樣也沒有證得，那麼他們說的意識細心常住，不就是無實體的戲論名詞了嗎？正是標準的戲論。

所以一切法一定都有體，不能夠說哪一個法是無體的，無體不可能有法。假使無體而有法，那都是名言戲論；至於一切法最後是以什麼爲體呢？諸位都知道，當然最後還是以如來藏實相心爲體。宗喀巴的《菩提道次第廣論》中說，意識細心可以出生名色而說爲**結生相續識**，即是落入常見外道法的一個現成具體例子，證明宗喀巴是以生滅性的、被生的意識心爲諸法之體；但意識心不論粗細，全都是「**意法因緣生**」，被生的意識不可能出生蘊處界等一切法，不可能是諸法之體。

又譬如外道主張有一個天神創造萬物與人類，說那是造物主，這就是以上帝為諸法之體。然而哲學界及學術界都質疑說：「**上帝在哪裡？有誰可以同樣證實上帝是時時刻刻都存在的天神，而且是能生萬法之本體？**」上帝是人類思想創造出來的，不像佛教的自心如來第八識是可以由同樣證悟的人時時刻刻互相檢驗其存在；那麼上帝創造萬物與人類的說法，就是無體的名言戲論。又如外道主張能量、大梵天、四大極微、冥性……等法，說那就是造物主，說是一切有情與萬物的本源，這也是無體而唯名的戲論，因為都不能由眾人一一實證而證明其如實，都只是人類思想創造出來的言說而已。凡是不能以同樣方法求證而證明為眞實的說法，都是只有名言而無實體，就是戲論，這才是性空唯名。

話說回來，即使是二乘菩提解脫道，一切有學、無學聖人所證的解脫境界，他們所修學的解脫道法門，仍然是以這個涅槃本際為體，所以《阿含經》中提問說：「**眾生是因為什麼原因而不肯信受解脫之法，導致生死流轉而無法到達無生無死的『本際』呢？**」然後說明：是因為無明而落入無體之法的戲論中，自以為證得解脫、涅槃了，是故無法到達涅槃解脫的本際。若是滅掉了無明，就會知道解脫果所入的涅槃並不是斷滅空，而是斷盡我見、我執以後不受後有，入了無餘涅槃以後就是到了「本際」；然後，佛陀說這個「本際」叫作入胎而住的「識」，叫作出胎以後住於名色中的「識」，有時則是叫作「諸法本母」。在阿含諸經裡面說這個「識」入了母胎，所以能出生名色——出生十八界；證解脫果而在死後滅了十八界，不再入胎而不再受生——不受後有—以後就只剩下這個「識」獨存，這個獨存於無餘涅槃中的「識」就是無餘涅槃的「本際」，所以二乘聖者所證的解脫道仍然以第八識如來藏心爲體。

那麼般若——實相般若，很多大師們感嘆地說：「哎呀！般若甚深極甚深、微妙極微妙，這不是你們凡夫們所能知道的，只有師父我一個人知道。」天下有這種師父嗎？如果這些徒弟們個個都是福薄、性障重，不該得法，那師父講這句話是有道理的。如果徒弟們之中，有一個、二個是善根淳厚福德圓滿，那就不該說「只有師父我能證」，至少也應該傳給一、二位弟子吧！那麼到底他傳下來的是什麼呢？當然還是本識如來藏心。因爲只有證得如來藏實相心，才有能力、才有智慧現觀諸法都從如來藏中生，那就是弄清楚宇宙萬有的實相了，這才是眞正的實證造物主了，因爲一切有情與山河大地全都由如來藏所創造、所出生的。有了這個如實了知實相法界的智慧，確認萬法是如何從如來藏實相心中出生的，就是親證實相般若，就成爲佛法中的眞正賢聖了，從此以後就成爲《楞伽經》中說的菩薩摩訶薩。

成佛以什麼爲體？以一切種智爲體；但一切種智是講什麼？是講如來藏所含藏一切種子的智慧。既然成佛以一切種子的智慧爲體，而這個一切種智以如來藏爲體，因爲一切種子都含藏在如來藏裡面，外於如來藏就沒有任何種子可說了，所以一定要先找到如來藏實相心，然後才能觀察如來藏含藏的一切種子；沒找到如來藏心而說他能夠觀察如來藏的種子而生起一切種智，佛法中沒有這樣的事。這樣子，當然成佛之道還是要從親證如來藏入手，所以成佛仍然以如來藏爲體，因此經中才會說：阿賴耶識名爲如來藏，由於無明、業風所飄而出生了七轉識，就會有七識波浪不斷地現起；七識現起以後，如來藏阿賴耶識就與七識心同時同處和合運作，成爲一個具足五蘊、十八界的人類。如果有人能證得這個阿賴耶識，那時就好像煩惱薪被智慧火所焚燒；假使煩惱薪全部燒透而火也全部熄滅了——煩惱燒盡而熄滅了，就進入

無漏位中，就是佛法中說的聖人。

所以，證阿賴耶識，也就是證如來藏的人，才能叫作大乘法中的賢聖。否定第八識如來藏的人連聲聞初果都證不到，更無法成爲佛法中的賢聖位菩薩，竟然能自稱成佛，那不是天下最大的大妄語嗎？但是末法時代就是有這種人，例如密宗喇嘛教六識論的凡夫們自稱法王；又例如密宗應成派中觀師釋印順的傳記，他在生前允許把書名叫作《看見佛陀在人間》，那是不是告訴讀者們說「**我釋印順已經成佛了**」？可是他落入識陰直覺之中，連我見都還在呢！都還證不了聲聞初果呢！他也否定大乘見道理體的如來藏心，所以尚未開悟明心而不懂實相般若呢！因此印順所以爲的開悟或證果，全都是因中說果，這是因爲他所謂的實證全都無體。他總是把一些佛法名相湊合起來組織一下，堆砌得好像很雄偉的樣子——讓人讀不懂，就說那叫作佛法；可是他把牛頭縫上了馬嘴，豬身縫上了驢腳，只能叫作四不像，因此他的書中說的都不能夠叫作佛法；因爲全都是不可實證的，那就全部是戲論。

所以釋印順的判教講什麼性空唯名、虛妄唯識等，那都是胡扯，全都經不起檢驗。老實說，他的師父太虛法師早就說他把佛法割裂成支離破碎了，我們今天也一一證實他心中對佛法的概念是支離破碎的；怪不得印順派那些法師們讀他的書，讀了十幾年、三十幾年以後依舊弄不懂印順思想，才需要大家每年聚頭討論印順法師的思想內容到底是什麼？但他們沒智慧弄懂。他們只要好好閱讀正覺寫的書，三年後就可全面瞭解印順的思想了，不必每年開學術會議來討論他的戲論思想。更何況他們的學術會議不肯讓正覺的學員發言提問，有時正覺的學員取得發言權時，又被縮短發言時間或關掉擴音機的聲音，那算哪門子的學術會議？

印順派下修學的應成派中觀思想的問題是出在哪裡呢？都是因爲他們被宗喀巴的《廣論》作了六識論的邪教導，因此而否定了第八識，就只好以無體法建立名言，把意識想像細分出一部分來，說是能出生名色的**結生相續**識，卻又都無法實證及檢驗意識細心的存在，也無法證實及檢驗意識細心眞的可以出生名色；他們自己作不到，也無法教導別人作到，就信受宗喀巴說的意識是**結生相續**識的謬論，也眞是沒智慧。

像密宗應成派中觀這樣的主張就是沒有理體而作出來的名言戲論，於佛法的修學與實證上全無意義，才是性空唯名之法；而第二轉法輪的般若諸經所說現象界諸法緣起性空的當下，卻說現象界所知的一切法全都有體——都是以非心心—實相妙心—如來藏爲體，是可以實證的，印順不該亂判爲性空唯名。由密宗應成派中觀師們——不論古時的佛護、月稱、寂天、阿底峽、宗喀巴或今天的釋印順，所表現出來的事實也可以這樣證實：不論他們自己或被他們指導的學人們，當他們自以爲親證實相、懂得般若而極力破斥第八識如來藏妙法，誣指實相心如來藏妙義爲外道自性見時，卻又顯示他們自己處處誤會般若諸經裡的勝妙教義，依然落在意識的思想境界中，都只能臆測實相境界而虛妄說法。這就是說，要想弄清楚實相般若，一定要先瞭解實相般若以什麼爲體；要想證得中道的現觀境界，一定要弄清楚中道的觀行是以什麼爲體。既然號稱要學佛，那麼學佛時應該以什麼爲體？

即使不學佛，只想要學南傳佛法的聲聞解脫道，也要先思惟清楚：「我若是只要當阿羅漢，因爲當菩薩實在太累了，要生生世世在人間，那要歷經多少生死？不但如此，菩薩行道的過程中還得要給眾生糟蹋，眞的太累又太委屈了，我才不要。所以我只想當阿羅漢，成爲人天應供，那不是很好嗎？而且不必修學三大阿僧祇劫，我只要一世就可以解決三界輪迴的痛苦了，那我就學南傳佛法去了。因此，我得要先瞭解：南傳佛教的聲聞解脫道，是以什麼爲體而可以實修實證？」所以問題是：南傳佛法解脫道叫作阿羅漢法，它以什麼爲體？在修學南傳佛教的聲聞解脫道時，一定要先弄清楚：解脫道是以蘊處界空爲體。但是蘊處界空又以什麼爲體？總不能以斷滅空爲體吧？這個「不受後有」而成爲蘊處界空的解脫道，是以入胎識如來藏心爲體，也就是以涅槃中的本際爲體。可是涅槃中的本際又是什麼呢？爲什麼有了這個本際之時，無餘涅槃就不會是斷滅空又不會是三界有呢？因爲這個本際就是有情眾生各自都有的第八識如來藏實相心，阿羅漢們不受後有而入無餘涅槃界以後，還有他們各自的第八識實相心獨存，那時不再出生後有而獨住於離六塵、離三界法的絕對寂靜境界中，不再有後世的三界生死，所以如來藏實相心才是無餘涅槃的本際，才是無餘涅槃的理體，當然就是聲聞解脫道的理體。要認清楚而相信眞的有這個理體，然後去修行解脫道時才能眞的斷除我見，也才不會走錯了路。

南傳佛法五、六百年來，沒有辦法使任何人證果的原因（他們號稱現在還有阿羅漢，其實都是假的；目前所見他們所謂的阿羅漢，連已經斷我見的證據都找不到，全都落入意識心或識陰之中，更別說是薄貪瞋癡的薄地或者三果離地、四果畢地的修證），是因爲他們只讀覺音論師的《清淨道論》去修行；而覺音論師自己連我見都沒有斷除，依這種凡夫論師寫的書籍修行，全都只在我所上面清淨其心而不能斷我見，連三縛結都無法斷除而證不到聲聞初果，又如何可能在斷我見的見道位以後進修成爲阿羅漢呢？而南傳佛法五、六百年來的修行者，無法實證解脫果的原因，不只是因爲沒有人把解脫道不受後有的眞實義講出來，也與他們不知道滅盡五陰以後的無餘涅槃境界並非斷滅空有關，也就是不知道無餘涅槃中的本際就是第八識實相心。

當他們不信受或否定了第八識心以後，他們的羅漢法就無體，無體的時候就不可能實證聲聞解脫道了；這就是《阿含經》中說的「於內有恐怖、於外有恐怖」的道理，我在《阿含正義》中已經詳細舉證及解說過了，在這裡就不再重複解說。因爲如果只承認有六個識，世尊卻又開示說：入無餘涅槃時必須滅盡五蘊、十八界全部，那麼他們有辦法強迫自己願意滅盡五蘊十八界嗎？絕不可能！因爲他們一定會認定：入無餘涅槃時滅盡了五陰十八界，從此不受後有時就是斷滅空。那麼誰還願意入涅槃以後變成斷滅空？世俗法中有一句話叫作「好死不如賴活」，再怎麼難過也要賴著生存而過活；那日子再怎麼難過，跛跛掣掣也還是要活著啦！因爲好死若是會變成斷滅空，誰都不想要啊！不說咱們不要，瞿曇老人家來了，祂也會說不要，因爲，變成斷滅空以後有什麼意義？對眾生有什麼利益？那還不如叫大家繼續輪迴而每一世去行善，還對社會、眾生有利益；教導人家成爲斷滅空去入涅槃，眞的沒什麼正面意義。

北傳的中原大乘佛法三、四百年來在檯面上的弘法者中，都無人能夠實證般若，原因也是因爲他們把第八識否定了以後，就只能落入識陰六識的境界中，再也無法脫離三縛結，何況能夠實證實相法界而發起實相般若？從聲聞法中不斷分裂而在最後成爲十八個部派以後的部派佛教，那些聲聞僧人們只能臆想猜測實相般若而全都無法實證，只能臆想猜測而妄說大乘佛法，由於都不是正眞無訛的緣故，於是只能一代又一代地演變下去，沒有了期，正是最現成的例子。所以即使是粗淺的二乘解脫道之法，也一定要有體。如何教導二乘人信受《阿含經》所說確實有一個實體常住不壞，說明這是解脫道的所依而解說涅槃不是斷滅空，來證明解脫道所證的無餘涅槃是眞實法——

無餘涅槃是常住不變，使修學二乘法的聲聞人在末法之世不必懼怕斷除我執入涅槃以後會成爲斷滅空，便可以實證解脫果，這也是菩薩的責任。因爲二乘聖人死後都不再來人間，依靠實證二乘法的二乘聖人來住持聲聞解脫道，不久就會失傳的。可是還在人間修學羅漢法的聲聞人，他們的責任就是要信受眞有涅槃的本際常住不壞，才能夠對外法五陰的壞斷——不受後有——而無恐懼，才有可能實證聲聞解脫果。

滅了五陰以後不受後有，其實沒關係，因爲無餘涅槃並不是斷滅空，還有自己的第八識實相心捨世獨存；這才能夠對於外法五陰的永遠斷滅全無恐懼，因爲相信 佛所說的滅盡五陰以後，還有本際第八識常住不變而不是斷滅空。他們那時會這樣認知：「這個內法本際實相心，雖然我證不得、找不到，但是佛語不虛，我完全信受，所以我對於證不到的內法如來藏雖然無法親自證實祂的存在，但我沒有恐懼。而我願意把五蘊全部滅除成爲無餘涅槃，我對外法五蘊的永遠滅除也無恐懼，因爲佛說無餘涅槃是常住不變而非斷滅空。」那麼在「於內、於外」都無恐懼的情況下，才有辦法斷盡我見、我執，否則始終是斷不了我執的，連我見都無法斷除而會落入意識中，成爲常見外道的同路人。四阿含諸經，你把它們請出來詳細閱讀，再把眞正的阿羅漢們寫的論請出來語譯之後，會發覺一件事實：沒有一位阿羅漢會否定這個涅槃本際識，沒有一個阿羅漢是否定入胎識眞實存在的。

可是，現在的學佛人，包括幾百年來南傳佛法的大師與學人們，竟不信受有涅槃中的本際，卻大聲宣說他們已經斷了我見、我執，誰能信受呢？只有印順法師及其派下的愚癡人才能信受，其餘有智之人可都不能信受。所以，三乘菩提所函蓋的解脫道、佛菩提道，是以什麼爲體？這一定要弄清楚。往往有人說他在修學般若，然而也有人這麼說：《大般若經》六百卷濃縮以後變成《金剛經》、《實相般若波羅蜜經》，再濃縮以後成爲二百多字的《心經》。這部《大般若經》一再濃縮成的《心經》，爲什麼不叫作《法空經》而要叫作《心經》？是不是表明般若諸經所說的就是有個實相心？對啊！把六百卷的《大般若經》濃縮到最精華，而從《大般若經》中擷取出來時正是在說「心」，這才恍然大悟說：「喔！原來實相般若的法義並不是印順法師說的性空唯名，而是在廣說確實有個眞實法叫作心，是萬法背後的實相。」這樣弄清楚了，就知道般若以常住不壞心爲體。那麼實證以後親自觀察而知道這個心眞是萬法的根源，所以親證了這個實相心就是親證實相，就會有實相般若生起來了。

把這個道理講清楚了，接著可以來談這一段經文了：「**一切法平等性故，般若波羅蜜平等性。**」一切法的平等性，好多大師以前怎麼說的？他們說：「不管什麼法都平等啦！」如果不管什麼法都平等，好極了！明天你就大搖大擺走進他們的方丈室說：「**大和尚，請您退位下來！今天起換我來當堂頭和尚，因爲我們是平等的。**」然而不行！出世間法的道場中如此，在世間法的單位中也還是如此。這就是說，不能夠從三界一切法的本身來說一切法平等，因爲三界中一切法的本身是不平等的，得要把三界一切法攝歸於平等性的如來藏心中，才能說是平等的，因爲只有如來藏具有本來就平等的自性。如果有人膽敢從三界世間境界來說一切法平等，那麼明天你們的女兒或兒子結婚了，去到戶政事務所登記時，戶政事務所的職員也可以拒絕說：「**你們爲什麼結婚？你們既然平等，可都是一樣的了，還結什麼婚？**」對不對？因爲男生女生平等而相同了，那麼男生就是女生，還結什麼婚？一定是有不平等之處，是因爲一個人男性而另一個人女性，身體與心性是不平等的才能結婚，不然怎麼結婚？

事相上的法是不可能平等的，如果事相上的法全都平等，好極了！哪一位大法師若是正在桃園巨蛋演講，那一天你上去說：「**請大法師下座！咱們平等，今天由我來講法。**」因爲你也眞的有資格，你已經明心了，一定講得比他好。但是，事實上平等、不平等？不平等！因爲從法上來講，你明心了，他沒有明心，是不平等；從舉辦這一場大演講來講，也不平等，因爲是他辦的，不是你辦的，不可能平等；又因爲他是大法師，你是小居士，怎麼能平等？也不可能平等。可是這段經文中爲什麼要說是「**一切法平等性**」？因爲是從實際理地，也就是從萬法的實相來看，此時一切法的法性才是平等的。要怎麼看呢？譬如說，如來藏獨自先出生了意根；有了意根，如來藏才能再藉意根來製造一個中陰身；這得要在意根的主導下，由意根的無明、我執、我見、我所執來主導以後，如來藏藉意根爲所緣來出生了中陰身。中陰身出生了，如來藏再藉意根與中陰身作助緣（因爲中陰身裡面就有微細的五色根，也有六塵與六識），十八界具足了，就藉這個中陰身去入母胎。入了母胎以後，再藉父精母血而出生了身體五色根；這時有了六根，六根圓滿了就由如來藏出生了六塵，再藉六根與六塵為緣而從如來藏中出生了六識覺知心——離念靈知或者有念靈知，十八界具足而出胎以後，接著是長大成人，各人有各人的專業：這一位好厲害，會設計汽車，那一位會設計原子彈，那一位會設計航空母艦等等，萬法不就出生了嗎？

可是這萬法統稱為一切法，這時我們再轉從如來藏的立場來看一切法的時候，如來藏從來沒有分別過說：意根最厲害，而且意根最先出生，讓祂當老大。如來藏從來沒有說意根最厲害就讓祂當老大，如來藏出生了一切法以後，如來藏對一切法是平等看待的，從來不分別高下與能所。得要這樣來講一切法平等，所以一切法的平等性要從實相心的境界來看、來說。可是大師們幾十年來怎麼講般若的呢？當人家來問師父，師父就說：「你就不要去分別那個男生長得很醜，別嫌人家；也不要去分別那個女生長得很漂亮，別老是瞧著人家。你要平等看待，不要去分別。」可是等到明天，這徒弟繼續當他的侍者，有賓客來了，雖然是從很遠的美國、俄國來的，師父只是說：「坐！茶！」到了明天，那個每年都捐一千萬元的大護法來了，師父就說：「請坐！泡茶！」這徒弟就斗大一個問號在心裡頭了。到了大後天那位每年捐一億元的大施主來了，師父急忙又親切地說：「來！來！來！請上座！侍者，快！快！快！泡好茶！」喔！那個徒弟心中的問號不只是斗大了，大概是籮筐大了。他就知道師父心中明明是不平等、明明是有分別，可是師父講的法卻分明說要不分別、不要作不平等的看待，那徒弟就說師父心口不一。一定如此嘛！

但我們悟後還是可以這樣作，哪一天遇到誰供養我一大箱的蘋果——頂級蘋果，我就說：「請上座！泡好茶！」明天某甲只供養一顆小小的棗子，我就說：「坐！茶！」如果哪位同修告訴我說：「你還是有分別啊！」我說：「我還是無分別啊！」爲什麼？因爲事相上本來就不平等，他需要我布施這二句「泡好茶！請上座！」我就布施給他：「泡好茶！請上座！」只要他聽了很高興，願意繼續護持正法，我也有資財繼續弘揚正法，他也可以有機會種良福田，何樂不爲？如果他只能供養一顆小小的棗子，你說：「茶！坐！」也不過分，因爲你如果對待他的時候是說：「來！來！來！請上座！泡好茶！泡好茶！」這是遠超過他所應得的待遇，他不會覺得不安而難過嗎？你若是很平淡地、像平常一樣對待他，他就會覺得很自在了。就是這樣嘛！待遇雖然不同，但你卻已經在法上深厚地利樂他了；你既然已在法上幫他實證了，又何必在意世間法上的表相呢？可是在事相看來不平等之中，實際上還是平等性，因爲咱們跟勢利眼的大法師不一樣，我們在事相上容許有不平等，雖然實際上我還沒有這樣作過。

但是我說：假使有一天我也這樣作，也還是平等。爲什麼呢？沒有人能質疑我，因爲從實際理地上來看都平等。當我從如來藏來看時，我昨天說：「茶！坐！」今天說「請上座！泡好茶！」的時候，我還是示現了平等性，我並沒有示現不平等性，那就看這徒弟是從哪個方面來看了！他如果從現象界的事相來看而說：「老師！您不平等。」我就一棒打過去。等他挨了棒以後恍然大悟：「啊！我錯了，原來我剛才的心不在如來藏上面，我沒有管帶好。」我就說：「差堪教導。」我說這樣的徒弟才堪得我教導。如果打了以後還不知道，還要幫他提點說：「你這個笨蛋！怎麼不會從如來藏來看呢！」「喔！原來如此。」這個已經不堪由我直接教導了。

禪門本來如此啊！所以有一句很有名的話說：「見過於師，方堪傳授；見與師齊，減師半德。」爲什麼這樣呢？因爲徒弟是在師父的幫助下開悟的，在師父教導下本來應該進步神速才是，他的見地本來就應該超過他的師父，這是弟子的本分，也才堪得師父的教導；如果在師父幫助下開悟，也得到師父的各種教導了，他的見地縱使超過師父了，他的解脫功德也才只有師父的一半而已，因為不是自參自悟的緣故。凡是讀了人家的書以後才能悟入的，縱使後來智慧超過寫書的弘法者，他的智慧與解脫功德都是只有人家的一半而已，有什麼可以傲人的呢？所以得要悟後的見地很勝妙，看來是超過幫他證悟的師父了，才值得他的師父再作更深入的教導，這就是見解超過了他的師父。凡是師父幫他悟了以後，他的見解只能跟師父一樣，那他一定只剩下師父一半的功德，禪門就是這麼講的。

這意思就是說，悟後要怎麼樣才能夠七通八達，是你必須要具足二邊而不落於二邊。並不是說：「我就處在中道，我不要在有裡面，我也不要在無裡面；我不能住在平等法中，我也不能住在不平等中，我只能住在中間。」於是人家來了，我說：「請上座！」他就說我不平等，那是不對的喔！那表示他還沒有眞正的悟，他的智慧並沒有生起來。眞悟的時候處於中道卻又函蓋了二邊，必須是同時函蓋二邊，不能光有中道而離開二邊；所以從如來藏的立場來看，前天師父說：「茶！坐！」昨天說：「泡茶！請坐！」今天說：「泡好茶！請上座！」事相上看是不平等的，可是實際理地還是平等的。怎麼平等呢？從所悟如來藏的立場，從如來藏自住境界來看事相上不平等的一切法時，現觀如來藏從來不分別高下，從來不管諸法是平等或不平等，這樣才能夠說是「**一切法平等性**」。

因此《般若經》的法教是可以實證、可以現觀的，並不是一種哲學，更不是一種思想；因爲凡是思想，都只是一個見解上的雛形，正在發展中；這是建立起來以後正在發展中，但是將來能不能經得起再三的檢驗呢？其實還不能。還沒有完成各個層面的檢驗，落入現象界的生滅法中而不是絕待的實相法界，是還可以再三加以演變進步的，所以叫作思想。可是佛法所說的內涵是實證的，也是最終極的眞理，並不是思想，因爲它可以重複檢驗、重複證實，盡未來際都是如此的，也是永遠無法加以推翻的。

如果不能重複檢驗、重複證實的，在社會上沒有永遠的賣點。譬如電解水，電解水機器一台三、四萬塊錢，以前剛剛發明出來時，一台賣六、七萬元，那是適合給什麼人用的呢？給那些吃大魚大肉大油的人來用，素食的人可就用不著，越喝越糟糕；因爲你素食以後本來就改變成鹼性的體質了，你還去喝鹼性水，就會太鹼，酸鹼值可就不平衡了，所以是應該給社會上每天吃大魚大肉的人喝。這個電解水機器，假使不可一再重複檢驗；也就是說有人在賣的那一台機器，把電插妥了，水流出來時是有鹼性水可以喝，但不保證每一台都如此，那你要不要買呢？因爲十台裡面可能只有一台可以，大部分都不行，或者說全部都不行，只有展示的那一台是可以的，那你要不要買？你一定說我只要買這一台，其他的我都不要。那家公司要不然就是倒閉，要不然就是犯了詐欺罪。正因爲產品不可再三檢驗，不能再三證實，那就是戲論了。

然而般若可不是這樣的，實相般若的意思就是實相智慧，你如果證得那個眞實體——實相心如來藏，就是**有體**，在禪門裡面又叫作**有主**，已經心中有主而不再是依草附木精靈了。你只要證得第八識本體心，般若諸經就可以通，每一段經文你都可以用來檢驗自己的所悟。當你證得實相心如來藏以後，你從如來藏來看待祂所生的一切法時，你會自己證明如來藏從來不作分別：從來不去區分哪一個法是高、哪一個法是下，從來都沒有這種分別。所以從如來藏來看一切法平等性，這是可以現觀的，不是語言文字或者一種思想而已，這是可以實證的。以前 佛陀在世的時候可以實證，到現在仍然可以實證，乃至未來無量劫以後，仍然可以實證。這樣可以重複檢驗證明眞實的，這個法你買不買？買不買？買啦！當然你們現在是有智慧了。這道理反過來檢驗時，又是什麼意思？就是說，他所說的如果是不可實證的，或者對方說它是某種寶物，結果檢驗了並不是，檢驗以後證實是虛假的，那你要不要買？喔！要拒絕了。

你若只是拒絕了，還不能算是善行。如果你拒絕了荒謬的假法以後，你向對方說：「沒關係啦！你這公司的爛產品，還是可以繼續出品，我還是願意資助你；雖然我不買你的產品來用，但我每一個月依舊資助你一萬元去繼續生產、繼續銷售。」這樣作，好不好？不好。記得了呵！你們自己已經講「不好」，如果那一些大師們騙人說：「我可以幫你們證眞如。」結果所證的只是離念靈知意識，請問：他們那個眞如產品是不是冒牌貨？是。那你還可不可以再資助他們？不可以呵！這可是你們自己親口講的喔！你如果繼續再資助他們，就是在幫他們誤導眾生，那你可要擔共業的。以前我沒講過這個話，現在總算講了；你如果要繼續幫助人家去欺騙眾生，你死後就得跟他們挑起那個共業；因爲眾生將會繼續被他們騙，你也不斷地出一分力量在幫忙他們欺騙眾生，不是嗎？所以我絕對不會幫忙人家去騙眾生，還得要出面舉發他們欺騙眾生的行爲。

這就是說，「**一切法平等性故**」的眞實義是可以實證的，不是一種思想，因爲這已經是成品，而且究竟善美，無可再改進了，不需要誰來演變。眞如妙法是最古老也最進步、完美的產品，不是剛作出來第一代以後很快就壞掉，不然就是很快又發覺不夠完美而可以再改進爲第二代。大乘佛法是具足圓滿的產品，是沒有辦法再改進的終極產品，永遠都不需要演進發展佛法的法義。凡是主張佛法在弘傳過程中有所演進、有所發展的人，他們都是以未悟佛法的古聲聞僧六識論的邪見理論，來觀察聲聞僧後來如何演進發展的過程，只是聲聞法部派佛教的凡夫僧的產物，根本就不是古今眞悟菩薩們所說的佛法；不然就是他們曲解了眞悟菩薩們所造的論中義理，然後附會於他所說的演進發展的附會言論中，印順法師就是如此。

眞正的佛法是不需要演進發展的，古時如是、現在如是、未來無量劫以後亦將如是；既然是這樣子，當然你要買這種究竟圓滿不需再改進的好貨，因為永遠不會褪流行。你如果買了某一個產品，明年它又改型了，或者明年功能又改進了，你就得要一直追買下去而停不下來，對不對？就像現在年輕人玩手機，每年都要淘汰換新，餵飽了廠商的荷包，而這些跟流行的年輕人就瘦了自己的荷包；把錢都流進不斷演進新產品的廠商口袋中，然後自己再來籌錢過生活，因此就得繳什麼信用卡債的錢等等，眞是夠愚癡的！這就是說，一定是終極產品才是最好的產品，以後永遠都不可能再發展改進了，再怎麼改都改不出這個範圍。如果眞的有這種產品在人間，你只能說是法界中的實相；然而世間法中不可能有這一類不必發展演進的產品，因為實相只有一個，所以世間不會有終極產品。

但是這個「一切法平等性故」是可以實證的，並且歷今亙古而彌新，永遠不會被改變，永遠都不會有誰可以有智慧、有能力來演變祂。二千五百多年前 世尊在世弘揚如來藏、佛性，到現在我們依舊可以實證而仍然沒有人能演變祂、發展祂。而能夠演變的都是那一些還沒有悟的凡夫論師寫的東西，他們就是要不斷地演變；因為一代又一代流傳下來，他們每一代都經不起證悟菩薩所作的法義辨正的檢驗，所以他們必須要不斷地修改，這就是發展與演變。

你們可以看看，我們正覺同修會打從開始弘法以來，有多少道場前後各自改了多少種講法？他們一直在改變，而我們套一句武俠小說裡的說法：「咱家可是行不改名，坐不改姓。」我們從弘法到現在，一直都如此：眞如，眞如就是如來藏；佛性，佛性就是眞如心的某一種自性。我們也要求大家都要有動中的未到地定功夫，才能悟後不退轉，才能眞的證初果，所以必須要修無相念佛功夫。從開始弘法到現在，仍然如此，絕不改變，以後也永遠不會再作任何改變。我們將來只有把眞如、佛性講得越來越深、越來越廣，但仍然是這個產品。我們把功能不斷地告訴你：我以前賣給你這個產品時祂有多少功能呢，你一時間理解不來，但是這些功能都是賣出來的時候就已經給你了。有許多是你還不會用的，我十幾年來就不斷地慢慢告訴你，售後服務太好了，我們就是這樣。可是我賣給你的產品，是給你的時候一切功能都有了，以後都不必再改版換新的。所以眞正的佛法是實證的法，是可以再三檢驗的，並且功能用之不盡而可以讓你一直學下去；可以學多久呢？三大阿僧祇劫。這一種產品，打著燈籠天下到處去找，可都沒處找。

所以佛法的可貴，正是在這裡。因爲它可以由許多有緣人再三實證而不是戲論，不是由很多的名相去堆砌起來而說這就是佛法。它是實證的，可以檢驗的，並且這個檢驗是可以一代又一代重複地檢驗，永遠不會有改變，永遠不可能被演變，始終如是；乃至將來你們成佛以後仍然是如此，這就是實證性、驗證性、平等性的道理。當你從實相法界如來藏來觀察一切法的時候，一定會發覺一切法都是平等性，爲什麼呢？因爲不但是從如來藏來看一切法的時候都平等，而且一切法都屬於如來藏自己。既然一切法都屬於如來藏，而一切有情的如來藏平等平等，當然就是「**一切法平等性**」了。在佛法中眞的符合現代的民主政治，大家都平等，不論男女老少，只要你世間智慧夠了，心智健全而且成年了，每一個人同樣都可以有一票的投票權。不會說你家財萬貫，你就可以有一萬票；我是家徒四壁，所以我全家只有四票。

佛法就好像是這個道理，從一切法都攝歸如來藏的時候來看，全都平等啊！所以一切法還是平等性。從如來藏來看一切法的時候，一切法也是平等的，因爲如來藏從來不曾去分別諸法的高下。正因爲這樣實證、這樣現觀，再三驗證確實如此了以後，所以由於這個「一切法平等性」的緣故，就可以向大眾保證：般若波羅蜜——智慧到彼岸，也是平等性。因爲一切有情的如來藏平等無異，而一切法也都是平等性的，所以從一切法的實相來看待一切法的時候，一切法當然一樣是平等性。而一切法的實相本身既然是平等性的，那麼你證得這個實相以後所引生的般若波羅蜜——智慧到彼岸，當然也是平等性。每一個人證得這個實相智慧的時候，他到達本來無生無死彼岸的狀況當然也是平等性。

所以，當我說「我沒有入無餘涅槃」的時候，我就已經住在無餘涅槃中了。諸位！你們明心了以後，也可以這樣現觀：「我今天明心了，以前蕭老師這樣講過：『我悟後可以來觀察自己，現在是不是住在如來藏境界裡面？』結果才一觀察，已經一一證實：「我從來沒有離開過如來藏以外，我一直都在我自己的如來藏裡面；可是如來藏本來就涅槃，所以我就是本來住在涅槃裡面。」然後，突然想通了說：「蕭老師！不是只有這樣欸！我住在如來藏的無餘涅槃裡面，而我卻又同時在生死中，始終都跟眾生一起生死，陪著眾生快樂與歡笑、痛苦與哭泣，我竟然可以這樣子住。」我就說：「恭喜你！

你終於懂得『和光同塵』了。」事實上眞是這樣的，這才是眞正的佛法。

既然是這樣，「一切法平等性」的緣故，「般若波羅蜜」也就是「平等性」，因爲你看到明心開悟了以後，可以這樣子觀察：你看到你是這樣的平等性，你看到我也是這樣的平等性，師徒全都一樣啊！並沒有說，我給你的法是不太平等的，全都因爲你對我的進貢還不夠多。永遠都不會這樣嘛！因爲實際理地中是永遠都平等的，自始至終都沒有差別的；既然如此，你的般若到彼岸的平等性，就跟我的般若到彼岸的平等性一樣；這樣，你的般若到彼岸—你的般若波羅蜜，跟我的般若波羅蜜就同樣是平等性的；這個平等性就是從一切法的平等性而來；而這個一切法的平等性，其實就是實相心如來藏的平等性。

接著說：「一切法第一義性故，般若波羅蜜第一義性。」這句話有一點深了，也許有人說：「哪裡有？這幾個字我都懂。這幾個字，老實說，國小六年級都能讀懂了，有什麼深的？」我說，人不可貌相，文字義也不可以斗量。爲什麼一切法第一義性的緣故，所以般若波羅蜜就是第一義性呢？這就要來探討一下：什麼是第一義性？在探討第一義性之前，當然要先探討什麼叫作第一義。在佛法中說第一義，就表示有第二義存在，既有第二義就會有第三義了。在世間當學生，學著怎麼樣在世間生活，那就不曉得是第幾義了。

第一義有因地和果地的差別不同，在果地叫作常樂我淨，才是眞正究竟的第一義。在因地呢，如果講常樂我淨，只能從如來藏來說，但是無法眞的達到常樂我淨。應成派中觀師們最討厭常樂我淨四個字，一聽到常樂我淨四字，他們就說：「這是外道思想，如來藏外道。」可是當他罵出「如來藏外道」幾個字的時候，他已經是善根斷盡，《楞伽經》中說善根斷盡的人叫作一闡提人。因爲實相心如來藏是佛法的根本，也是緣覺因緣觀的根本，也是阿羅漢們所學解脫道的根本，並且還是世間一切法的根本；當他這麼一否定，就是善根永斷而成爲一闡提人。

接著我們就要從因地的第一義來說。因地的第一義，如同剛剛諸位聽到的，諸法的眞實相就是第一義。諸法的眞實相是什麼呢？根據應成派中觀師的說法，諸法的眞實相就是緣起性空。可是等你問他「什麼叫作緣起性空」的時候，會顯示出他們其實不懂而自以爲懂，因爲他們都只知道性空而不知道緣起。緣起性空的意思有兩個層面，第一個層面是性空，第二個層面是緣起，但一定先有緣起然後才有性空。可是他們都只講一半，就說他懂得緣起性空了。爲什麼是只講一半呢？因爲他們說：五蘊十八界都是緣生緣滅、無常故空而沒有眞實性，所以其性本空，這就是緣起法。但是蘊處界如何藉緣而起？他們從來不說，因爲他們都沒想到這個問題。既然講緣起，然後有性空，一定是這些性空的法要先藉緣而起。那到底是什麼法藉緣而生起這些性空的無常法？

既說是緣起而性空，一定是有被指稱爲性空的標的物，當然是指有生有滅的蘊處界等法。生滅性的蘊處界等法是無常所以其性本空，但是性空的蘊處界是如何藉緣而生起的呢？是由什麼法來藉種種緣而生起性空的蘊處界呢？總不能夠說沒有實體法的空無而能藉緣生起性空的蘊處界吧？否則就成爲「無因有緣世間集」，就不是 世尊說的「有因有緣世間集」了。一定有性空的蘊處界以外的另一個法，祂是本住法，由這個本住法爲因，藉某一些所緣才能生起性空的蘊處界諸法；這樣子理解的人，才會是眞正懂得緣起性空的人。

在四阿含諸經裡面有沒有說明緣起所以性空？有！佛陀說法不會只講

一半，如果只講一半，大家都可以罵祂：「您的名字叫作佛一半。」就好像以前退轉而否定第八阿賴耶識的某老師被學生們私下稱他爲「某一半」一樣了。可是 佛說法時從來沒有只講一半的，都是具足圓滿的。即使只說解脫道時，也是具足圓滿解脫道的法，並沒有把解脫道只講一半。所以 佛陀問阿難：「識不入胎，能有名色否？」「識不會精」，就是沒有會遇受精卵時，「能有名色否？」「識入母胎即出，能有名色否？」就這樣一直問下去，都在講這個識。這識是什麼識？是第八識，因爲入母胎以後，還沒有出生五色根以前是沒有覺知心等六個識的，意識在入胎後的三、四個月時是還沒有出現的，那時已經有名色了，那時的名色所緣的識是什麼識？一定不會是意識。那麼意根呢？意根叫作根，在四阿含諸經中都不把意根叫作識，當然也不是識陰六識裡面的識。所以能夠緣於名色、能夠被名色所緣的這個識，當然就是第八識了！

爲什麼 佛陀故意要講這個入胎、住胎而出生名色的識？這就是在講五蘊十八界六入的緣起，是由祂藉意根與無明、業緣、父母緣而在母胎中出生了名色，這才是眞正的緣起法；有了這個緣起法，才會出生了名色，而名色性空，就合稱爲緣起性空。就像佛陀在敘述祂這一回是怎麼示現成佛的時候，也是說祂當時先探究十因緣，最後探究到名色是從哪裡生出來的？原來是第八識出生了名色。然後才去探討十二因緣而探究說：爲什麼這個識會出生名色？是因爲行，爲什麼會有行？是因爲無明，由無明而使第八識出生了名色，於是有了生死流轉等痛苦，這才是眞正的緣起。有了緣起法，接著才會有所生的蘊處界性空，才能具足緣起性空。

這已經證實 佛陀在羅漢法裡面也有講緣起，就是本識入母胎而出生名色；在緣覺法裡面也有講緣起，就是名色從本識出生，一切法全都是「齊識而還，不能過彼」，當然也有講緣起；然後才說緣起法的後半段：如來藏識顯示的緣起過程中所出生的蘊處界無常性空。這時才是講後半段的性空：五陰十八界無常、無我、其性本空。這時才講性空。所以一切人弘揚解脫道時，不能把前半段的緣起切掉，只剩下後半段的性空，卻說他們講的也是緣起性空。現在印順派的門人全都只是把性空法說成是緣起性空之法，但他們根本就沒有說到緣起法，只說到性空法，卻騙人說他們在弘揚緣起性空觀。像他們這樣講緣起，叫作無本無據。

同樣的道理，實相之所以爲實相，一定有個本體；證得這個本體以後才能夠說自己所證的內涵是實相，因爲祂是可以重複驗證的。證得這個實相的時候才可能生起智慧，還沒有證這個實相以前，根本不知道實相法界的內涵，如何能夠自稱有實相智慧？所以證得實相之體如來藏時，就是證得實相了；親證如來藏而深入觀察以後，就會知道萬法都從祂來，祂就是萬法的眞實相。有了萬法實相的現觀就會生起了實相智慧，這個智慧叫作世出世間智，就是第一義諦智慧；這不像二乘法的果證是出世間智，可是世間法是從哪裡來的？他們不能親證。以此緣故，實相般若—實相智慧—便叫作世出世間智慧，又叫作上上智，因爲不是二乘聖人所能知道的。

這樣親證了萬法的實相，生起了實相的智慧，並且現觀了以後再去作更深入的推究，看看還有沒有哪一個法能出生這一個法；這時已經證實如來藏阿賴耶識能出生萬法，所以是萬法背後的實相，然後再來推究有沒有什麼法能出生這個阿賴耶識如來藏呢？有沒有什麼法眞的能出生如來藏呢？一定要去推究。推究的結果一定是了不可得，因爲推究到這一個阿賴耶識再往前推的時候，便無一法可得，所以祂就是第一法，是萬法出生之前的第一法。

若要推究一切法的時候，往前推究到最後就是只有祂，再也沒有任何一法可以排在祂的前面，所以佛在《阿含經》中說：「齊識而還，不能過彼。」你若是證得這樣的法，所證的這個道理就是第一義諦。

以前也有人比我聰明（因爲我這個人笨，太老實，不會搞怪），他們獨創新說：「你蕭老師證得阿賴耶識，但我們比你更高，我們已經證得另一個能夠出生阿賴耶識的眞如。」好啦！他們這種說法能不能經得起檢驗呢？這檢驗要從二方面來檢驗：一方面從至教量來檢驗，或者諸聖菩薩所寫的論中聖教量來作檢驗；檢驗完了再從理證上面來檢驗。也就是還要從理證上面來看他們能不能實證？他們如果眞的實證了，還得要教導追隨者同樣可以實證，總不能只有他們少數二、三個人自己實證吧？他們能證，他們的追隨者至少也要有十幾個人可以同樣實證。我就問：「你們教導誰實證了呢？」咱們這麼一提出來，他們可就啞口無言了！因爲他們的說法：第一、不符合教證；第二、不符合理證。那就表示全都叫作戲論。

萬法都以實相心爲第一因，哲學上也有人講過第一因。一神教裡面認定什麼是第一因呢？他們說上帝是第一因，或者說阿拉是第一因。哲學上也有人主張萬法有第一因，不管是康德或者哪位哲學家講的都一樣；但問題是他們的第一因能不能證明爲實有？能不能被重複檢驗？答案都是不行。所以現代西方哲學界大家都在質問：「上帝在哪裡？」大家都要尋找造物主上帝。可是上帝無法找到，不可實證也不可再三檢驗。然而佛法的經典裡所說的道理是可以再三實證、也可以再三檢驗的，不能因爲它太難實證、太難檢驗就說它不是佛法。

說白了，太難實證只是因爲善知識不出世。在戰亂的時候，善知識不會出來弘法的，因爲最後只是白忙一場。在戰亂的時候，善知識聰明得很，何必出來無緣無故喪身捨命？私下度一些人開悟了，正法可以延續就夠了，等到世界承平可以弘法了再出來廣度有緣人。假使開悟者笨到不能觀察一出來弘法就會沒命，竟然還會出來弘揚正法，而說出與諸方大師誤會後的完全不一樣的佛法，那叫作笨蛋，因爲沒幾年他就沒命了，以後還能住持正法、利樂有緣人嗎？這樣看來，他能有什麼智慧可說呢？不如再繼續等，看十年後、乃至三十年後有沒有因緣可以弘法？應該要等待、要選擇一個適當的時機。他既然證得第一義，他就應該有智慧這樣來判斷。

從實證上來講，證得某一個法以後還要能夠經得起檢驗：從經典聖教上面、從論藏上面檢驗，還要經得起實際上的檢驗。也就是檢查看看，還有沒有哪一個法是可以把如來藏這個心加以增減的？假使另外還有一個法是可以把你所證的這個法加以增減的，顯然你這個法是會滅的。可以增減的法一定是會滅的法，因爲它已被證實是可以被消滅的，可以被消滅的法，將來就一定會被消滅或自己消滅。要證明你所證的法是不是可以被增減、被消滅，當你證得實相心如來藏以後，可以去找找看：有沒有哪一個法能增減祂、消滅祂？結果經年累月去推究，不論是從經藏聖教上或者現量實際上去推究，結果都找不出來。爲什麼找不出來呢？因爲一切法都從祂而來，從祂而來的諸法怎麼可能有能力反過來把祂滅了呢？也可以再從另一方面觀察：所證的這一個法，祂是不是會中斷的。如果不論何時何處祂都不會中斷，就表示祂是第一法。既然是第一法，在這個法之前當然不可能有任何一法存在，表示祂是出生萬法的根本法。當這個第一法出生了一切法以後，一切法當然應該都攝歸於祂；也就是說，當祂所出生的五蘊十八界也都歸屬於祂的時候，這五蘊十八界成爲第一義性如來藏所含攝之法了，當然就跟著成爲第一義性了。

這就是大乘法與二乘法最大差異的所在。實證二乘法的極果以後是要灰身泯智的，所以成爲阿羅漢以後，如果不迴心大乘成爲菩薩，他心裡面根本不會祈求什麼，他只是等待著捨報的時間到了，就入無餘涅槃去了，他對三界中的一切法都沒有興趣。即使一天只吃一餐，這個日中一食即使是那麼重要，他也沒有什麼期待；所以如果下山托缽而空缽回來，那一天沒得吃，他心中也沒有煩惱；那時假使挨得過去就挨，如果胃會痛，沒辦法挨過去，就把新鮮牛糞拿來吃了騙騙肚子再過一天。佛陀時代的大阿羅漢們吃牛糞的人多的是，這當然不是爲了貪味道，牛糞會有好味道嗎？只是爲了騙肚子，然後可以安下心來繼續再聽 世尊說法，這才是最重要的，所以他們對一切沒有期待。

可是菩薩的心態並不一樣，阿羅漢是厭惡十八界、厭惡五蘊的，菩薩卻說：「沒有關係，這個五蘊也蠻可愛的，爲什麼呢？如果沒有這個五蘊，我還能熏修什麼成佛之道？正因爲有這個五蘊給我用，所以即使五蘊已經老了、不靈光了，我還是要設法使用它，能用一天算一天。多用一天，我就多學一些法，我的成佛之道就又縮減了一步，就又多成就了一步。」所以菩薩不會像某些慧解脫的不迴心阿羅漢一樣，賣了衣缽請人把自己殺了去入無餘涅槃。菩薩眞的就好像世俗人講的「好死不如賴活」，即使每一天是困苦的日子，也都要賴下去，因爲多賴一天就多學一些佛法，三大阿僧祇劫就減少了一天，就是多過完一天了，所以菩薩把五蘊與如來藏作不一不異來看待，因此不說是五陰，而說是五蘊。

請問：五蘊是不是第一義性？（有人說：是。）菩薩就這樣看待五蘊，對前一世的五蘊這樣看待，對這一世五蘊如此看待，對未來世的五蘊仍然如是看待，所以菩薩的五蘊也就變成了第一義性。所以當人家來問：「師父啊！如何是佛法大意？」菩薩一伸手，往弟子胸前一掌就打了過去；這徒弟被打得重心不穩，「蹬！蹬！蹬！蹬！」退了三步，埋怨說：「師父！您爲何這麼粗魯？」師父說：「這裡是什麼所在？講粗魯、文雅。」就是這樣啊！那徒弟說：「師父！我懂了！您昨天的開示，就是說我這個身體就是如來藏。」師父說：「是啊！」可是徒弟明天上來又問：「師父！不對欸！您看阿含諸經都說色陰虛妄，說過去色、現在色、未來色全都虛妄，您怎麼說色陰是眞實法？」師父說：「笨蛋！色陰不是眞實法，那什麼叫作第一義？」師父已經把第一義告訴他了，徒弟還是沒聽清楚弦外之音，所以弄不懂。

因此說，這一個轉折很重要啊！佛法之玄就玄在這裡。可是如果這一著子會了，一腳踏進門了，可又一點都不玄，才知道第一義諦與二乘菩提的緣起性空從來不相違背。到了哪一天，他踏進門了，告訴師父說：「我知道了！您那一天打我一掌，我知道了，這眞是第一義。」師父就問他：「那你說，什麼是第一義啊？」他就往師父胸前猛放一掌，他便走人了。師父晚間上堂開示便說：「好傢伙啊！今天又生了個金毛獅子。」他反而高興起來了。師父挨了徒弟打，還特高興呢！原來這屈掌還眞的有人願受。

所以說，只要你證得第一義法，這第一義法所生的一切法就全部都是第一義性了。爲什麼全都是第一義性了？因爲全都依附於第一義，不外於第一義，本來都在第一義裡面，全都收歸第一義了。第一義是什麼？就是實相法界如來藏心。一切法都不能外於這個第一義——不能外於實相心如來藏，那我就說：「先天下之先，後天下之後。」如來藏先於一切法之先，而且還是後於一切法之後，那你說祂不是第一義又是什麼？不論從頭來算、從後來算，祂都是第一名。對啊！因爲眾生流轉生死無量無盡之後，算到最後也還是如來藏的存在，祂是最後存在者；可是你如果要往無量劫以前去推究，一切法的根源也還是祂，祂還是第一，是祂先於一切法，怎麼能夠不說祂是第一義呢？祂眞的是「第一的道理」，正是一切眞實義之中的最究竟眞實義。

如果一切法從來都不曾外於如來藏，一切法都在如來藏裡面，而如來藏即是第一義，那麼一切法當然也是第一義性。也許有人會想：「我這麼倒楣！今天剛來，你講這麼深的東西，我怎麼聽得懂？」沒關係！你就耐著性子多聽幾遍，多熏習也是好的；熏習久了知見就會提升上來，以後就有機會實證。

也許有人想：「我看來看去，都沒有看到自己是住在如來藏裡面，因爲我看來看去都是外面的境界，沒看到如來藏。然後我來正覺講堂看來看去，也都是別人，不是只有看見自己，怎麼會說我一向都住在如來藏裡面呢？」說得有道理，這個懷疑也是正當的；而且說一句老實話，不這樣懷疑的人才是有問題的學人；因爲他實事求是才會這樣想：「我根本不知道我的如來藏在哪裡，你怎麼說我一直都住在我的如來藏裡面？如來藏無形無色，我要從哪裡去看起？」這不就正好應了蘇東坡一首名偈嗎：「廬山煙雨浙江潮，未到千般恨不消；到得原來無別事，廬山煙雨浙江潮。」說眞的：「不見廬山眞面目，只緣身在此山中。」所以問題是，住在此山中的人是看不見廬山眞面目的，都只是看到廬山煙雨而不見廬山眞面目。所以應該要怎麼樣呢？還要回到廬山之外反觀回來，才能看得見廬山煙雨裡的廬山眞面目。

如果划著船正在浙江潮上面的時候，逃命都來不及了，還能欣賞浙江潮啊！所以當然要爬到岸上遠遠地看：「哎呀！原來浙江潮是這個樣子。」所以你可能會懷疑說：「我又看不見如來藏，你怎麼說我都活在如來藏裡面？」因爲這才是正常的，正因爲你正在廬山煙雨裡面，所以你看不見美麗的廬山煙雨。就好像魚在水中不知道是水，你住在如來藏裡面，所以你看不到如來藏；只要有人幫你拉出來，回頭再來一看：「哎呀！原來如來藏在這裡，原來我還眞是在廬山裡面。」

所以，當你看見了如來藏的時候，你會發覺自己所有的一切，自己的五蘊十八界，包括自己所有的思想、自己所有的智慧，都歸屬於這個第一法如來藏，而如來藏法的自性是第一義性。當這個如來藏是第一義性的眞相被你證實了以後，你把自己歸攝於如來藏（因爲你從來不可能外於如來藏，你本來就歸屬於如來藏），然後來看如來藏的時候就說：「如來藏是第一義性，而我五蘊十八界，包括我的思想、我的智慧，這時不管我的思想是多麼齷齪或是多麼清淨，一切全都屬於如來藏；而如來藏是第一義性，所以我的一切法也就全都是第一義性。」因爲一切法第一義性的緣故，你就有智慧到彼岸的實證；因爲你現前看見「我」住在如來藏中，從來不曾離開過一剎那，也不曾一剎那住在如來藏之外，而自己的如來藏是本來就在無生無死的涅槃彼岸。由於五蘊我有這樣的智慧，所以五蘊我便擁有智慧到彼岸。

這個五蘊我所使用的智慧到彼岸，不是靠著熬腿去拚命打坐而努力到達彼岸。老實說那是到不了彼岸的，只有這個實相智慧能夠使你到達無生無死的涅槃彼岸。涅槃就是不生不滅、不生不死，而這一個智慧到達不生不死的彼岸，也是第一義性；因爲你所證的一切法第一義性，就是不生不死的如來藏的第一義性；而你自己也包含在一切法裡面，把自己的一切法歸屬於如來藏的時候，你所引生的智慧當然也就是第一義性了，所以智慧到彼岸也是第一義性，因爲沒有一法可以超越於祂。

諸位如果還記得的話，我們早期有一本書叫作《邪見與佛法》；我在書裡面說阿羅漢沒有到達無生無死的彼岸，等於是一把就將不迴心的阿羅漢們推翻掉。當年我要出版這本書時也是斟酌再三，選擇了一個時間點才出版。當時已經都請打字行打好字了，卻整整延後了一年才出版，因為我得要觀察當時的台灣佛教界能不能接受這樣的說法，他們要等什麼時候能接受？我一定要把台灣佛教界先教育完了，然後我這一本書才可以印出來流通。要怎麼教育呢？要用《宗通與說通》這本書先作教育，所以《宗通與說通》出版流通了一個月，我才出版《邪見與佛法》，這就是《邪見與佛法》在台灣的因緣。

可是大陸沒有在這個因緣的規劃下。在大陸，我們的書籍流通時並沒有照這個順序來，因為大陸同胞是隨時想要印就印的，我們管不著。好啦！那時大陸有人自己發了善心印了二千冊，全中國佛教寺院都寄到了，結果當時有好多寺院把《邪見與佛法》收集起來燒掉，因為他們沒有辦法接受書中的說法，他們說：「明明阿羅漢有到達不生不死的彼岸，所以才說是證得涅槃；這蕭平實竟然說阿羅漢沒有到達無生無死的彼岸，大家不可以接受。」因此很多人大聲地罵：「這是邪魔外道！」他們就這樣收集很多本書以後當眾燒掉，那時他們好高興：「啊！我們在護持正法，毀壞邪魔外道的邪書。」可是今天誰敢再反對呢？不敢！因爲我們早期的書也陸陸續續在那邊開始流通了，知見提升以後才終於知道：「哎呀！以前我們誤會了。」再去查證經論時，也會發覺古時的菩薩早就講過我說的這個道理了！

這意思就是說，你如果把這個根本法弄通了，就可以通另一個法，因爲另一個法是從這個實相法引申出去的；所以你只要中央的根本得到了，其他枝末自然都可以得到。所以《證道歌》說：「但得本，莫愁末，如淨琉璃含寶月。」你只要得到根，從根往上去追溯幹、莖、枝、葉、花、果，可就全都有了！所以你若是想要什麼都有，可得先證得這個根本；而這個實相法如來藏心也是一切世間法的根本，不單是佛法的根本，也不單是二乘菩提的根本，其實也是世間一切法的根本，因爲名色與器世間也都是由這個實相妙心所出生的，當然是具有第一義性，而一切法附屬於這個第一義心。那麼，當你現觀一切法都是第一義性的時候，因爲這樣親證而引生的實相智慧，當然可以讓你到達無生無死的彼岸，可是到達彼岸的時候你卻發覺：「我在不生不死的彼岸之中，但我同時又跨足於生死的此岸，兩邊相通而沒有障礙。」

那麼，你就可以逐漸通達佛法了。這時你所引生般若到彼岸的智慧，也就是第一義性；因爲一切佛法都不能超越於這個道理，而你只能夠在這個道理上面繼續進修而越深越廣，卻是永遠不可能推翻它。

這就是說，如來藏是根本，你只要證得這個根本，而這個根本是正確的，那麼你將來所說的法也只有越來越深廣而不會互相矛盾，不會前後自相衝突，也無人能推翻。因爲每一個人所謂的證道，不管他們的證道是對或錯，都還是得要依這個根本而來。所以如果有人講：「離念靈知就是佛法。」我跟他說：「不是佛法。」爲什麼不是佛法？因爲會斷滅，是生死法。可是等他過了幾年以後回來問我，我如果還記得他以前來跟我問離念靈知，那時我把他否定了，這時我就會告訴他：「離念靈知是佛法。」他也許一時間沒思惟清楚，就質問說：「你不是說那不是佛法嗎？」我說：「你的智慧還不夠深入，所以對你而言不是佛法，但我卻說是佛法。」爲什麼呢？因爲離念靈知還是從這個第一義性來；第一義性平等，所以離念靈知也就平等，也還是第一義性，怎麼不是佛法呢？只不過，它在佛法中的定位是在生滅性的蘊處界中，但還是佛法中的一部分。有哪一個法不是佛法？世間人的營生嫁娶，無非是佛法。古德曾對大官們開示過：「**你在世間營生，你在世間爲子女嫁娶，也都是佛法。**」眞的是佛法！所以你們不要說古德寫的那首偈是亂寫，其實是有教證與理證上的根據，還沒有悟的人可就不能學古德亂寫了。

談到這首偈，我們倒可以聊一聊。聖嚴大師最近不是過世了嗎？我們編譯組的義工網站上面就有人開始針對他而寫偈，於是某甲寫一首，某乙又寫一首，好不熱鬧呵！但是我想來一點新鮮的。假使現在我就要走，我現在會怎麼寫四句偈？你總要一關一關來講嘛！對不對？不可以隨便講一個什麼，都在意識上面隨便講一講就算了，也不可以只說明心的部分。假使現在就要走，我先來第一偈明心的這一關：「**東村王老夜燒錢，**」東村裡那王姓老人家的老伴過世了，王老在晚上爲他的亡妻燒紙錢。這一句，我過去世曾經用過，算是老調重彈；接下來總該講一講第二關吧？你眼見佛性了就說：「**西莊午後花影重；**」是說西莊正午剛剛過了，那些花，當陽光曬下來時，花影在地上重重疊疊的。接下來第三關要講什麼？我說：「**古廟香爐玉階冷，**」那座廟已經很古老了，廟裡的香爐放在那邊也是很古拙的了，而門前用玉石鋪起來的臺階，因爲沒什麼人前來上香而都已經冰冷了，這是第三句了。還剩下一句，總要講一講菩薩是怎麼樣入廛垂手的；可是菩薩入廛垂手，能不能單單以如來藏來利益眾生？可不能這樣子欸！一定要兄弟家一夥兒一起來利益眾生，所以說：「兄弟入廛利人天。」一定要八個兄弟一起來。兄弟入廛，廛就是纏縛那個纏去掉糸字旁，就是走入市井裡面。「兄弟入廛利人天」，因為正法繼續流傳下來就能使天人增廣，所以也利益到了天界。這樣四句就完了。今天先把它講了，以後真要捨壽時就不必再多嘴了。

在人間最後要說的一首偈，應該是為廣利人天而說；為什麼要像那些凡夫大師們把幾年前就寫好放在一邊的偈，在最後拿出來獻給天下人時竟然還是落在意識境界中，那是在幹什麼呢？就是這樣子啊！我這四句就把初參、重關、牢關，並且包括悟後去利樂人天的事也都講了，還不必動腦筋，是現成就有的了。可是將來捨壽時，也許我什麼偈也不說，因為生前說的佛法已經函蓋萬端，不差死前講的那一首偈了。這意思就是說，你只要所證的是真正的第一義性，就可以確定世間法也都是第一義性。想想看「東村王老夜燒錢」，是不是世間法？是！然而東家村裡王老先生晚上為亡妻燒紙錢，卻也是第一義，完全是第一義性。第二天換了西莊，到西莊來（東村講過以後總要講講西莊），「西莊午後花影重」，這也是世間法，但它也是第一義性。接著呢！就是如來藏鑑機照用的境界，所以要說「古廟香爐玉階冷」；那古廟裡一點都不熱絡了，那玉階上幾乎都長青苔了；這是回到如來藏的自住境界來看了，這樣不就很具足圓滿嗎？而且兼顧了實相法界，同時又跨足在現象法界裡，這才叫作眞悟者的偈。

所以，法眞的是要實證了以後才能夠言之有物，並且還能夠經得起當代與後代的檢驗；假使還要在那邊構思，預先寫下來存著，等到死時再流傳下來，就沒意思了。要先寫好而留到幾年後死了才拿出來公布嗎？不需要啦！古時候禪師沒有這樣的。你說：「蕭老師是不是先寫好，然後記在這裡？」我這是經本原文，不是筆記，經本裡面也不可能預先寫著什麼演講稿。我從來都是依經文的原文直接來講經的，從來不打草稿的；這經文裡面的每一頁，你們誰都可以來檢查，總共就這麼幾頁。佛法講的是實證，不是開玩笑的戲論，也不是把一堆佛經裡的言語堆砌起來，更不是把許多的佛法名相用針線穿一穿、引一引、綁一綁，寫成演講稿來照本宣科，而說那叫作佛法，那其實都叫作戲論。所以，眞正的法是可以實證的，實證了以後可以透過聖教量、現量、比量來檢驗，一定是可以透過理證來檢驗的，才能從自心之中直接流露出來爲大家說法。假使教證、理證都可以通過檢驗了，所悟就是眞實的，說法時從自心的現觀之中流露出來，自然就出語不俗而且不必打稿子，這樣才能夠說是佛法眞正實證了。

《實相般若波羅蜜經》上週講到三十五頁第一行，今天要從第一行最後一句開始：「**一切法法性故，般若波羅蜜法性。**」在剛學大乘法的時候，相信很多人讀《般若經》，總覺得好像是一堆的佛法名相堆疊在一起，然後說這個法就是那個法，那個法就是這個法，看起來似乎都是同一個法，可是明明讀起來全都不是同一個法。這樣讀起來的時候，就覺得很難意會；因爲明明這個法跟那個法是不一樣的，可是爲什麼《般若經》裡面會說是一樣呢？這就是說，佛法眞的很難懂，不像聲聞解脫道比較容易懂。解脫道裡講的都是在世間法上說，例如要怎樣成爲一個具足人性的好人，然後如何成爲欲界天、色界天的天人，或是如何成爲無色界有情，這些人天乘都很容易理解。又譬如說，如何成爲一個初果見道的人，也容易理解，它們都有一個很明確的標準；只要斷了我見，三縛結不存在了，就是聲聞初果聖人；那麼因此就對佛法僧有了清淨信，對於清淨信，這樣就是聲聞初果人了，它的標準是很明確的。那麼二果、三果、四果的實證，標準也都很明確。

可是在大乘法中，這個實相般若可眞像一句俗話講的：丈二金剛摸不著頭腦。爲什麼這個法通那個法，那個法等於這個法，然後互相通來通去，經中說這樣都是沒有阻礙的；但我們從文字表義來理解《般若經》法義的時候，爲什麼卻又完全不同。然後，有些人說他們悟了般若，竟然是一個人悟一個樣，講出來時竟沒有一個定準。很奇怪：某甲悟了，某乙也悟了，某丙也悟了，可是各人說出來的實質內涵卻又各不一樣；但是卻有一個共通性，就是大家都說：「**一切放下吧！不要去分別人家的好壞啦！**」似乎什麼都放下而不分別的意識境界，就是開悟的境界啦！可是他們開悟了以後，爲什麼禪宗的公案依舊不懂，《般若經》宣講起來時也沒有辦法通達，總是要一字一句預先寫下來以後，講經時照著念，說這樣叫作說法；那明明不是從自心中流露出來而說的法，這就很奇怪啦！而且《般若經》中講了很多的「非」，好多的法全部都「非」了以後，往往講到後面卻又說「即」，又說「不異」；最後來到第三轉法輪的經典時，卻說什麼都是了！是什麼呢？是第八識如來藏，不管什麼都歸於如來藏。

而實相般若跟如來藏之間究竟有什麼關聯？這互相的關聯可就弄不清楚了！然後再來比對聲聞道：這四阿含諸經講的內容既然號稱成佛之道，所以才命名為「阿含」，結果裡面講的盡是聲聞法，竟沒有談到成佛之道的內涵，更別說是具足了；眞是講得太少、太少了，絕大部分是在講聲聞緣覺所修的解脫道。而這些聲聞法所講的東西跟大乘法中的般若又有什麼相干？聲聞法跟一切種智第三轉法輪的唯識增上慧學又有什麼相干？看來好像是互不相干的。於是就各人研究一種，叫作分門別類，從表面上看來是很進步的佛學。於是有了許多的專家：我是專門研究阿含的，我是專門研究般若的，我是專門研究唯識學的。然後唯識學中又分成幾個不同的部門，般若部類也有了幾個分派；結果阿含部類呢，北傳跟南傳講的又有一些不同。看來這樣的佛學好像很進步，因為表面看來好像區分得很精細。問題是，這個門派跟那個門派不通，那個宗派也跟這個宗派不通，所以你講你的，我講我的；於是大乘與小乘不通，小乘與中乘不通，中乘跟大乘也不通，倒像是各說各話了。

這就好像現代有一個笑話說：現代醫學很進步，將來進步到要去看眼睛前，得要先分別你是要看左眼還是要看右眼，會看左眼的眼科醫師不會看右眼，專看右眼的醫師不會看左眼。現代的佛教界好像變成這個模樣了，問題來了，眞正的佛法不是那個樣子，眞正的佛法一定有一個法是可以法法相通的，沒有阻礙、沒有相隔；要能夠以一個法通達一切法，這樣才能夠叫作眞正的佛法。如果佛法是有很多的部門互不相干，那應該說其中只有一個法、一個部門是可以使人成佛的，其他都是陪襯的，就成爲不必傳授的法。或者說那些人所說的每一種不同的法，同樣都可以使人成佛；那就成爲只要某一個宗派留著就夠了，其他的宗派並沒有存在的價值。既然其中一個宗派的法是可以使人究竟成佛的，何必弄出許多其他宗派來使佛法變得那麼複雜呢？

像他們這樣弄下去，顯然有許多宗派都是可以不必存在的，只要留下一個可以使人成佛的宗派就夠了。由此證明，他們其實是誤會佛法而見葉不見枝、見葉不見莖、見葉不見花，乃至見葉不見根的，於是分宗派的結果，到後來就是許多宗派互不繫屬，佛法就變成割裂而支離破碎的狀態了。眞正的佛法就像這一句經文講的：「**一切法法性故，般若波羅蜜法性。**」一定是相通的，互相沒有阻礙、沒有分隔，互相都有關聯。就好像一棵樹，不可以說葉子是葉子，花是花，樹幹是樹幹，根是根而沒有關聯；一定是互相連貫而不可分割的，才是正確的一棵樹。

同樣的道理，智慧到彼岸的法性到底是什麼？般若中說的智慧到彼岸的法性與聲聞菩提的法性又有什麼關聯？一定要能通達，才是眞的實證般若；否則三乘菩提各不相同，互無關聯，那是不是說身爲一個菩薩，人家來求法時說：「**我只想要得小乘法的解脫，我不想證大乘法的實相，您能不能幫我？**」菩薩竟然要開口說：「**我不能幫你，因爲我只研究大乘的般若，聲聞解脫道的方面我沒辦法幫上忙。**」那還能稱爲菩薩嗎？沒有這樣的眞悟菩薩。所以既然敢出世弘法，並且 佛也說過，二乘菩提也要靠菩薩來住持，菩薩怎麼可以拒絕說：「**你要學羅漢法，我這裡沒有羅漢法。**」沒這個道理！因爲你對般若如果通了，羅漢法自然也會通。通了羅漢法的人不一定能通佛法，可是通佛法的人一定能通羅漢法，這樣才能夠住持二乘法，不令二乘斷絕，這才能夠稱爲菩薩。

爲什麼要這麼說？譬如說一切法的法性，咱們來商量商量：欲界法是不是一切法？欲界裡就有人間、欲界六天，還有地獄道、餓鬼道、傍生道，這都是在欲界中的法。欲界中的法不管哪一道的境界，總而言之，無非就是十八界法，不超過十八界法。十八界，把它粗略的歸類就稱爲五蘊。不論是五蘊或十八界，總而言之就是欲界有情。欲界中的有情具足了一切法的法性，而人間就是欲界的代表，爲什麼呢？因爲在人間行善可以生天享福，在人間修定可以生色界天享受定福，乃至享受無色界沒有色身羈絆的定福；在人間造惡業也可以下墮三惡道，所以人間是個樞紐，是三界中的樞紐。

但不論是下墮地獄道或者上生無色界，其中的六塵或法塵境界莫不是各自的如來藏所顯示，同樣是各自如來藏所出生的內相分。不懂佛法的人往往以爲說：「**內相分跟我有什麼關係？內相分不就是像夢境嗎？全都是假的啊！我如果醒過來的時候，被人家打了一棒，那才是眞痛，夢境裡面不痛。**」可是這句話一講出口時，人家問：「**你在夢境裡被打時會不會痛？**」這一想，覺得不對，因爲他隨即想到了：「**夢境裡也會痛，不然我怎麼會痛到醒來？**」喔！才終於想通了：夢境也會痛。這就是說他還不懂佛法，因爲內相分是與大家息息相關的法。後來終於有時間想一想，知道夢境一樣是會痛。因爲他學佛久了以後發覺：夢境跟眞實的狀況一樣，痛的時候也是痛到不得了；而快樂的時候也是快樂到不得了，所以手舞足蹈才醒過來，這時才懂得這麼想：「**原來夢境跟人生一樣。**」

再學更久了以後才發覺說，夢境裡才眞正恐怖，因爲那個相分移到地獄去時也還是同一類的相分。在地獄裡面純粹是內相分，我們在人間是在配合著外相分來領受內相分；而我們在人間這個身體有一個侷限，受不了以後就悶過去了，再也沒有痛了，苦不復存在了。可是在地獄裡面，那個痛就是痛，可是醒不過來而要繼續痛下去，所以在地獄裡面的眾生假使一直想說：「**我是不是在作夢？趕快醒過來。**」偏偏就醒不過來，那個內相分是沒有止盡的；直到地獄身死了才暫時停止痛苦，然而業風隨即一吹，隨即又活過來重新開始極痛苦的覺受。

在人間呢，這個身體承受不了，悶過去就沒事了，大不了一死了之，再也沒有痛覺了。可是在地獄中並不是這樣子，內相分可以很多倍、很多倍的痛著，那地獄身中的覺知心在業力的支持下，就是會有能力承受很多倍、很多倍的痛苦。這樣好不好玩？眞的不好玩！那些努力毀壞佛法的密宗外道們卻都還不知這個道理呢！可是那個覺知心跟那個相分全都是自己的如來藏出生的，都不是別人賜給的，上帝也賜不了的。可是，地獄道中是不是就沒有畜生道、餓鬼道、人道的法性呢？還是有啊！只是因為那個地獄業緣使它無法現起，當時能夠現起的就只是地獄道的見分與相分。

等他那個業報受完了，歷經餓鬼道、畜生道回來人間了，那時地獄道的見分與相分的功能還是在，然後由於業緣的關係，現在改為人類的見分與相分，這時在人間現起人間所應有的一切法。但是，這一切法的法性，難道能外於各人自己的如來藏嗎？還是不行！因為人間的一切法仍然是自己的如來藏所生，所以如來藏也是人間一切法的法性本際。在人間終於遇見了正法，好好修學而受持五戒，未來世就可以保住人身；加上修學十善業，死後可以具備出生在欲界天中的福德。再進修禪定、修學離欲、修伏五蓋，終於發起初禪而可以生到色界天了；還沒有往生色界天時，也有色界身同時在自己身上。繼續再進修四空定，也可以獲得無色界的境界；但這一些相分同樣都是如來藏所出生、所顯現的；這個法性仍然不外於如來藏，那顯然一切法法性就是如來藏性。

既然一切法的法性就是如來藏性，而證得如來藏的人，他去現觀：二乘聖人修學聲聞菩提、緣覺菩提可以入無餘涅槃，但是入無餘涅槃以後仍然是如來藏，他們所入的無餘涅槃中的無境界境界，仍然不曾外於如來藏。所以這樣一看：六道凡夫眾生一切法的法性是如來藏性，聲聞緣覺聖人所證的無餘涅槃仍然是如來藏性。這樣一來，菩薩就現觀了二乘聖者的涅槃本際了，回頭再從自己所站的境界來看：原來所謂的實相智慧也就是實相般若，它仍然是如來藏，因爲一切法從如來藏出生；這一切法既然從如來藏出生了以後，現在又看到二乘菩提也從如來藏出生，然後法界的實相原來是在顯示這個如來藏在三界中運作的境界，如來藏在三界一切法中運行時，顯現了法爾如是本然存在的眞實性，顯示了祂在一切法中的如如不動性，顯示了祂能出生三界一切境界功德自性……等。菩薩悟後現前分明看見如來藏與所生的一切法不一不異，顯然一切法的法性就是如來藏，證明大乘菩提還是依如來藏性而施設。

這樣，六凡三聖的一切境界都是如來藏性了，剩下未能觀察的是佛地。請問佛地能外於第八識如來藏嗎？還是不行，因爲成佛的過程，就是在因地證得實相心如來藏，然後漸漸進修，到了八地時的如來藏阿賴耶識就滅掉阿賴耶識的名稱而改名爲異熟識，依舊是如來藏識；這時候貪瞋癡的現行不存在了，貪瞋癡的習氣種子也不存在了，但還剩下一大堆不可計數猶如塵沙一般數不盡的迷惑，就是無始無明的過恆河沙數上煩惱；這時還有一大半沒有斷盡，當然得要繼續努力去斷除無始無明塵沙煩惱啊！所以這時候如來藏換個名字，已經滅掉阿賴耶識名稱了，只剩下異熟識的名稱。那麼繼續一直修到佛地，具足了知如來藏中的一切種子，圓滿了一切種子的智慧而能運用一切種子了，也就是圓滿實證第八識如來藏中的所有功能了，就是成佛了，這時候就改名爲無垢識，仍然是第八識如來藏這個心。

這樣現前觀察的結果，發覺連佛地一切法的法性都還是如來藏性。這樣回頭再來看實相般若諸經中說的智慧到彼岸，原來還是依如來藏心的境界而說的。所以如果要爲人解說「**般若波羅蜜法性**」，當然就是要講「**一切法法性**」；這時主要是從實相法界與現象法界之間的關係，把這二界互相的關聯以及成佛之道的次第——把五十二個階位的次第與實相法界如來藏的關聯，來爲人演說妙法。這樣解說完畢了，《大品般若經》中甚深極甚深、難解極難解的實相中道的內涵就講清楚了。

《大品般若》六百卷講的就是這個道理，可是《大品般若》所講的法性都圍繞著如來藏自身的體性而說，是依如來藏自身的體性與佛道的關聯來作說明，於是就有無量的「不」或無量的「非」來爲大眾解說，豈止八不中道？八不中道只是龍樹菩薩提出的代表性法義。因爲如來藏根本就不是三界一切法，可是三界一切法的本性卻是如來藏性，都是從如來藏中出生的，所以你就可以一面觀察一面宣講無量的「不」或「非」，不管誰說出哪個法，你就上面把它加一個不或非就對了。因爲有人說：「男男女女，如何、如何。」你就說：「不男不女。」對方質問說：「你爲什麼罵我？」你說：「我是讚歎你，不男不女才是最高尚。」「爲什麼？」「因爲如來藏本來不男不女，法界之中沒有男女，難道你不想實證實相法界嗎？」他一聽：「還眞有道理，原來不是罵我。」你就告訴他：「那以後我遇見了，我開口說你這個人不男不女，你可別生氣。」他還只能接受，對呵！有的人喜歡對別人說黑道白，前些時候不是又有人提起《厚黑學》這本書嗎？《厚黑學》我在高中時代就研究過了，也不過就是一個忍字。他既然一天到晚說黑道白，你就說：「不黑不白。」有的人說：「山光水色多美，地上的狗屎卻壞了一分美景。」你就說：「不美不醜。」反正不管三界中的什麼法，你加上兩個不就對了。

所以，如果有誰說：「定中如何好，定外眞的是好吵鬧。」你就說：「不入定也不出定，你有沒有這個定？」他一聽，哪有這種定？凡是入定都要出定的，誰可以不出定也不入定？那是在定外嗎？定外明明就是出定，怎麼既不是定外而又不是入定。他怎麼想也想不通，那就問你：「那是什麼定？」你就說：「金剛三昧、如來藏定。」「哪有這個定？我以前都沒聽過，經中也找不到。」你就說：「這個唯證乃知，經中說是阿賴耶三昧或金剛三昧。」為什麼？因爲菩薩就是於這個阿賴耶識而得實相智慧的三昧，有時又叫作大龍之定；外道不懂自己是因阿賴耶識而生我見，因爲落入如來藏阿賴耶識所生的五陰中了。事實上有哪一個心從來不打妄想而常住定中的？都沒有嘛！從來沒有人證得這樣的心，就只是菩薩隨佛修學而證得了；這個第八識實相心從來不打妄想，那不就是定心嗎？有哪一種定比這種定更厲害的？可都沒有啊！可是你能說祂有入定嗎？祂又沒有入定，因爲祂本來就這樣子從來都無妄想，何曾入呢？所以人家如果問你：「如何是大龍之定？」你就說：「非定非亂，非出非入。」這一下，對方可就傷腦筋了！他眞的要傷腦筋，三天三夜不睡覺一直思惟，也是始終想不通的，眞的會把他腦筋給傷了。

這表示什麼呢？表示一切法的法性就是智慧到彼岸的法性，因爲當你實證如來藏以後，發覺自己從來都住在如來藏裡面，不離如來藏的法性；而如來藏讓你有智慧，你有了這個智慧的時候，發覺自己本來就在無生無死的彼岸，本來就沒有在流轉生死；因爲你的五陰全部住在如來藏裡面，出生了也是在如來藏中生，死了也是死在如來藏裡面，根本不在外面；而如來藏這個境界是不生也不死，那不就在無生無死的解脫生死彼岸嗎？何曾有生死？

也許我這樣說，有的人聽不進去；那麼我們來打個比方，來說明五陰的生滅跟如來藏的關聯。我們就用一顆明珠來作譬喻，明珠始終是存在的，可是它表面永遠都有一些影像，所謂胡來胡現、漢來漢現。如果胡人來了，明珠表面就顯現胡人的樣子；漢人來了，它就顯現漢人模樣的影像。請問：胡人走了，這明珠上的胡人影像死掉而不見了，這時可不可以說這個明珠有離開呢？它沒有離開。那個胡人來到明珠表相了就說是出生了，他走了就說是死了，下一輩子投胎到中原來就變成個漢人，那個漢人的身影就在他自己的如來藏表面上顯現出來，就說漢人出生了。

你不要說不可能，你們有很多人本來就是胡人——本來就是在印度死後生到中國來，住了二千多年以後，現在又生到台灣來的；只是因爲隔陰之迷，所以你們自己也忘了。以前是胡人，後來生爲漢人了，這明珠就是如來藏，就顯現出一個漢人的模樣在這裡了。現在有人正在提倡台獨，那麼我們就說台灣人好了；當他們上一輩子在大陸死了，這一世投胎到台灣來，如來藏幫他變成一個台灣人的模樣，他還是住在自己的如來藏明珠表面上活動，並沒有離開他的如來藏。那他的如來藏有沒有生死？沒有嘛！上一世胡人、這一世漢人，或者上一世大陸人、這一世台灣人，這些影像本來就屬於如來藏明珠所有，如來藏明珠從來沒有生死，你怎麼可以說附屬於明珠如來藏的那個五陰影像有生死？

明珠如來藏表面的影像可以來來去去，不斷變換；所以二千五百多年前，你在印度無妨叫作張三；一千多年前投胎到大陸來，無妨叫作李四；這一世投胎到台灣來，無妨叫作王五；可是你的如來藏沒有生死過，而你每一世都生活在你的如來藏之中，不曾外於如來藏，那是不是一切法的法性就是如來藏？而你證得這個如來藏以後，發覺自己住在沒有生死的如來藏裡面，那你是不是已經住在無生無死的解脫彼岸了？當你把五陰自己歸屬於如來藏而以如來藏爲眞我的時候，你根本就沒有生死；但是無妨讓人家看起來是你有生死，因爲眾生都只看到你的五陰。

好像一面無量大的鏡子在那裡那麼光明，清淨無瑕，但是大家全都看不見明鏡，都只看見鏡中的影像，就說：「**哎呀！張三出生了，好高興、好高興！大家來慶祝。**」過了幾十年以後，張三死了，大家又來悲傷一場，就是這樣啊！全都只看見鏡子裡的張三影像，就是沒有人看見張三影像所屬的那一大面明鏡。欲界天人是看人間的有情不斷地死了又生，看得很清楚，可是他們自己也迷迷糊糊，不知道自己生死也是假生、假死，他們只是壽命比較長而已。上帝的壽命比人類長，就以爲自己是長生不死的，因爲他們看著人間，說以前某某人很相信我；過了天上的一會兒，還不到一天，看見他怎麼死掉了？那麼多人在爲他辦喪事哭哭啼啼的。「**哎呀！人生根本就只是一場夢，叫他們要信我，死後趕快生到我這裡來享福啦！就可以永生啦！**」可是永生多久？也沒有多久，因爲更高層次的天人還在看著那位上帝：「**這傢伙

當上天主，才那麼一會兒就死掉了。」道理也是一樣的啊！可是有的人生到非非想天去住在純精神世界中，有一天突然心動而出定了，又出現在下界中了；也許下墮到人間，也許下墮到色界天，菩薩一看就說：**「啊！這傢伙壽命八萬大劫，也就這樣住在定中迷迷糊糊過完了。」**菩薩是這樣看的啊！因爲菩薩從無生無死的如來藏來看，八萬大劫也只不過這麼一晃就過去了；而這些眾生全都只看見自己的影像，全都沒看見自己所屬的明鏡如來藏。一世又一世的五陰就像是明鏡表面顯現出來的影子，是有生有滅的，但影子所屬的明鏡卻是不生不滅而常住不動的。

所以你們看那小孩子每天唱說「只要我長大」，他覺得自己假使眞的長大了，可眞是太好了。可是，老了以後看看自己好像來日無多了，如救頭燃；好像煩惱火正在頭上燒著，要怎麼樣去把它撲滅呢？因此修行時可就努力啊！精進啊！可是不管怎麼樣，如果你從所證的如來藏來看，何曾有生死？眞的沒有生死！這樣如實來看生與死，全都在如來藏裡面生，然後又在如來藏裡面死；可是生與死的本性，其實也是如來藏所含攝的法性，所以生死的法性就是如來藏的法性，都是如來藏出生了五陰，然後又讓五陰衰老而死亡。你若能這樣現觀，發覺自己五陰雖然還在生死之中，卻不必離開生死就已經在無生無死的涅槃境界中；因爲自己五陰所住的是如來藏裡面的境界，而如來藏是本來無生無死的，這樣就是證得本來自性清淨涅槃，就是智慧到彼岸——般若波羅蜜。然後再來檢查一下：這個智慧到彼岸的智慧，它是有什麼法性而這麼說的？仍然是依如來藏不生不死、本來無死的法性來講般若到彼岸。而這一些法性，也就是說，智慧到彼岸的法性，其實就在一切法—三界法—的法性上面充分顯示出來。

所以，菩薩看阿羅漢時會覺得可笑。阿羅漢心想：「我什麼時候可以趕快捨報，就入無餘涅槃去，再也沒有生死了。」但是菩薩看著就會覺得可笑：「你本來就沒有生死，爲什麼一定要去入無餘涅槃免除生死？」可是阿羅漢看來看去就說：「有啊！我正在生死中。」爲什麼呢？因爲阿羅漢看的是五蘊，既然所觀是五蘊，當然就有生死，當然要趕快離開生死。菩薩說：「生與死都沒有關係啦！我看的是如來藏，當我這一世色身壞了，再去投胎又換一個新的再來，比這一世更好用。這一世已經用了七、八十年快要磨損光了，不好用；死後再去投胎，換一個新的五陰來用，重新再起跑，我的佛菩提路不是可以跑得更快嗎？可是雖然五陰換來換去，我還是住在自己的如來藏裡面。前生那個張三是如來藏裡面的法，這一世的李四身心也是如來藏中的法，後世的王五也將是如來藏中的法，都是自己的東西在輪替而已，何必管他誰是誰？」菩薩就這樣一世又一世，一個五陰換過一個五陰來接力：張三給李四接力，李四再交給王五，王五再交給趙六。就是要這樣接棒，才不會累死人；若是要用同一個五蘊修到成佛時，那不是要累死人了嗎？光是想著就累死人了！如果觀察清楚而且想通了，就不必說：「好可惜！我這個五蘊只有幾十年、一百年可以用。」不必這樣想，因爲未來世的意根還是原來的你，是同一個意根，而且也是同一個自己的如來藏。如果張三累了跑不動了，換李四接棒，有什麼不好？就這樣一世又一世，接力賽比較輕鬆，最後就順理成章而成佛了。

可是，這個過程都是在一切法之中去修，而一切法的法性詳細加以觀察的結果，它本來就是智慧到彼岸的法性，因爲全都是在自己無生無死的如來藏中運行，所以才說：「以一切法法性的緣故，說智慧到彼岸的法性。」如果不是因爲一切法法性的緣故，就沒有辦法說明智慧到彼岸的法性。譬如說，阿羅漢、辟支佛入了無餘涅槃，他的一切法法性不再現行了，那麼還能夠講智慧到彼岸的法性嗎？無法可說了！沒有一法存在了！當一法不立的時候，就沒有什麼智慧到彼岸可說了；所以說，般若波羅蜜—智慧到彼岸—的法性，就是一切法的法性，這樣《般若經》的妙義可就能通了。

如果不是證得實相心如來藏而將一切法攝歸如來藏，你可能會說：「**奇怪！一切法的法性明明是緣起性空；**」因爲這四個字，這幾十年來被他們弄得不但金碧輝煌而且震天價響，然而問題是，緣起性空能夠成爲智慧到彼岸的法性嗎？不行！因爲後來是入涅槃而把自己斷滅了，既然自己斷滅而沒有自己存在了，究竟是誰有智慧？是誰到了無生無死的彼岸？而說智慧到彼岸？其實已經沒有我存在了，也沒有智慧，就沒有誰已經到達無生無死的解脫彼岸。

所以，當一切法攝歸如來藏的時候，一切法就是智慧到彼岸；正因爲一切法的法性顯示了如來藏本來就在無生無死的彼岸，所以才說：「**一切法法性的緣故，就是智慧到彼岸的法性。**」這樣子實證了，實相般若就通了。可是通這個實相般若時，是依什麼而通？一定有一個標準，就是證如來藏。證得如來藏的時候，現觀一切法不外於如來藏，全都在如來藏裡面，而如來藏本來就在無生無死的彼岸，那麼智慧到彼岸的法性，當然就是依一切法的法性來說的，因爲一切法的法性就是如來藏的法性。

「**一切法業用性故，般若波羅蜜業用性。**」一切法有些什麼業用性？一定是有業，然後產生它的作用性，這就表示有業性也有用性。一切法，譬如修善造惡是不是一切法？也是屬於一切法！當一大堆人每次一到週末、週日，搭了火車就趕到台灣後山去，說要學什麼清涼菩提、醫療菩提、環保菩提，還有些什麼菩提？他們有好多的菩提，可是眞正的環保菩提，他們其實不懂。如果哪一天，遇到了什麼上人來了，她不開口，你倒要開口請問（因爲她不懂得開口問這個道理），你就問：「**上人啊！請問如何是環保菩提？**」她說：「**我不是講那麼多了嗎？你難道還不懂嗎？**」你說：「**師父啊！我覺得妳沒有講清楚欸！**」她說：「**我都講這麼清楚了，你還說我講不清楚，那要怎麼才能講清楚？**」你說：「**師父！我可以講清楚。**」她說：「**你眞的能講清楚？**」你說：「**行啊！妳問，我就告訴妳。**」這上人就問：「**請問如何是環保菩提啊？**」你就從地上拾取一坨狗屎說：「**這就是環保菩提！因爲這裡有環保，也有菩**

提。」對啊！確實如此。她說：「那我每天也跟著你這樣作。」你就說：「師父！妳有環保，但沒有菩提啦！因爲在實行環保之中，得要清楚怎麼樣覺悟實相法界，這樣才有菩提。可是妳沒有覺悟實相法界，所以只有環保而沒有菩提。我說的是眞話欸！」看她信不信？當然她一定是不信的。

所以，在一切法裡面都有業性、也有用性，可是這個業用性，其實就是智慧到彼岸的業用性。去作環境保護當然是行善，因爲是爲眾生在清除環境污垢；但這個是善業，凡是善業，將來都有它的業用性，那就是繼續生而爲人不墮惡道，或者可以往生去欲界天中享福。但不論下一輩子因此繼續生而爲人，或者生到欲界六天之中，其實它的本質仍然是如來藏的業用性，都不曾外於自己如來藏的業用。這個是善業，如果一堆人去作環保，某甲說：「我昨天有聽到某一位師兄說，他們在正覺講堂聽經，那個蕭平實竟然說撿起一坨狗屎就是環保菩提，這眞是邪魔外道！環保就環保，講什麼菩提！」某乙聽了說：「你別這樣講，上人說環保之中也有菩提，所以才叫作環保菩提。」「可是我聽他那個環保菩提，眞的聽不下去，什麼撿起一坨狗屎也可以覺悟。笑話！我們每天在撿，我們都沒有感覺到什麼覺悟。」他說得好像有道理。當某甲說完了，某乙說：「你還是小心一點，別亂講話，因為人家說那是悟得如來藏，所以作環保時就有菩提，上人也不敢公開否定他們。」某甲聽了不禁生氣起來說：「什麼如來藏？那是外道神我嘛！」好啦！這一下該墮落惡道了，因為如來藏是三乘法中最勝妙的法，也是三界世間一切法的總根源；世尊都明白地說了，他竟然還公然否定世尊的說法，成為謗法者，而且還是《楞伽經》說的一闡提人。

好！這樣謗法的結果，死後墮落餓鬼道去，因為他有成已罪而無根本與方便罪。當他落入餓鬼道去，因為他生前謗法的事情是惡業，惡業就會有它的惡業作用，惡業的作用就是死後墮落餓鬼道。然而他墮落餓鬼道以後，究竟是誰給他那個餓鬼身心呢？還是他的如來藏。然後也許有一天，自怨自艾說：「我為什麼會墮落到餓鬼道來？」好啦！鬼道眾生有一點小五通，心裡知道說：「原來就是往世我當王五的時候毀謗了如來藏，以後再也不可毀謗最勝法了。」這一懺悔，地藏王菩薩來了，有救了！但是他心中總是有疑：「請問菩薩，為什麼我毀謗如來藏這麼一句話，死後就墮落餓鬼道？」菩薩就告訴他：「一切法業用性的緣故，所以般若波羅蜜業用性。」這某甲想一想：「不對啊！我因爲您講的一切法業用性的緣故，墮落了餓鬼道；可是墮落餓鬼道的時候，我並沒有般若波羅蜜的業用，不然我早就不在這裡了。」菩薩就說：「正因爲你只有一切法的業用性，你不懂般若波羅蜜的業用性，所以你今天還在鬼道裡受苦。」他想一想，開口求了：「請求菩薩幫幫我，讓我回去當人，我一定好好學法。」菩薩就說：「好啊！你就懺悔吧！」這一下把謗法的種子懺除掉了，菩薩就說：「可以啦！我就安排你回到人間去。」某甲問說：「我到人間去了，該去哪裡學？」菩薩說：「去正覺，正覺同修會還在。」那麼他在餓鬼道中往生了，在人間出生以後來到正覺了，有一天終於會了：「原來如來藏在這裡，原來我上一輩子在餓鬼道的時候，祂就在，祂沒有離開過我。」終於弄清楚了：「啊！我知道了，原來我在餓鬼道的時候，我的一切法業用性就是實相智慧到彼岸的業用性。我在餓鬼道受苦的時候其實也沒有苦，因爲我已經是在無苦無樂的境界中，當時已經就沒有生死了。」終於通了：「喔！原來一切法業用性的緣故，所以才會開示說也是智慧到彼岸的業用性。」他就成爲實義菩薩僧了，根本就不用去受聲聞戒。所以菩薩證得如來藏以後，現前觀察自己有了實相的智慧，而以自己這個實相的智慧，證明自己現前就在無生無死的彼岸，五陰仍有生死之時就已經不在生死中了，因此就知道般若波羅蜜就是依如來藏的業用性來說的，而這個業用性也同時存在於一切法業用性中。

可是如來藏要顯示那個業用性，卻得要從一切法的業用性來成就。古人不是有一句話說嗎：「**法不孤起，假緣發故。**」諸法不可能單由如來藏一法來生起。如來藏得要先出生了意根，然後藉意根與父母、四大等助緣，再來出生這個五色根，然後再來出生六塵，然後才有六識，意識是最後才生起的枝末法。這樣子次第出生而使十八界具足以後，才能再瞭解很多法，才能再演變出很多法來。那麼由於有很多法，才懂得人間是苦，才能夠懂得要學解脫道、佛菩提道；然後努力去精進修學，才終於證得實相心如來藏，才終於懂得：原來如來藏即一切法，一切法即如來藏。

這一下終於眞的懂了：禪宗爲什麼說一即一切、一切即一，原來一切法就是如來藏，那麼通了如來藏就可以由如來藏通達一切法。每一個法都可以通，那三乘菩提都貫穿了，因爲三乘菩提都在實相心如來藏裡面，也都各有自己的定位，所以叫作「**法住法位**」。可是爲什麼諸法都會住於各自的本位呢？沒有理由可說，法爾如是，它本來就是這樣的；而且從實證的現量上來看時，諸法都是各有藉緣才能生起的，這是不能改變的，所以成為「**法住法位，法爾如是**」。那麼，這樣來看善業、淨業乃至惡業，甚至於包括無記業時，也都是如此；當然慈濟會員們正在實行環保善業也是如此，只要證得如來藏而在他們出門撿狗屎時能夠現觀如來藏，當然就有環保菩提，就不像他們所供養的那位上人只有環保而無菩提。

無記業非關善惡，它不會影響到異熟果。譬如說，有的人生來很會彈琴，有的人生來很會作曲。有的人學了一輩子要寫一手好詞，可就是寫不出好詞來；沒想到他生了個兒子才十來歲，竟然能夠出口成章，不管什麼詞牌他都會。為什麼會這樣呢？是因為他那個小兒子有無記業，生來很會寫詞，生來很會唱歌，生來很會寫曲，生來就很會彈琴或者彈琵琶等等。為什麼他們都是十來歲，才剛剛學了不久就比成人更行？看來好像是生來就會，是因為他們往世熏習很多、很久了。而那些詞曲音樂等業都是無記業，無關善惡；除非他們把它拿來行善或造惡業，才會跟善業、惡業聯結起來。他們如果拿來造惡，就跟惡業聯結；比如武俠小說裡寫的天方夜譚說，有人彈琴還可以魔音穿腦、傷人於百步之外，那他這個無記業就變有記性的業了，可就變成惡業了。

也許有的人說：「**我彈了琴，讓人家一個一個都心平氣和，整個世界都祥和了，大家都是人心向善了。**」那他這個彈琴的無記業就跟善業結合了，可是他這個彈琴的本身只是個無記業。那他爲什麼生來就會？許多有名的音樂家都是這樣，像貝多芬、莫札特，他們五、六歲就彈琴或作曲，都是未成年時就很厲害了。你如果生了這麼一個兒子或女兒，你就知道這孩子原來是忉利天的乾闥婆來投胎的，就是忉利天的樂神來投胎的，不然怎麼生來就這麼厲害呢！有的人很會唱歌，不必幾年就名利雙收；但他們才學了一、二年，就比老師還要厲害，當然是忉利天中的緊那羅在天上死後來人間投胎的，因爲他有無記業的業用性。可是雖然音樂的才華是無記業，但是菩薩從無記業的業用性裡面，一樣可以看到智慧到彼岸的業用性，因爲看到如來藏在其中運作，看清楚這一切全都是如來藏的業用性了。假使不是如來藏在背後支持著，他想要去分辨琴音都沒辦法，何況能懂得應該要怎麼樣去彈、怎麼樣去唱？所以這個無記業的業用性，仍然是如來藏的業用性。

可是，如來藏是智慧到彼岸的根本，智慧到彼岸是依如來藏本來就在無生無死彼岸而說的。證得如來藏以後，現前看見如來藏在無生死的解脫彼岸中，從來離生離死；而五陰自己又是住在如來藏中，那麼就是本來沒有生死了！這樣現觀了，就是智慧到彼岸了；而這個智慧到彼岸的業用性，就在一切法的業用性上面具足分明顯現出來，所以 佛說：「**一切法業用性故，般若波羅蜜業用性。**」

由於這個業用性使得三世因果如實示現，這就是異熟果。異熟果是說，由於造業的緣故（造了善業或惡業的緣故，不是造無記業），由善業或惡業產生了異熟性的果報。爲什麼叫作異熟呢？因爲異時而熟、異地而熟、異生而熟。異熟果不是在造業的同一時間、同一處所、同一個五陰上面來顯現的；因爲得要期間到了才能作結算，期間還不到就不能結算。例如你去銀行存個三年期的定存，可是三年都還不到，你就要算三年的利息，銀行不可能爲你算利息的。那麼異熟果報就是這樣，這一期生死——一世就是一期——從出生到死亡爲止就是一期，這一期生死到期以後才會開始總結算；總結算之後，那未來世的果報要換另一個五陰來受報，不是這一世的五陰；然後也不是在同一個時間受報，而是要到下輩子受報；下輩子受報時大多也不會在同一個家庭中，而是換到另一個家庭或是換到另一道去受報了。

如果可以選擇家庭，大部分人都會選擇說：我要重新出生在這個家庭，不管這個家庭是好是壞，都要重新再出生於這個家中，因爲這是我的親屬。可是換了一個五陰的時候，自己也不知道那是自己的親屬，而原來的親屬也不認得投胎後再出生的你是他們前世的親屬，那你若換到別的家庭出生，會有什麼差別呢？因爲一定是異生而熟、異時而熟，那就不必一定要生在同一個家庭中了嘛！所以臨命終的時候可不要說：「**我的兒子、女兒，我兒子的媳婦多麼孝順，我想要再出生在這個家裡。**」我告訴你：等你重新再出生的時候，也許你兒子、媳婦會對你很兇。對啊！只要你不乖，他們就會很兇。那時你如果有宿命通，一定會氣死了：「**我兒子、媳婦怎麼現在對我這麼兇？都不孝順！**」那兒子、媳婦卻說：「**現在你長大了，是該你來孝順我們。**」這就是人間相。所以如果菩薩有宿命通的時候，小時候日子是不好過的；眞的不好過，那也得要接受；因爲這就是菩薩成佛的過程，必須要這樣接受，這樣一步一步去走；那時可得要盡量裝不懂，日子才會好過。

那麼，這樣來看這個無記業，上一世又上一世，一劫又一劫不斷地熏習下來以後，因爲他對那個法有興趣，就會不斷去熏習那個法；每一世長時間熏習下來以後，這個無記業的種子就存在了；可是這個種子在往世是被收存在如來藏中，重新出生以後還是會從如來藏中流注出來的。從這個種子也可以追溯到如來藏的眞實存在，所以往世熏修實相般若很久以後，就會有大乘智慧的種子存在，這般若波羅蜜的業用性——智慧到彼岸的業用性，就是依如來藏持種來施設的。因爲如來藏有這麼多的業用性，而這個業用性顯示出來時就是一切法的業用性；而一切法的業用性就是如來藏性，所以 世尊說：

「一切法業用性的緣故，才會有智慧到彼岸的業用性。」

智慧到彼岸的業用性是什麼？就是實相般若的智慧所產生的解脫功德。從菩薩所證的實相境界來看，二乘聖者也有智慧到彼岸的業用性，只是他們自己不懂。但菩薩從這個般若波羅蜜的業用性，來看二乘聖者到彼岸的業用性，發覺還是如來藏的業用性，所以仍然不外於般若波羅蜜的業用性；因爲二乘聖者入了無餘涅槃以後，那個不生不死的無餘涅槃境界，仍然是如來藏的業用性。正因爲如來藏的不生不死，所以二乘聖者滅掉五蘊以後才會成爲常住不變的無餘涅槃，否則他的無餘涅槃就會變成斷滅空。菩薩因爲這樣看，所以說：「**我才不要像二乘聖者那麼笨，還要去入無餘涅槃，因爲我在人間利樂有情的時候，我就已經在無餘涅槃不生不死的解脱境界中，這叫作本來自性清淨涅槃。**」

所以，像這樣來看淨業果，以及觀察淨業的未來世可愛異熟果，說上一世因爲張三努力修行，有努力護持正法、努力救護眾生免於邪見業，所以我這一世成爲李四，才會有這個證悟實相的成就。而我這一世這個成就，仍然是依如來藏來施設，是因爲張三的努力而有淨業種子收存在如來藏中，所以來到這一世出生時，我李四這一世有這個淨業果，並且成就的是菩薩的可愛異熟果。而這個可愛的異熟果，仍然是因爲如來藏的智慧到彼岸的業用性，我李四才能夠有今天的這個淨業果產生的可愛異熟果，因此仍然是般若波羅蜜的業用性。而這個般若波羅蜜的業用性，不可外於一切法的業用性來實證，還是要在一切法的業用性之中來實證這個般若波羅蜜的業用性，因爲如來藏的法性具足在一切法的法性之中，那麼這樣般若就通了。

講完了這一些正理，如來又說咒曰：「**頡唎——！**」這就是用一個總持來代表如來藏。那麼如來藏的總持眞是好多、好多、好多，講之不盡，數之不盡，用之不盡，具足運用的代表就是中國禪宗的祖師。不管你是什麼樣的菩薩，你若是眞的想要證般若，都要回歸到中國禪宗祖師這個開悟見道去，然後中國禪宗祖師還是要回歸到印度的佛菩提去，所以佛法沒有國界。以前常常有人讚歎說：「某某人是愛國僧人。」哪一天誰要讚歎我說：「你蕭平實是愛國的弘法者。」我就：「呸！」他說：「你爲什麼呸我？」我說：「這樣才叫作『愛國』。」那到底是愛哪個國？莫非是上帝的國？當然我愛的是佛國。佛法中沒有什麼國界可說的，因爲佛法本來就不是三界中法，爲什麼要把他限定爲愛國僧人？如果是愛國僧人，他幫著這個國家時是不是要消滅另一個敵對的國家？都因爲兩個國家正在打仗啊！才會產生愛國僧人嘛！承平時期有什麼愛國僧人可講的？他幫這個國家去打另一個國家，其實是造作惡業；因此愛國僧人這個封號，我還是免了吧！

總持，中國禪宗祖師最多了，那總持說之不盡。「如何是佛？」「綠瓦。」「如何是佛？」「露柱。」「如何是佛？」「乾屎橛。」「如何是佛？」「饅頭。」「如何是佛？」「胡餅。」「如何是佛？」「東山水上行。」你看！這些都是總持欸！你看！中國禪宗祖師有多少總持？你說：「喔！中國禪宗的佛法總持那麼多，我怎麼記得起來？」我告訴你，不用記，因爲「一切法業用性故，般若波羅蜜業用性」，隨手拈來都是總持。只要你觀察到自己住在如來藏中，那時有哪一個法不是總持？還得要記嗎？都用不著記啦！那麼如來復說咒曰：「頡唎——！」這「頡唎」也是總持，總持了如來藏。這個「頡唎」就把如來藏持住了，也許你心疑說：「哪裡？我怎麼看來看去，沒有看見如來藏呢？既然我看不見，不然改用聽的好了，請你再唸一遍。」我說：「頡唎——！」「在哪裡？在哪裡？怎麼還是沒有？」哎呀！原來你不會聽。

佛法就是這麼難懂，可是也很容易，一念相應的時候，得來不費一番功夫，根本不必踏破鐵鞋。什麼都不用，就這麼直截了當。那時候正好把那一句俗語拿來用，所謂「踏破鐵鞋無覓處，得來全不費功夫」，一剎那就解決了。可是要想有這一剎那到來，那前面要經過多久呢？很多人都沒有想到這一點，常常有人打電話來，或者親自找上門來，就是要找蕭平實，希望見了蕭平實就可以像禪宗公案裡的禪師那樣開悟了。問題是，禪宗公案記載的那些個祖師開悟的公案中那幾行文字，或者在那一頁記載之中就開悟了，可是在那之前，他可是喝掉了多少漿水錢，穿掉多少草鞋錢，這可是要賣了布單當盤纏去見善知識，江西、湖南不停地來往參訪了十幾年，直到最後那一刻才悟入。可不能把前面的過程都砍掉不想要，光只要後面那一小段、那一頁的過程，那可不行欸！所以 佛才會講「六塊半餅」的典故，說有愚人吃了最後第七片餅的一半，肚子飽了，這個愚癡人就說：「**早知道這樣，我只要吃這半片餅就好了，為什麼還要吃前面那六片呢！**」那眞的叫作愚癡人。所以，如果還有人想要一見我平實就可以悟入，都不想實修悟前應該修的內容，就是那個愚人。可得要像諸位這樣，來正覺了，安下心來按部就班，該補的知見補起來，該補的慧力補起來，該補的福德補起來，該補的定力補起來，然後剩下最後一樣，就是該丟掉的性障趕快把它丟掉。這樣條件具足圓滿了，不悟也難！所以，前面六塊餅還是得要吃。

接下來，咱們從理上再來說：這個般若波羅蜜的業用性，就是一切法的業用性。在阿含部裡有一部經叫作《央掘魔羅經》，在卷四有一段經文正是這樣的代表：

【佛云：「『意法前行，意勝法生。意法淨信，若說若作，快樂自追，如

影隨形。』我爲聲聞乘說此偈意者，謂如來藏義，若自性清淨意。是如來藏勝一切法，一切法是如來藏；所作及淨信意法，斷一切煩惱故、見我界故。若自淨信有如來藏，然後若說若作，得成佛時若說若作，度一切世間。如人見影，見如來藏亦復如是，是故說如影隨形。『意法前行，意勝意生；意法爲惡，若說若作，眾苦自追，如輪隨跡。』此偈說煩惱義：意法惡者，爲無量煩惱所覆，造作諸惡，故名爲惡。不知自性心如來藏入無量煩惱義，如是躁濁不息故，若說若作，一切眾苦常隨不絕。如輪隨跡者，諸惡積聚、生死輪迴，轉一切眾生於三惡趣中，如輪隨跡。是故說：『於福遲緩者，心樂於惡法。』】

這一段是摘錄自阿含部的經文。以前有一些人亂講話，說阿含諸經從來沒有講過如來藏，說四阿含諸經中從來沒有講過第八識；如今咱們從阿含部裡面節錄出來，看看到底有沒有講第八識如來藏？他們爲了要掩飾自己的錯誤，於是就說那四阿含諸經是經過三次結集才完成的，大部分都是 佛陀入滅後幾百年才撰寫、結集出來的。問題來了，能不能具體指出來四大部的阿含，哪一部是第二次結集、哪一部是第三結集結集出來的？他們又都講不出來！這等於是隨便誣賴別人而且都不必提供證據，他們就是這樣子。你們看印順法師不斷地講，某一部阿含是第二結集才結集出來的，又某一部是第三結集才結集出來的。問題是，第二次結集時有結集經典嗎？沒有！第二次結集是在第一次結集後一百一十年左右，只結集律藏，而且只結集一點點的律藏，叫作「十事非法」，就只有這樣而已，根本沒有結集經典，何況是結集一大部的阿含諸經。

第三次結集，那時間更久了；而且說句難聽的話，有記錄的，第一次、第二次、第三次，乃至後來有記錄的南傳的結集，都是聲聞法的僧人在作的結集，都跟大乘法義的大乘諸經的結集無關。既與大乘法諸經的結集完全無關，印順等人竟把聲聞人所作的聲聞經律結集等事情，套到我們大乘經典結集的頭上來，你能接受嗎？好像是別人幹了奸犯科，作完了以後套到你的頭上來，說是你作的，那你要不要接受？當然不可能接受嘛！別人在那一邊說我們正覺講堂如何如何，結果講的都是別人的事情，我們正覺能接受嗎？當然不接受；他們都把別人作的事情栽贓到我們大乘的頭上來，大乘結集從來就沒有記錄過什麼時候結集的，其實是在四阿含結集後半年就開始作了，就是七葉窟外的千人大結集。

雖然大乘經典沒有文字記載結集的時地，但大乘經典一定是佛說，爲什麼呢？因爲在四阿含諸經裡面就有根據了，例如這部《央掘魔羅經》會是解脫道的經典嗎？不可能啊！那聲聞人未證如來藏，能夠創造出這種經典來結集嗎？也不可能啦！這部經典是第一次五百結集時就存在了！因爲四阿含的經典裡面講得很清楚：在第一次結集完的時候，已具足三藏：經藏、律藏、雜藏。既然已經具足完成了，而且用到四十疋素，也就是四十疋素絹；就是用白色的絹布四十疋，才能寫完。那你把它算一算，阿含部的經典大概要幾疋布？你自己算算看！那麼多的字還有雜藏跟律藏，不是只結集成少少的幾部經典，所以這顯然是一次就完成的。如果是只有中阿含或長阿含一部是第一次結集的，那好啊！那需要用到四十疋素絹嗎？用不著啦！只要十來疋就解決了。所以他們的說法都是隨便講，不必提供證據。他們的邏輯：提供證據的事是被誣賴的人要提供的。我們大乘被誣賴了，他們不必提供證據來證明，然後反過來要求我們要提供證據，眞的無可奈何！好在我們就由他們所講的阿含諸經裡面來提供證據，所以《阿含正義》寫了出來，他們也就無話可講了。

你看，像聲聞法中分裂出來的部派佛教（部派佛教全都是從聲聞法中分裂出來的），最後的十八部全都是聲聞法的部派，而大乘佛教是在十八個部派之外同時繼續弘揚著，並沒有分裂過；可是他們把聲聞法分裂爲十八部派的凡夫僧，對於大乘佛法義理的爭議，都套到大乘佛教頭上來說，大乘佛教眞的夠冤枉！我們現在就把這個事實舉發出來，那十八個部派的諍論，他們拿大乘法互相辯論，都是不懂裝懂，多麼荒謬！最荒謬的就舉兩個例子好了，第一個、是對於無餘涅槃的本際——也就是如來藏這個議題，他們互相諍論，都是不懂的人，全都是沒有親證的六識論的聲聞凡夫僧互相諍論，然而當年的聲聞阿羅漢們卻沒有這個諍論；然後現代釋印順等佛學研究者，卻說那都是菩薩們在諍論的。事實上是被攻擊而無法回應的一方不斷改變說法，於是聲聞凡夫僧對大乘法義的說法就不斷演變，現代那些佛學研究者就說那是大乘佛教的法義在演變；其實全都是聲聞凡夫僧所諍論的，他們竟都套到大乘菩薩頭上來指控。

第二個、那些聲聞部派佛教的凡夫僧們，不但不懂大乘法還要裝懂；而且他們對自己的二乘法也不懂，所以他們其中有一、兩個派別主張說：「阿羅漢們證阿羅漢果時，其實是不自知的，都是佛陀爲他們印證才知道的。」好啦！你把阿含部諸經請出來讀看看，阿羅漢都是怎麼樣的呢？都是自己思惟整理完成，自己知道所作已辦、梵行已立、不受後有了，確定自己是阿羅漢了，就去跟　佛陀稟報：「我梵行已立，所作已辦，不更受有，知如眞。」都是這樣，然後　佛陀才爲他們印證。所以阿羅漢是自知自作證的，可是那些聲聞部派佛教的凡夫僧竟然說：「阿羅漢們自己不知道已成爲阿羅漢，要由佛印證才知。」好啦！那麼後來　佛陀不在了，那時該怎麼辦？就沒有阿羅漢了嗎？還是有的。可是你看，日本的批判佛教那些人，以及台灣的印順學派這一些人，都把部派佛教那些聲聞人對大乘法義的諍論以及他們所說的，套到大乘佛教、大乘菩薩頭上來，那眞正沒天良啦！

我們再回頭來看阿含部這一部經典，這不是聲聞人有辦法創造的，因爲這經文裡講的是如來藏，而聲聞人的斷結、證果，是不必實證第八識如來藏的，只要相信　佛說的有如來藏恆存不滅而不是斷滅空就行了。佛陀先說了第一首偈：「意根以及法塵是最先現行的，」現行就是出現而運行著，「由於意根的作用很殊勝的緣故，隨後才會有其他諸法出生。」這跟第三轉法輪說的唯識經典完全一樣，因為如來藏絕對不會自己想要作什麼，祂完全是由意根的作意作前導，如來藏才會開始作什麼。如來藏是隨緣任運的，從來不會想要自己作什麼，所以生命的樞紐還是在意根的無明、執著。但是有多少人知道這句話函蓋了多少法，如今有誰知道呢？都不知道啦！

我們說生命的樞紐在意根，如來藏在流轉生死的輪迴過程中反而當個配角。但是話說回頭，因為意根的體性很殊勝，所以才會有諸法不斷地現行。如果意根願意自我消滅了，諸法都不會從如來藏心中現行，就成為死後就究竟死，沒有中陰身出現了，也不必再去入胎受生了，那就是無餘涅槃。可是因為意根這個法太殊勝了，祂遍緣諸法，所以死了以後又使如來藏出生了中陰身；所以「**意法前行，意勝法生**」這八個字，已經說了多少法在裡頭，然而有誰知道？大家都是讀了就過去了，總是認為說：「**意法前行，意勝法生**。**大概就是那個意思，我都知道了！**」其實什麼都不知道！

接著又說（佛總是有為人處）：「**意法，就是意根與所現行的諸法和合運作的時候，如果有清淨信，**」這個清淨信以聲聞法來講，就叫作四不壞信：於佛淨信，於法淨信，於僧淨信，於聖戒也有淨信。「**得四種淨信了，這時**

不管他說什麼、作什麼，都是快樂自追，如影隨形。」這樣的開示內容，二乘聖人能怎麼解釋呢？只能解釋說，因為意法淨信，所以不論說什麼、不論作什麼，知道自己還沒有入涅槃以前，還沒有辦法證四果以前，不論生到哪裡去，都是快樂自追，如影隨形。可是從菩薩來看，眞義絕對不是這樣子；聲聞人那樣的解釋，佛一定認為他們誤會了；因為菩薩的看法，如果意、法得淨信，也就是已經了知法界的實相，這才叫作淨信；這個時候若說若作都是與如來藏和合運行的；這時的五陰與如來藏可以叫作難兄難弟，或說是樂兄樂弟都行，同樣都是快樂自追，如影隨形，從來不曾分離。不論你走到哪裡，影子就到哪裡；如來藏跟你也是一樣，不論你走到哪裡，祂就到哪裡，一向都是快樂自追，如影隨形。因為你每天看著說：「不論我到哪裡去，如來藏就跟著到哪裡去；祂從來都不捨離我，是我的好兄弟。」像這樣子永遠照見實相，那不是快樂自追嗎？

聲聞人可都誤會啦！所以 佛接著解釋說：「我為聲聞乘的行者說『快樂自追，如影隨形』這一首六句偈的意思，是解說如來藏的義理，不是在講因果報應，這就是說如來藏自性清淨的道理。」諸位如果讀過《眞實如來藏》，應該都會記得這一首偈。這一首偈我就列在《眞實如來藏》書裡面，因爲我是以菩薩的智慧來看《阿含經》中這一首偈。哪一天如果你破參了，你也會說這首偈講得眞好，因爲你每天就住在這首偈的義理裡面，你一定是現前觀察：眞的是「**意法淨信，若說若作**」時，確實「**快樂自追，如影隨形**」。

「是如來藏勝一切法，一切法是如來藏；所作及淨信意法，斷一切煩惱故、見我界故。」這就是說，這一個如來藏實相心超勝於一切法，爲什麼呢？因爲一切法都是如來藏所生的，所以一切法都要攝歸如來藏。當一切法都攝歸如來藏的時候，一切法就是如來藏。比如說張三，他聽了人家呼喚就答：「有！」那麼到底哪個是張三？張三能不能夠說「**我的耳朵才是張三，我的嘴巴才是張三**」？不行！如果說只有耳朵跟嘴是張三，好啦！我把張三的手指頭拉過來，我說要把它剁了，好不好？他一定說不好。喔！這時候終於知道手指頭也是張三了。請問：**一切法都是如來藏所生，包括自己的色身也是如來藏所生，那能不能夠說這個色身不是如來藏**？不能說嘛！因此如來藏所生的每一個部分都不外於如來藏，就好像張三的身體每一個部分都是張三，所以 佛說「**一切法是如來藏**」。當你能夠現觀「**一切法是如來藏**」的時候，這時所作以及淨信的意法，就可以轉依如來藏的本來清淨自性而斷除一切煩惱，因爲已經見到眞我如來藏的功德性用了。

如果能夠自己清淨的信受有如來藏，然後不管是說什麼法，或者乃至跟人家說世俗話，或者不管他作什麼事情，甚至於三大阿僧祇劫以後成佛時，所說任何的言語、作任何的事情，都可以度一切世間，因爲全都是如來藏。所以有一天在路上走著，佛陀就突然神來一筆，就指著沙地上說：「這裡可以建一座梵剎。」就是興建一座清淨的寺院，釋提桓因知道 佛陀的密意，應了一聲「諾」，馬上去路邊摘了一根草來，往那個地方一插，就說：「稟告世尊，梵刹建竟。」說清淨的寺院已經蓋好了！到底釋提桓因是蓋了哪個清淨寺院？

世尊接著開示說：「得成佛時若說若作，度一切世間。」只要在場的人，他有緣，就得度了。有許多迴心大乘的大阿羅漢們都是這樣悟入的，都是世尊搞怪的時候悟出來的。爲什麼只有拈花微笑那麼有名？因爲跟禪宗的第一代傳承有關，那是公開把法脈傳給大迦葉，所以那麼有名；其實 世尊扮了很多神頭鬼臉，就是教外別傳。如果光只是從宣講《般若經》而想讓那一些得度的大阿羅漢悟入般若，來等他們迴小向大，那要等到什麼時候？爲什麼有很多大阿羅漢可以迴小向大？就是因爲 世尊常常爲他們施機鋒。世尊留下的機鋒有記錄的，也還算是不少，不過一般初機學人與凡夫大師們都把那些記錄當作是笑話，或者當作是後人編造的故事來讀。其實都是眞實的 世尊的典故，也眞的是這樣：「若說若作，度一切世間。」

世尊接著說：「如人見影，見如來藏亦復如是，是故說如影隨形。」你們找到如來藏以後來看時，是不是這樣？眞的是這樣啊！就好像一個人看見影子一樣，影子雖然不可捉摸，但是可以看得見，就可以從影子看見影子的主人了。如來藏也一樣不可捉、不可摸，但是你可以看得見祂在哪裡。所以有時候我常常會說：「你如果有智慧，一把就將祂抓過來，說『我抓到如來藏了。』」其實有沒有抓到？也沒有抓到，可是沒有抓到之中，你卻眞的抓到了，這叫作「如人見影」。看見如來藏時也是這樣看，你不可以說：「如來藏無形無色，你叫我怎麼看祂？」我問你：「影子都有形有色，你又如何抓祂？」但是，我們有時候卻又說：「你眞的抓到了，可是抓到的時候其實沒有抓到。」不要以爲我是在繞口令，眞的是這樣子！因爲找到如來藏之後，可就「如人見影」，隨時隨地都看見如來藏跟著自己來來去去，在來來去去之中祂又沒有來去，所以這個時候就說「如影隨形」。不管你有沒有找到如來藏，你來到正覺講堂修學，或者你回家去，或者你去哪裡玩，或者去哪裡作善事，甚至於別的惡人在幹惡事的時候，他的如來藏還是「如影隨形」。菩薩之所見，本來如是；不是大略如是，而是本來如是、永遠如是。那麼「快樂自追，如影隨形」講的是說，你看見如來藏的時候，就是這個模樣。

我記得最早以前，我們第二次禪三是在中壢永平寺辦的，有一位師姊很有趣。有一天中午，她一個人在中庭的榕樹下，就在那邊把腿一直踢、手也一直甩，我說：「妳在幹嘛？」她說：「老師！好奇怪！我要把祂甩掉，甩不掉欸！我要把祂踢掉，也是踢不掉。」我說：「妳當然踢不掉，妳當然也甩不掉，因爲妳踢掉祂、甩掉祂的時候，就是妳死亡的時候了。」她覺得好新奇：這個東西怎麼甩不掉？她一直甩啊！甩啊！就是甩不掉。聽了我的話以後，她才終於說：「我不甩了，既然甩掉就得死，我還甩祂幹嘛？」如來藏正是這個模樣，這叫作「如影隨形」。譬如你說：「我想要把影子甩掉。」那你甩甩看吧！有陽光時是一定甩不掉的。

接下來 世尊又說：「意法前行，意勝意生。」也就是說，他不是在法上面用功了，不管什麼善法惡法，他反正都是在自己的主觀上面去用心，所以叫作「意勝意生」，全部都由著意根的習慣性去運作，這時就「意法爲惡」，意根所生的一切法都是在造惡上面，這時「若說若作，眾苦自追，如輪隨跡」，這是在講三世的如來藏。如來藏，你悟的時候是那個樣子，可是從三世的過程來說，如果「意法前行」時是落在意根上面「意勝意生」，這時會依著意根的遍計執性去運行，所生的法都是在惡事上面去運作。作了以後，不管說話來造口業或者作事情來造惡業，將來都是「眾苦自追」，因爲造一切惡業也是在自己的如來藏裡面造的，不曾外於自己的如來藏，當然所造的惡業、所結的果實，也會在自己的如來藏裡面，都不會掉到外面去，那麼那個惡果還能推卸給別人嗎？當然捨報後就是「眾苦自追」了。

這就好像輪與輪跡是一樣的，輪子滾到哪裡，那個痕跡就留到哪裡，那個輪跡一定會跟著輪子，直到被抹除爲止。這就是說煩惱，也就是說如來藏會收藏煩惱的種子；這個種子跟著惡意的意與法，不斷運作的結果，如來藏就被無量的煩惱所遮蓋，當這些煩惱種子發起來的時候就會去造惡業，所以叫作「惡」，那都是因爲不知道自性心如來藏也可以入於一切煩惱中的道理。不要以爲說：「我如來藏是自性清淨的，所以我不管造什麼惡業，如來藏還是自性清淨，那爲何我將來會受惡果？」會喔！因爲張三造了無量惡業以後，他的如來藏自性還是一樣清淨，可是如來藏卻幫他收藏了惡業的種子，未來世就讓如來藏新生的五陰李四來受惡果，他未來世成爲李四時可就得領受惡業的不可愛果報了。

也許有人想：「那沒有關係，因爲在這裡造了惡業來享受的是我張三，下輩子是李四受惡業，那李四跟我沒有關係，所以這一世的惡業都可以造啦！」好啦！不妨以現在世來推前世好了：「前世王二造了惡業，今世成爲我張三時是同一個意根、同一個如來藏，雖然不是同一個五陰，但如今我要領受前世王二造作惡業的痛苦時，我願意不願意？」當然不願意！既然不願意，爲什麼要讓來世的我去受苦？這一世的我跟來世的我又沒有仇，就像前世的我對這一世的我沒有仇一樣，對不對？對啊！所以不應該讓來世的我去受苦，因爲來世的我雖然不是此世這個五陰，畢竟還是自己的意根與如來藏所生的，還是自己啊！

所以要瞭解這個自性清淨心雖然自性仍然是清淨的，可是祂會收藏我們五陰所造的惡業種子、善業種子、淨業種子乃至無記業種子，祂一體收存；好啦！意法如果造惡，如來藏就被無量煩惱所遮覆，如來藏是可以入無量煩惱中實現因果律的。所以在地獄中也是如來藏，在天上也是如來藏，在人間還是如來藏，在六凡眾生、在四聖之中也是如來藏。眾生因爲不知道如來藏可以入無量煩惱的道理，就不信因果，才會「躁濁不息」；「躁濁不息」時就會造作惡業，因此 世尊說：「若說若作，一切眾苦常隨不絕。」

世尊又開示說：「如輪隨跡的道理，就是說一切的惡業積聚下來以後，就導致了業種現行而使生死不斷的輪迴，就去運轉一切眾生在三惡道中，這就是如輪隨跡。」後面這半首偈的意思，就是說：對於修福德比較遲緩的人，也就是說他不愛樂於修集福德，只喜歡享受；因爲不擇手段追求享受，當他聽到造惡可以獲得不正當利益的事情時，就會很有興趣，「心樂於惡法」，就是這種「眾苦自追，如輪隨跡」的人。可是這仍然是如來藏義，不曾外於如來藏。一切證悟的人，都沒有辦法證明自己的五陰是在如來藏之外；所以一切的業行都會收存在各人自己的如來藏實相心中，一點一滴都不會遺失。譬如有的人說：「我化名上網去罵蕭平實，他也不知道，我都沒事。」眞的不知道嗎？他的如來藏可都知道，因爲當他上去網站貼文亂罵了以後，這些惡口、謗法、謗賢聖的惡業種子，可全都收存在他自己的如來藏裡面，所以造惡業時都不曾外於他自己的如來藏而造，這如來藏可比古時的那位楊四知厲害，對不對？今天時間到了，先講到這裡。

《實相般若波羅蜜經》上週講到般若波羅蜜的業用性，說到楊四知；有一位姓楊的古人爲官清廉，好像是當刺史？有一天，人家在夜裡送錢去他家，想要收買他；楊四知不肯收錢，對方說：「您不必擔心，這件事情只有您知、我知，再也沒有別人知道。」楊四知回說：「不只你我二人知道，還有天知、地知，總共已有四人知道，我絕對不能收這賄款。」於是就公事公辦。後來大家知道這件事以後，就稱他爲楊四知，原名反而被後人遺忘了。天知、地知，意思是說不論幹什麼事，天神地祇總是知道得清清楚楚地；如來藏實相心也是如此，不論誰幹了什麼善事、壞事，他們的如來藏都清楚地記著而不會喪失或記錯，這也是實相心如來藏的業用性之一。

既然實相心如來藏有業用性而導致般若波羅蜜有業用性，這就是說明一切法的業用性；這表示金剛心——也就是法身如來，祂是有業用性而不只是一個名詞施設。我們上週也引述阿含部的《央掘魔羅經》一段經文，來說明在二乘法中就已經有結集如來藏業用性的經文存在。四大部阿含諸經，其實是聲聞羅漢以及其餘三果以下的聲聞聖者和聲聞凡夫總共五百人所結集成就的。而他們把如來藏的總相內涵結集成爲阿含部的經典，這已經具足說明：他們都是同時與聞大乘經典的人，相信如來藏是有業用性的，不是空泛的一個名相，才會結集在阿含部的經典中。而第八識如來藏的正理，也確實是 佛陀親口所說，因爲那些不迴心的定性二乘聲聞聖者們已經與菩薩們同時聽聞大乘經了，才會把這部大乘經典結集在四阿含之中。我們也從阿含部這一部經典專門述說如來藏的事實，證明了聲聞法中的聖凡眾人在 佛陀住世時已經聽聞過大乘經典。

上週所舉述的這一段經文，只是很多證據裡面的一個；我也在《阿含正義》書中，從四大部阿含裡面舉出了許多的經典證據，證明第一次結集的聖凡五百位大眾，確實是參與了大乘經典的演述法會，才會有大乘法的各種名相被結集在四阿含諸經之中。然而四阿含諸經中，終究沒有講到如何成佛的內涵與次第，大部分的教理終究只是羅漢法而不是成佛之道。雖然聲聞部中結集的四阿含諸經命名為成佛之道——阿含，其實那一些法不具足使人成佛的內涵，因為既無般若中道的觀行，也沒有成佛的五十二個位階裡面應該有的內容和次第，所以命名為「阿含」是不太正確的。

但是從四阿含諸經裡面已經充分證明，當年聲聞四眾是曾經與聞大乘經典，這是任何人都無可否認的。不過他們對於大乘經典的法義，唯一曾經結集出來的，就是這一部《央掘魔羅經》，而它所說的就只有談到如來藏的總相而已。如來藏的別相——也就是般若中道實相的觀行內容，以及如來藏的種子——就是第三轉法輪的唯識諸經的種智內容，在阿含諸經中終究不曾看到。乃至阿含諸經裡面談到成佛的所憑是一切種智，而一切種子的智慧在四阿含諸經中也從來沒有解說到。這證明五百結集時的聲聞四眾，當年曾經親耳聽聞 佛陀演說大乘法，可是他們沒有實證而沒有勝解，因此就沒有念心所，當然無法結集。這是眞正的佛教史中的事實，不是什麼人可以推翻的。

那麼，由這裡就可以證明：應成派中觀師——密宗黃教的印順法師、達賴喇嘛，都是盲從早期一分日本人譁眾取寵的說法，所以他們以六識論的立場，否定了意根和第八識如來藏。你們如果有讀到印順的一本小冊子，看他對意根是怎麼解釋的呢？他說意根就是腦神經。那意根若是腦神經，腦神經是不是物質？物質是不是心？不是只有心才能生心嗎？意根既是腦神經物質，問題可就來了：只有心才能生心，物質不可能生心，那他說的意根又怎麼可能出生意識心呢？

如果物質可以生心，這個條件可以成立，複製人的說法也才可以成立。但是，假使將來眞的有複製人出現了，請問被複製出來的另一個人，他眞的是由細胞的主人所複製的呢？或者仍然是一個獨立的個體？（大眾答：獨立的個體。）諸位眞有智慧，當然是獨立的個體；因爲色身容許是從主人的細胞不斷地複製出來而成爲人身，就如同從父母取得受精卵細胞一樣；但是背後是誰把這個細胞不斷分裂整合而製造成爲另一個人身呢？還是要由另一個如來藏心來作。而自稱爲主人的那個人，他的如來藏不能切割成二個而把其中一個分駐於新生成的複製人的色身中。所以答案是，仍然要有另一個有情的如來藏心，他比其他傍生類有情更有福報，就直接住進那個細胞來了，然後藉著人工所提供的四大物質來成就這個複製人。可是整個過程純粹是人工嗎？答案是：不對！因爲仍然要藉用媽媽的身體來長成具足的人身，所以要移植入某一位女性的子宮中才能長大。雖然被提供出來的這顆細胞跟懷著他的媽媽完全無關，可是仍然要藉用媽媽的身體來提供四大物質，因爲人類的科技還無法提供四大極微給這顆細胞，無法提供給這個如來藏所需要的四大來完成他的身體。

現在科技還沒有達到這個階段，我先把話講在前頭，因爲這是法界中的實相而不可推翻。所以，假使那一位大富翁說：「**我花一億元台幣來複製另一個我，將來他會絕對聽我的話。**」我今天公開說，那個被複製出來的人將會跟他兒子與他的互動關係一樣，不會完全聽他的話；因爲那個複製人的色身容許是由他的細胞來複製，可是還要藉母體來幫忙懷胎而長養他的色身，將來出生以後聽從媽媽的話會比聽從他的話更強烈。如果複製人願意聽他的話一句，對媽媽的話大概願意聽十句，他將要大失所望。法界中本來就是如此，因爲那個複製人一定另有自己的如來藏，把往世的種子帶過來的時候，一定有自己的獨立性、自主性，有自己的格調。複製人的個性將是由往世帶過來的，並不是這一個提供細胞的人可以來當他的主人，他最多只能當複製人的爸爸，當不了完全的主人。

這意思就是說，眞如心是有業用性的，而且是個個獨立的；在法界中，這個如來藏與那個如來藏之間永遠沒有主從的關係，都是各自獨立的，所以每一個有情都是天上天下唯我獨尊。假使不是這樣，當年悉達多太子降生的時候，就不應該行走七步指天指地說：「**天上天下唯我獨尊。**」因爲他還沒有成佛，怎麼能夠獨尊呢？還沒有成佛時就宣稱「**天上天下唯我獨尊**」，那到底是指哪個我？又是怎麼獨尊的？當然還是實相心如來藏，這也表示如來藏確實有祂的業用性，不是名詞的施設。

所以，六識論者的立論基礎是站不住腳的，因爲六個識都是夜夜斷滅的，在半夜裡作夢時才又出現；或者譬如有些年紀了，膀胱無力在半夜裡尿急爲了去洗手間而醒過來，這時才又出現識陰六識；否則眠熟了，六識就間斷了，意識當然也不存在而斷滅了。不管他們怎麼樣去發明施設意識細心說，全都沒有用，因爲 佛陀都預先準備在前面等著了，譬如他們說：「**意識是生滅的，可是意識細心不生滅。**」請問這個細意識是不是意識？答案是：仍然是意識。他們既然叫作意識細心或細意識，那就是意識，除非換一個詞叫作如來藏，否則還是意識。那麼，意識的細心既然仍是意識，佛的至教量早就講在那邊等著了：「**諸所有意識，彼一切皆意、法因緣生。**」沒有一種意識不是意、法因緣生的。佛陀這句話很厲害，把從古時到未來際的所有意識一網打盡。不但如此，過去意識、現在意識、未來意識，粗意識、細意識、中意識，極遠意識、極近意識、現前意識，全部一網打盡，佛說各種意識全部都是「**意法因緣生**」。

這樣的生滅法意識細心，怎麼能夠成爲生命的主體呢？既是夜夜斷滅的，當然不可能成爲生命的主體。所以，六識論有非常多的過失存在，只有他們會自我安慰說：「**總共六識這個說法沒有過失啦！**」但是，那畢竟只是閉門造車，關起門來自己作了個車子只能觀賞，如果門一打開，跟道路規格不符，都開不出去，都沒辦法上路啊！所以他們眞的是閉門造車，因此說六識論是個大邪見，世尊出現於人間之前的外道們早就主張六識論了，佛教裡的法師又何須與他們同流合污？究竟是想圖個什麼？印順又把意根說是腦神經，這是印順一己的創見。眞的叫作創見，在學術界裡說有創見才是最有成就的事，大家會說他很厲害；因爲從來都沒有人講過，而他第一次講出來。

可惜印順這個創見是無效的創見，因爲至教量以及法界的實相中都證明意根是貫通三世的，是從過去世來，現在還在，死後還會往生到下一世去。問題是，你們往世臨命終的時候，有沒有把腦神經抽出來帶來今生投胎？有沒有？沒有啊！但印順就是特別厲害，他過去世應該是把腦神經抽離腦筋而帶來此世投入母胎中的，這一世才會成爲張某某，出家以後叫作釋印順。但是我想，他媽媽一定不會認同他的說法，因爲釋印順前世來投胎時與大家一樣，都不曾帶著腦神經來入胎，顯然他這個創見已成爲一場笑話了。

所以說，如來藏不是一個虛設的名詞，祂是有業用性的；正因爲有業用性，才能成立世間法、出世間法以及大乘的世出世間法；也正因爲實相心如來藏有業用性，所以才有禪宗從天竺傳到中國來，今天還在台灣繼續產生這麼多活潑無比的公案。大陸官方很重視禪宗文化，因爲禪宗文化等於是中國傳統文化。中國一千多年來的文化主要是禪宗文化，大家當然都很重視；但是禪宗最根本的典籍《景德傳燈錄》，或者《五燈會元》、《續傳燈錄》等，大家拿出來一讀就說：「**哇！這眞是意境深遠，不可揣摩想像。**」但是說句白話——打開天窗說亮話，我們說那叫作外行話。正因爲讀不懂，所以才說意境深遠，若是讀懂了就說：「狗屁！」「你禪師家爲何這麼粗魯講『狗屁』？」我說：「汝喚什麼作狗屁？」我這狗屁不是隨便講的，你要是會了，就懂得雲門的花藥欄、綠瓦、乾屎橛，那些公案就由著你去翻轉了，全都由著你去橫拈豎抽，盡由著你來。

然而中國禪宗的祖師公案爲何這麼活潑呢？都因爲如來藏有祂的業用性。否則的話，禪宗公案就永遠活不起來了，就永遠會像釋印順寫的《妙雲集》那樣，死氣沉沉。假使你晚上睡不著，有失眠症，你就拿印順的書來讀，在床頭開個檯燈，準備個定時器自動關燈，定下二十分鐘就行了！你只要躺在那邊讀他的《妙雲集》，隨便哪一本，讀上二十分鐘，你就會呼呼大睡了，因爲他的書中是意識思惟堆砌出來的死氣沉沉的內容。可是你如果讀禪宗的那一些典籍，就會覺得生氣盎然，根本不會打瞌睡；正是因爲所證悟的是如來藏，而如來藏有業用性，所以禪宗祖師們悟後接人才能這麼活潑、這麼生動，都不拘泥於世俗法，也不受一切規矩所侷限；正因爲這樣，才成爲中國文化中最爲精深博大之處，足以傲視全球文化。

也許有人抗議說：「你怎麼那樣講中國文化？還有其他的儒家四書五經

啊！」我說：「如果四書五經能完全代表中國文化，那麼朱熹、王陽明他們那些人爲什麼還要偷學禪宗的禪？偏偏學到後來還是悟不了，爲什麼？」從這裡就知道實相心如來藏的勝妙以及奧祕的所在，所以如來藏是有業用性的；正因爲有業用性，同時具有不可壞性，所以才叫作金剛，除此以外別無他法可以立名爲金剛。爲什麼在這部經中又說是實相呢？因爲現象界一切諸法，沒有一法不是從祂所生，所以祂與萬法都有關聯，當然是萬法功能背後的眞實相，這才叫作實相。證得這個金剛心而有了對於實相了知的智慧了，這種智慧就叫作實相般若。有了實相般若，不必死後才入涅槃、證涅槃，活著就已是涅槃了，因爲活著就已經看見自己住在涅槃中了；這就是一切菩薩所證的本來自性清淨涅槃，二乘聖者之所不知。可是，這實相般若波羅蜜來到禪宗裡面，禪師又是怎麼說的呢？有請 克勤佛果大師開示：

【「此般若有三種，一、實相般若，二、觀照般若，三、文字般若。實相般若者即是眞智，乃諸人脚跟下一段大事，輝騰今古、迥絕知見，淨裸裸、赤灑灑者是。觀照般若者即是眞境，二六時中放光動地，聞聲見色者是。文字般若者，即能詮文字。即如今，說者聽者，且道是般若？不是般若？古人道：『人人有一卷經。』又道：『手不執經卷，常轉如是經。』若據此經靈驗，何止轉重令輕、轉輕不受？……』（《佛果圜悟禪師碧巖錄》卷十）

有些人讀不慣禪宗的文字，是因爲他們覺得禪宗祖師說話很誇大，受不了！然而禪宗祖師們敢這麼講，難道全無依憑嗎？當然是有所依憑才敢這麼說，因爲一個字出口，九牛也拉不轉。這一個字說出去了，因果就成立了，除非是對著無情講。所以這些重話一講出去，只要是有情而能聽懂，因果就成立了，當然講話眞的要小心。但是禪宗祖師爲什麼敢這麼大膽說法呢？有時候禪師還是不依照常規來說，乾脆自己發明來講；可是自己發明而講了出來時，卻又統統合轍，與至教量及實相法界的現量都沒有差異。

這一段文字中 克勤大師這麼說：「這個般若有三種：第一種是實相般若，第二種是觀照般若，第三種是文字般若。實相般若就是眞實的智慧，這個眞實智慧就是你們各人腳跟下的一段大事。這腳跟下的一段大事光芒萬丈，而且從過去世一直照耀到現在，」因爲祂是「輝騰今古」，所以從過去世一直照耀到現在；「然而祂迥絕知見，能知能見的心是到不了祂這種境界的。在這個眞智的境界當中離見聞覺知，祂淨裸裸地。」淨裸裸，是說祂根本一點煩惱都沒有，猶如赤子之心；我說的是「猶如」，不是「等於」；「而且祂赤灑灑地，」赤就是赤身露體，就是沒有遮隱的意思。因爲「赤灑灑」，所以有個比丘尼來問：「如何是祖師西來意？」禪師就答覆說：「一絲不掛。」眞的啊！因爲你要拿一件天衣給祂穿都穿不來。別說天衣，一根很細、很細的蠶絲想要掛到祂身上都掛不了，眞的一絲不掛。可是，這一段光明眞智從來不離諸位腳跟下。你說：「我這腳跟下依舊看不見。」請問：「你現在盤著腿，不是正好看嗎？怎麼會看不見？腳跟都看得清清楚楚。」眞的沒騙諸位，正在諸位腳跟下，這就是眞智。這個眞智就是實相般若，就是眞實智慧的境界。

接下來說觀照般若，可都不離六塵境界，就是眞正回住於境界裡面來觀察而有實相境界的般若了。這就是說，二六時中——十二個時辰——二十四個小時之中，往往是放光動地。聞聲見色是阿哪個？就是離念靈知，一天到晚看來看去都不停歇，大師們不都是這麼說嗎：「我清清楚楚明明白白、了然分明而不分別。」等到被人家突然打了一巴掌，氣起來了說：「你爲什麼打我？」對方說：「師父！您不是了了分明而不分別嗎？怎麼會知道我打了您呢？」

才知道原來了了分明就已經是分別完成了。他要是懂得歡喜、接受指教，你這一巴掌的力氣就沒有白花。在我們出來弘法之前，各大山頭不都是這麼講的嗎？但其實他們這個都還不能叫作觀照般若，因爲觀照般若的存在是要有一個前提的：已經證得實相般若。如果沒有證得實相般若時，一天到晚了然分明的時候都還是分別，就沒有般若而只有觀照。沒有般若而只有觀照的時候，還能叫觀照般若嗎？當然不行啊！所以，誰有觀照般若？只有出生了實相般若的人才會有觀照般若。有這個觀照般若的人，只要他願意利樂眾生，十二時中都可以放光動地，他根本不必說法就可以利樂有情。

也許有人不信，咱們舉個例吧！禪宗寺院自從百丈大師立了清規以後，叢林大多建立在深山中，求法的人去那邊出家依止，都要領執事，沒有誰可以不領執事的。如果住進來，今天沒有作工作，你今天就不許吃飯，就去找山泉水自己喝吧！這就是一日不作，一日不食，所以禪寺裡都行普請之法。今天田裡得要除草，於是就行普請之法，打了雲板集眾，上自和尚下至沙彌，除了在伙房準備飯食的人以外，全部都要到田裡去，一起去除草或者一起去摘楊花，這就是普請。可是普請之時還是有些不太平等的，才會是眞平等；因爲大家都去工作了，然後和尚姍姍來遲。大家已經作了好一會兒，脖子伸得長長地看：和尚來了沒有？這時不是要他來工作，是要他來放光動地。終於看見和尚姍姍來遲，他拽了根拄杖；其實才不過四十幾歲而已，就拽了根拄杖。咱家六十幾了都還不敢拽拄杖，他們可都四十幾歲就拽了拄杖；這時候來了，往往把某人打了以後，他就走了，他今天有關普請的工作便作完了。

有時他會問：「**你手裡是什麼？拿來我看看。**」拿過來了就說：「**你這個東西爲什麼在我手裡？**」問了這麼一句話又走了。普請對和尚而言，他一天的工作只要這樣就算作完了。大家是累得要死，除草、種稻、摘菜什麼的，得要弄上一整天；他老人家來了，就這麼一兩句話或者打一棒，他就走了。他這樣就作完一天被普請的工作了，眞的好輕鬆！可是輕鬆歸輕鬆，他得要有本事來放光動地才行；不然大家那麼歡喜去工作，是爲什麼而歡喜？因爲歡喜說，和尚今天會來放光動地，所以普請時大家作得很歡喜。

今天如果沒機會遇上和尚給機鋒，那就等明天再行普請時再看吧！於是又期待明天普請了。又不是賤骨頭，一天到晚期待著要出坡工作。當然不是，因爲一旦行普請之法，和尚來到田裡、菜園子、長草地上，一定要放光動地才行。所以，要能放光動地，就表示他已經有實相般若來引生觀照般若，否則憑什麼放光動地？如果是野狐禪師想要學著禪師家這麼耍，保不定哪一天遇見個明眼弟子，一把將他背後的狐狸尾巴砍了，呈給大家看，那可眞是現世報。但是如今 克勤大師說這個觀照般若：「**二六時中放光動地，聞聲見色者是。**」聞聲見色的不就是覺知心嗎？但他其實不是指覺知心。所以，假使從文字表面來看，那麼一切貓兒、狗兒應該都有觀照般若了，那是不是大家見了阿貓阿狗都要頂禮？顯然不是嘛！所以，不能夠依止那些依文解義、作文字訓詁的人所作的解釋來理解。一定得要先有實相般若，才能談得上有觀照般若。

接著下來，文字般若就是能詮的；也就是說，能夠藉著實相般若與觀照般若，去把實相的智慧加以闡述；是藉文字加以闡述來呈現給大家瞭解，指出了一條明路讓大家知道：由這個方向入手就可以證得實相般若。所以，有實相般若與觀照般若的人，藉文字說出來的內容才能叫作文字般若。如果沒有實相般若也沒有觀照般若，講了一堆言語，那些文字還能算是般若嗎？般若是不可破的，因爲祂是法界中的實相，所以般若這種智慧是沒有人能破的，只有所說層次義理的淺深廣狹等差別。但是有廣泛深入般若的人，也不能破斥一個剛破參者的般若，因爲所證都是同一個法，只是剛破參者還不太會用，因此悟後久修的人可以指導他，但不能把他否定。假使他剛剛悟了，他告訴我說哪一個就是如來藏；講的如果對，我也不能否定他，因爲是正確的。但是他講出來以後，我可以說他在哪裡講錯了、又有哪裡講錯了，卻不能夠說他那個法不對，因爲只是層次的深淺廣狹差別而已。可是如果所證是錯誤的，那麼研究了很多的禪宗公案以後，也學會了一些公案裡的皮毛，但是他講出來的法義仍然不是文字般若，因爲一定講錯了。

那麼，能詮的是要詮什麼？能又是什麼？能就是文字，就是語言。詮是詮什麼呢？是詮釋那個實相，而實相就是金剛心如來藏。經由文字來詮釋金剛心如來藏的金剛性、實相性、眞如性，以及祂能生萬法的自性。祂有種種的自性，藉著文字把祂詮釋出來而記錄下來的文字，就叫作文字般若；但前提是證悟者憑著觀照般若所說所寫的文字，才能稱爲文字般若。

把這一些講過了，克勤大師就要來考考大家了：「**現前說話的、聽話的，**

到底是般若或者不是般若？」有沒有人學這樣的講話？諸位還記不記得？以前是在台灣最北方，現在又跑到台灣中部去的大師說：「師父在上面說法，諸位在下面聽法的一念心，就是眞如佛性。」是不是跟 克勤大師講的這句話一樣？同樣是說者、聽者。現在 克勤大師問了：「且道是般若？不是般若？」所以禪師家手頭都是很儉的，從來沒有禪師家像我手頭這麼寬鬆的。我算是蠻奢侈的，因爲正法的久住需要用很多人；但 克勤大師手頭是非常儉的，往世他對我一樣是那麼儉，從來沒有奢過；可是正因爲這樣，我才得到大受用。如今他提出來問：「如今我在這裡說法的，諸位在下面聽法的，到底是不是般若？」如果有人是從中台山來的，一定就答說：「是啊！是般若啊！我師父講過啊：『他在上面說法的一念心，我們在下面聽法的一念心，就是眞如佛性。』怎麼不是？」我就說：「你過來！我跟你講話。」他走過來，我就給他五爪金龍：「是般若？不是般若？」「痛死了！這個也是般若，因爲我了了分明啊！」那我就亂棍把他打出屋外去。克勤大師可不是跟你講這「能說話的、能聽話的」，但是你眞要找出來嗎？就在「說話的、聽話的」裡面，難道還會外於「說話的、聽話的」？

然後 克勤大師又指出一條明路：「古人這麼說：『每一個人都有一卷經。』」世俗話也說「家家有本難唸的經」，其實何止一本？家中看有幾個人，就會有幾本經啊！但每一本經都不好唸，所以家庭越大，事情就越多，因爲要唸的經似乎太多了。好，接著說：「手不執經卷。」手頭是沒有經典的，空無一物；克勤大師說：「空手而沒有經卷，卻常常在運轉這部經。」禪師家就是這樣轉經的。如果要像佛教裡好多人出家了以後，一天到晚趕經懺而說是在轉經，禪師家是不屑於那樣轉經的，因爲那太辛苦了；不但不好賺，也不是眞的轉經！

禪師家是怎麼賺這些香油錢來供養闔寺僧眾呢？很簡單哪！大將軍送來三千兩銀票，禪師一看：「喔！三千兩銀票，這值得我轉經。」「侍者！收了。」然後，下禪床轉一圈又上來坐了：「請副將回報大將軍，我某某禪師轉經已畢。」你看，就這樣三千兩紋銀就賺成了，禪師們就是這麼轉經。但是大家要曉得，他這三千兩紋銀賺得這麼輕鬆，保證比你去請三千位大法師誦經三天三夜更有功德，這就是禪師厲害的地方。假使有人不信說：「我師父是阿羅漢，難道還輸你一個禪宗祖師嗎？」結果他師父聽了也只好說：「我也不懂，你還是得去問他。」因爲羅漢轉經得要講一大堆的語言文字，才能把阿含部的解脫道經典講清楚，但禪師轉經大多是不用語言文字的，他只要這麼一下子「放光動地」就結束了。若是那位副將眼明手快，一把抓了就帶回去銷案，大將軍才剛問說禪師是怎麼轉經的，這副將就說：「轉了，經在這裡。」那大將軍就歡喜說：「這經收下了，好好照看。」一場佛事就圓滿了。

然而禪師收了三千兩紋銀，他這樣子「手不執經卷，常轉如是經」，到底意在何處？這可不是無的放矢喔！那一根箭放出去，禪師家可是箭箭中的，沒有一箭是虛發。這樣才能夠說：「凡有所說莫非文字般若，凡有所爲莫非觀照般若。」而他一天到晚就住於實相般若之中運作觀照般若。克勤大師到此就下了個註腳：「如果根據此經是這麼的靈驗，那功德難道僅僅是把重業轉了變輕業，把輕業轉了變不受嗎？」這意思就是說，假使有人正該墮入無間地獄，只要他會轉經，這麼一轉就免了無間地獄業，那還剩下什麼呢？還剩下輕業，這時或者要生到餓鬼道去，或者要生到畜生道去，那也沒關係啊！明天、後天再轉一次經，惡道根本就不收他了，於是他的一切業就全消了，爲什麼呢？因爲轉依了如來藏以後，沒有一切業可說，而且還入了菩薩數中，從此能以般若照天照地。可是如果轉依了如來藏以後，有一天起了貪心去騙取人家龐大的家產，那可不是沒罪喔！那叫作罪加三級，因爲明知故犯。所以證悟有好處也有壞處，好處是轉重令輕、轉輕不受，壞處是悟後如果硬要去幹奸犯科，那絕對是重重報，因爲明知故犯。這才知道這一部經厲害啊！這個實相般若講了，再來看宗門裡面又有怎麼樣的說法：

【大王又自發願：「願二師便指示一心，得達達磨法門。」**二師**（玄沙師備、雪峰義存）**喚云：**「大王！志心聽取佛法開示。悟入此門，此門無形無相，幻化空身是大王法身，知見了，亦總是大王本源自性天眞佛也！遍虛空界無一切色聲香味觸法處，得其自由；無長短方圓，隨一切物見，名大事因緣出現於世，亦名無心可名。可名一念歸空界，無形無狀，是無心也。大王既知了，心心如木如石去，久久忘緣去，莫起善惡思量，一切如常去；如人迷路，去如虛空，亦名無住心，亦名自性涅槃，亦名無言說，亦名無繫縛，亦名無形相，亦名一心法門，亦名大涅槃，亦名定念總持，亦名眞如性海，亦名無爲大道，亦名一眞法界，亦名無去無來菩提薩埵，亦名無性涅槃，亦名金剛

三昧實諦，亦名自性清淨心，亦名如來藏，亦名實相般若，亦名正因佛性，亦名中道一乘，亦名淨性涅槃，亦名一念眞如。】

這個出處是《玄沙師備禪師廣錄》卷三。這雪峰義存與玄沙禪師也眞像是長舌婦，講了一大堆，叫那個大王怎麼記得住呢？可是因爲他發了願，他想要護法的願太大了，對當代佛教貢獻眞的無以復加；如果沒有因緣讓他悟，至少也要表現殷勤一點，所以送給他一堆。如果是有因緣的，一句話也不給他，打上一棒就走了。所以禪門裡面看起來都是七顛八倒，看起來好像很不喜歡他，很討厭他所以打他；可是另一個人，這師父一天到晚跟他說話，一天到晚爲他開示，但是二十年後，他還是悟不了；反而是那個挨棒的三天就悟入了。禪門眞的顚倒，所以看表相是不準的。

這大王發了大願，就祈求雪峰義存、玄沙師備兩個人對他開示，希望可以得到達磨法門。玄沙師備是自己讀《楞嚴經》開悟的，然後由雪峰爲他印證；其實情同兄弟，但是名義上玄沙是雪峰的徒弟，表面上是父子關係。既然這大王發了大願護持正法，將來能不能開悟則是另一回事，至少現在得先爲他講一點讓他覺得窩心的法，說的必須全都是宗門下事，所以就跟他說：

「大王啊！既然你發了願，你就很仔細地聽取佛法的開示。如果悟了這個法門，也進了這個法門裡面，這個法門卻是無形無相的，」可是有好多人要的是有形有相的法，總是希望破參明心的時候，是找到一個有形有色的或者能在六塵中了了分明的心。我們已經把大前提說了，說實相境界離見聞覺知、離六塵分別，可是許多人每一次進了小參室，講出來的都是有見聞覺知的。怪的是，每一次進來陳述所悟時都是有見聞覺知的心，然而他們自己都不知道是有見聞覺知，我們都得指點說：「你這個不是有見聞覺知了嗎？」然後才警覺地說：「喔！是喔！還是有見聞覺知喔！」然後出去，再重新參究，這就是一般人。

這雪峰義存又講：「幻化空身就是大王你的法身。」有的人聽了也許說：「好極了！我這個幻化出來的色身就是法身了，我找到法身了。我這個法身喜歡什麼？我這個法身喜歡在六塵中混，我只要每天在六塵中打混就對了，就是修行了。」他就會跑到密宗去了，因爲密法全都在六塵境界裡面，全都不離欲界世間法。禪師講的卻不是這樣，而是說在這個幻化空身存在的當下，金剛心也是同時存在的；金剛心與這個幻化空身不離，但是要加二個字

「不即」，不能夠說：「**祂跟我在一起，所以我這個色身就是眞如法身。**」如果色身就是眞如法身，將來色身死了，法身也就壞了；將來老了，法身也會跟著老了。原來法身還會老？眞是這樣的話，法身也可以自稱老身了。所以千萬別誤會了，他講的是說這個幻化空身是法身所生，與法身同時同處、不即不離，屬於法身的一部分。「**如果知道了，也看見了眞如法身，法身就包括這個幻化出來的色身，全部都是大王你的本源自性天眞佛。**」因爲這是本來就在的，所以是本源；祂有功德業用性，所以是自性；祂最天眞了，你要跟祂說許多事情，祂都不像大人一樣懂得體會。

大家會說兒童最天眞了，爲什麼天眞？因爲什麼都不懂才叫天眞嘛！對不對？什麼都不懂，沒有心機，不會一天到晚懷著許多心思防著什麼人，不會一天到晚算計誰，所以才叫作天眞，天眞的代名詞往往就叫作無知。如果這個天眞的人，你給他很多智慧以後，他就不再天眞了。可是如來藏，你想要給祂智慧，祂還不要，因爲有了智慧就離不了生死了；該有智慧的心是意識，不是實相心如來藏。

中國有一個神話故事，說最早以前是渾沌啊！爲什麼渾沌呢？因爲沒有眼耳鼻舌等七竅，他當然不知道各種事情，始終是茫茫無知，所以叫作渾沌，他是長生不死的。有一天，他的兩個好友突然想要給他智慧，可以觀察、聽聞、飲食等等，所以幫他開鑿而有了眼耳鼻舌等七竅了，這時會思想了，什麼事情都會了，可是渾沌隨即死掉了。所以渾沌剛開始開鑿眼睛一竅以後就有些智慧了，每天被開鑿一竅，就越來越有智慧；等到七天後把最後一竅開鑿完成以後，能夠見聞覺知、飲食等等，也就不再渾沌了，所以渾沌便死掉了。有沒有聽過這個故事？怎麼都沒聽過？你們不都是中國人？怎麼可以沒聽過，還說你們是漢人呢！（大眾笑⋯⋯）

所以，只有眞正天眞，絕對天眞的，才是不會死的。只要有一絲一毫不天眞的，就表示他有一絲一毫的智慧了；當別人比他有智慧時，就說他好天眞喔！如果智慧很好時，就表示他不再天眞了。如果人長大了還被人家稱讚天眞，完了！表示這一個人很笨、很呆啦！所以說只要有智慧，那就一定跟六塵相應；與六塵相應的心才會有智慧，所以他能了別六塵。了別六塵之後，接著就會開始自覺，然後就有了人我，於是種種計較就出現了，這表示他已經落於三界法中。既然是三界中的法，當然會成長、會老也會死，表示他不是眞的天眞。絕對天眞的才是眞佛，所以祂從來不分別世間一切法可貪或者可厭，這就是「**本源自性天眞佛**」。這個「**本源自性天眞佛**」，這樣看來似乎是笨笨的、是絕對天眞的；也因爲祂是渾然天成、眞實不虛，所以才叫作天眞。

然而祂是什麼地方得自由呢？是「**遍虛空界無一切色聲香味觸法處，得其自由**」，祂不在六塵中得自由，六塵交給六識去打混就夠了；因爲六識很喜歡六塵，天眞佛就出生六塵給六識去玩，省得六識一天到晚來煩擾。就像養孩子，不也是這樣嗎？養一個孩子，他一天到晚要玩東西，你就弄一些東西給他玩，他就跟你沒事，就不吵你了。他若玩膩了，你再給他一些別的東西，他又繼續玩。這個「**本源自性天眞佛**」正是如此，生了六識以後，因爲六識很喜歡玩六塵，就不斷地供應六塵給六識覺知心，然後六識就忘了如來藏的存在。佛法就是該這麼說的，這才是眞的佛法。如來藏在什麼地方自由？不在六塵上得自由；如果要在六塵中自由，得要先把六識給毀了，否則六識會來跟如來藏索取六塵。然而如來藏對六塵都沒興趣，生了六塵是專給六識玩的，然後我如來藏於遍虛空界無色聲香味觸法之處，得其自由。你看禪師家悟了以後就是這麼講話，有沒有契合聖教量呢？眞的契合聖教量。所以禪師那一些公案，不是籠罩人，不是自由心證的。

接著說：「**無長短方圓，隨一切物見。**」不管你去到哪裡，只要你見物的當下祂就在；「**隨一切物見**」，才能夠叫作一個大事因緣出現於世間。這樣也叫作「**無心可名**」，這樣才叫作無心，因爲祂無心於六塵諸法。可是這個無心不是講沒有心，以前有位大法師開示說：「**無心就是開悟了，無心就是見性了。**」因爲經中說「法離見聞覺知」，他誤會了，就說斷滅空而無心時就是開悟了，有時又說放下煩惱而沒有思惟之心就是無心，莫衷一是。假使無覺知心時就是開悟，好極了！那斷見外道可都成佛了，事實上終究只是不懂解脫與佛法的凡夫外道。

無心，是無一切六塵中的心而不是無第八識心。比如說，媽媽在吩咐事情，兒子說：「**好啦！好啦！**」媽媽等一下再問一遍：「**我吩咐你哪些事情？你講一遍給我聽。**」兒子只顧作自己的事，根本沒有聽進心中去，當然講不出來了，媽媽就罵他：「**你根本就無心。**」爲什麼罵他無心？是因爲他的心不在這上面，不是他沒有心；他若眞的沒有心，還會回答說「**忘記了**」？正因爲他的心不在這裡，所以叫作無心。同樣的道理，世間人所知的心都在六塵上，如來藏卻不在六塵上，所以把祂叫作無心。所以，無心其實是無一切世間心而不是沒有心，是沒有一切的貪心、厭心、瞋心等等世俗心，沒有三界心，可卻不是沒有心。可惜的是，到了末法時代，大師們都給誤會了。

接著說「無心可名」，只有無心這兩個字可以來稱呼祂，那也可以叫作「一念歸空界，無形無狀，是無心也。」也就是說，祂不在六塵中，這叫作「一念歸空界」，一念之間證悟了，就全都歸於空性的功能差別。又說祂「無形無狀，是無心也」。雪峰禪師又說：「大王既然知道了，你就心心念念如同木塊、石頭一樣去，這樣經過很久很久以後，把一切的所緣都給忘掉了，也都不要生起善惡思量，一切就如同平常生活一樣生活去，就好像一個人迷了路一樣隨便亂走，你可以好像在虛空裡面亂走一番都不會有障礙，這也叫作無住心，於一切法都無所住。」請問諸位：禪師這樣子開示，大王容易不容易悟？這眞的很困難啦！這雪峰與玄沙兩個禪師眞的是判定大王證悟的因緣還沒有到，才會講上這麼一大堆開示。

但也因爲這個大王是個門外漢，如果打了一棒，大王搞不好把他們抓去關起來了。如果爲他講了一堆，雖然不容易悟，大王卻是很歡喜而願意鼎力護持正法。你需要這個貨，我就賣給你這個貨，就這麼簡單。但他們講了這麼一堆，大王未來還是會有悟緣；他只要肯這樣去作，什麼事情都不管，該吃飯時就吃飯，該走路時就走路，該練兵就去練兵。有一天他突然會想起來說：「爲什麼我能夠想這一些事情，爲什麼我能夠操兵練將呢？」一旦會了，還是有悟處，不是沒有悟處。那時候大王一定感激得不得了：「謝謝二位師父這麼慈悲開示，我今天終於悟了。」多久才悟呢？二十年後，還是很感激。可能到那個時節，十萬兩銀票送上來，管叫雪峰義存、玄沙師備用不完。

用不完怎麼辦？台灣俚語叫作「頭殼抱著燒」，因爲不能把護持正法的錢擺著，擺著而不用來利樂眾生就會有因果，得要設法怎麼樣把它用出去。所以你們都不知道，同修會裡的錢如果存得多，我的壓力就很大，可是我買講經時必須要用的道場時，又不願被人家當冤大頭敲竹槓，怕負因果，於是就會很辛苦，這就是我的壓力。同樣的道理，這大王也許二十年後悟了，他會感激涕零，因爲二位師父爲他開示這麼多，好不容易二十年後才悟入。其實聰明人寧可領棒，領了棒要悟終究快一點；讓二位大師費了這麼多口水，要悟是比較難的。

不過說句老實話，如果能像這樣子將來心心念念無心去，如果因此而開悟了，受用也是很大，因爲這樣二十年下來一定會有基本定力作基礎。那麼，雪峰與玄沙說這樣念念中都無世間心，便叫作無住心；可是好多人只看這文字表面，誤認爲只要把什麼都放下不管，放下了一切就是無心，無心就是開悟。結果宣稱開悟了以後，把公案請了出來還是讀不懂；再把了義經典請了出來，看到經中說「法離見聞覺知」時就更讀不懂了！又看到經中說眞實心：「一切諸法無作無變無覺無觀，無覺觀者名爲心性。」依舊是讀不懂。又讀到經典裡面大精進菩薩說：「猶如這一張佛的畫像非覺非知，一切諸法亦復如是非覺非知；猶如這一張佛的畫像非出息、非入息，一切諸法亦復如是無出息、非入息。」一樣是不通。是不是呢？眞的不通啊！

可是你如果悟了實相心如來藏，可全都通啊！因爲法身如來絕無六塵境界中的覺觀，也是從來都沒有呼吸。對啊！所以讀經不能只看文字表面，因爲禪師家，凡一句語，必然雙具偏正；每一句話中都是有偏有正，藉偏顯正。如果聽得出來，從偏語之中悟得正旨的人可就通經了，教中的聖教就開始眞正讀懂了。因此，雪峰與玄沙說的無住心，不是覺知心放下了一切叫作無住心，而是說，要在這樣的生活狀況下無心於一切法，心心念念掛著的都是想要究明眞實心；這其實就是禪宗祖師教導弟子們參禪時所說的疑情，後來突然有一天撞著第八識自心如來時，教下的文字般若也就會了，自然就能使觀照般若因爲經典而越讀越進步。到這個時節，也叫作自性涅槃無言說，因爲突然會得這個心，就知道這個心是有自性的；而這個心的種種自性在現行運作當下卻是不生不滅的，不生不滅就是涅槃，而這個心是從來都無言說的。

禪門裡有一句很有名的話叫作「言語道斷」，（有人接著說：心行處滅。）先不談心行處滅，先談言語道斷。很多人都說：「你不要起妄想，起妄想時就有了言語，證悟的境界中是言語道斷的，是一念不生的，所以證悟的境界中是沒有言語的。」問題是：「如何是祖師西來意？」禪師答：「狗屎。」「如何是祖師西來意？」「胡餅。」禪師們所答莫非言語，何曾離了言語？但是其中有個離言語底，所有言語都到不了這個法身如來的境界中，這樣才叫作眞正的「言語道斷」；是說語言之道來到法身如來的境界中，早就斷滅了。那麼回頭來說你們剛才說的心行處滅。請問：前面講的自心如來這些境界，是不是心行處滅？是不是「心行處滅」我剛才就講過了，你們剛才已經幫我下了個註腳。因爲自心如來的境界中沒有絲毫七識心在六塵中的任何心行，因爲祂的境界中沒有七識心所住的六塵處境界，是迴絕六塵而絕對寂滅的。

這個也叫作「無繫縛」，因爲沒有誰能綁得住祂。但是雖無繫縛，卻也沒有誰能夠趕走祂。譬如說，有一些人謗如來藏、謗大乘賢聖，下了地獄以後，假使有因緣，地藏王菩薩去地獄中度他，幫他開悟了（我說的是「假使」，因爲事實上不可能這樣，謗如來藏正法的人是一闡提人，在地獄中沒有機會可以悟入的），他想：「我只要把如來藏趕走了以後，就可以在地獄捨報而不必受苦了。」喔！這時候終於承認有如來藏；假使他在地獄中眞的悟了，因爲他怎麼樣都沒辦法讓地獄報提早結束，他一直設法說：「我要趕快死啊！」後來遇到最痛苦的境界，他就特地碰上去而不躲避了，希望死得快一點。沒想到才剛剛死了，業風一吹，又一個新的地獄身生出來受苦。這才發覺說：原來意識沒有辦法作主。他終於想起來：「我在人間時，讀過蕭平實的書，說這個如來藏如果離開了，我這個很痛苦的地獄身就死了。」那就趕快罵：「我這個如來藏怎麼不趕快離開！」他想要趕走第八識自心如來，然而問題是：自心如來不會聽到他說話，也不會因爲他想要死，自心如來就讓他死，因爲自心如來會依自己的功能差別自動執行因果律。這當然是假說，因為在地獄中是不可能有因緣由菩薩幫他開悟的。如果是個世間法中的惡人下墮地獄，生前曾經聽說如來藏離開以後，自己就會死亡，所以就罵自己的如來藏，想要趕走如來藏而使自己死亡，然而問題來了：如來藏在哪裡都不知道，要怎麼趕？就算知道了，他也趕不掉，因為如來藏聽不到。

如果眞的知道了，他就趕得掉。怎麼趕？不是用趕的，而是用懺悔的方法；在地獄中假使眞有因緣開悟明心了，可以使用無相懺；只要一懺悔，罪業消滅了，如來藏就捨他而去，於是他就捨報往生人間了，也就不必繼續受苦了，那不就趕走了嗎？只有這個辦法，要善待祂，不能罵祂；越罵祂，在地獄裡面就待得越久；因為罵如來藏就是謗菩薩藏，是一闡提業。所以說一般人要趕走祂是趕不掉的，有智慧的人用請的，就請走了；所以說祂不繫縛，誰要繫縛祂，都繫縛不了。

祂也叫作無形相，因為祂從來沒有形狀，也沒有顏色，也沒有長短方圓。即使是空氣，都還可以方便說有形相。什麼樣的形相呢？手腳用力一揮就覺得有風了，就感覺到空氣的存在了，這也算是一種形相；不然拿起厚紙來搧一搧，也有風。可是，法身如來連這個都沒有，所以「亦名無形相」。

這也叫作「一心法門」，爲什麼叫作一心？因爲十方三世一切法界，莫非是這個心，所有的心都要攝歸這個心；而一切有情的實相心如來藏全都是同樣的一種，沒有二種或三種，當然說是一心。所以如果要說人們都只有一個心，那只能叫作如來藏，或者叫作阿賴耶識。所以不管誰，只要他說人只有一個心，那個心不能指別的，不許指稱是意識或別的識，就只能叫作阿賴耶識，所以祖師菩薩們才會這樣開示：「一心說，唯通八識。」如果誰要講說有情眾生只有一個心，當他主張這個說法的時候，這個一心的說法只通八識心王；也就是將八識心王合起來成爲一個心，這個一心就叫作阿賴耶識，所以就說是「一心法門」。如果誰要證得「一心法門」，那就是只有禪宗；但禪宗開悟這個「一心法門」只是入門，悟後想要成佛，還得學很多的法。

這個「一心法門」又叫作「大涅槃」，爲什麼稱之爲大？當然有緣由。二乘涅槃稱爲有餘涅槃、無餘涅槃，這兩個涅槃爲什麼不稱爲大？也許有些人聽了不信邪：「涅槃就只是涅槃，涅槃還有大小啊？」我就告訴你：眞的有大小分別。爲什麼有大小？因爲菩薩證得的涅槃，叫作本來自性清淨涅槃；這個涅槃是不出不入的，是本來就涅槃，所以既不出涅槃也不入涅槃，永遠都如此。可是二乘聖者所證的涅槃，是以前沒有涅槃，現在斷盡見惑與思惑而證得有餘涅槃，死了以後入無餘涅槃；是修證以後才得有餘涅槃，又是死後才入無餘涅槃。請問：這種聲聞涅槃是不是本無今有？這種涅槃是不是有證得也有進入？那麼這種涅槃顯然不如菩薩的涅槃，因為菩薩的涅槃是不出也不入，又是本來就涅槃。請問：這樣涅槃是不是比二乘聖者的涅槃大？當然大啊！大在何處呢？因為菩薩由這個涅槃能夠現觀二乘聖者的兩種涅槃，可是二乘聖者那兩種涅槃的證境無法現觀菩薩這個涅槃，你說是哪個大呢？

譬如說，學生要來跟老師比大小，考上大學到了大一，註冊報到時見了老師就說：「教授！您比較大？還是我比較大？」教授說：「請問是誰來評你的分數？」學生這麼一聽就知道說：「教授！您大。」當然如此嘛！因為學生所知的，教授知道；教授所知的，學生不知；所以他才要來跟教授學習，那麼誰大誰小就知道了，根本不必別人為他說明。同樣的道理，二乘聖者不知菩薩的涅槃，菩薩能知二乘聖者的涅槃，那到底誰大誰小？這就很清楚了。所以禪宗祖師所證這個法身就稱爲「大涅槃」，因爲這個法身實相心是本來就不生不死，二乘聖人是無法證得的。二乘涅槃是滅了五蘊以後無生，是有始有終的一個法，因爲他入了涅槃就沒有涅槃可說了。也可以說二乘涅槃，他們所證的、所修的道，是無始有終的法，因爲無量世以來一直都有五蘊生死，沒有一個開始，無量劫前就已經在生死了，到這一世成爲阿羅漢時就結束了，因此是無始有終。可是菩薩的法是無始無終的，並且是本來就涅槃，祖師們當然要把祂叫作「大涅槃」。

這一個法身如來又叫作「定念總持」。定，是說制心一處，心不搖動。

請問：三界中一切賢聖通於外道的所有世間禪定，有沒有出入？永遠是有出入。有一些人愛現，證得了未到地定，然後去表現：「我可以入定三天三夜都不動。」像楚門事件一樣，弄個鏡頭拍著他，天下網友都在監視他，隨時都有人在看他有沒有出定，果然到了三天才出定。當記者正在採訪他的時候，也許我們會裡面某甲師兄、某乙師姊到了現場，就向他說：「你這個定還不夠瞧！」「我這樣入定三天才出定，還不夠瞧？你能夠多久？」這某乙師姊也許告訴他：「我不必入定，我永遠都不出定。」他說：「妳什麼時候入定？我們開始來跟妳攝影追蹤。」「可以啊！你現在就可以拍攝我了，我現在就在定中。」「妳這個叫什麼定？妳明明不在定中。」某乙師姊說：「有啊！我正在定中，我這個叫作大龍之定。」「我怎麼沒看見妳入定？」「自是爾不見，不能怪我。」是你沒看見我在定中，我明明現在正在定中，講話的時候也還是在定中，厲害吧？厲害！但是誰能知曉？這叫作大龍之定，那麼誰最大？如來藏最大；因爲實相心如來藏從來都不曾生起過任何一個妄想、妄念。包括諸佛都要依止於第八識如來藏無垢識，那你說，誰最大？所以說這個叫作眞正的定，而且世間所有一切定，以及世出世間的智慧三昧，也都全部要依祂而有，所以祂就是定的總持。

祂不但是定的總持，並且還是一切念的總持，所以合稱爲「定念總持」。不管什麼樣的有情熏習了什麼樣的法，一切法熏習的結果都由祂收持了種子，當你需要的時候，祂就提出來給你，所以祂才是念的總持。也許有些人不信，我們且不討論學鋼琴等世間法，就講持咒好了。你們都會持誦〈大悲咒〉，請問：是你意識受持〈大悲咒〉嗎？有沒有想到這一點？當你們在誦〈大悲咒〉的時候，你有沒有這一句誦完，接著下一句要先想起來才誦？並沒有啊！就從嘴巴裡希哩呼嚕一直誦出來，不是由意識來記持的。如果都要由意識來記，那第一句誦出來應該再想一剎那、二剎那，然後第二句再唸出來；然而事實上不是，眞是飛快地誦出去了；若意識要刻意去想下一句是什麼時，反而會忘記下一句，反而會誦亂了；你不去想它，反而就很平順地直接誦出來。那是誰在總持？原來是實相心如來藏，所以定總持、念總持都是如來藏，當然祖師可以稱祂爲定總持、念總持。

又叫作「**眞如性海**」。眞如法性猶如四大海一般無量無邊能生諸法，於諸法中卻又眞實而如如，這個才叫作「**眞如性海**」。三界六道一切諸法，莫非「**眞如性海**」所函蓋，所以這個實相法身當然可以叫作「**眞如性海**」。又叫作「**無爲大道**」，因爲不論是大乘法乃至二乘法，都要依這個眞如法身作根本才得以成立。如果沒有這個眞如法身，二乘涅槃就成爲斷滅空。如果二乘涅槃的本質是斷滅空，那麼阿羅漢無可避免地，一定「**因內有恐怖、因外有恐怖**」，就無法斷盡思惑了，其實一定連見惑都無法斷除的。於外怕蘊處界斷滅而成爲斷滅空，於內認爲這個眞如法身只是個虛構的名詞而我不能實證其有，必然於內也會有恐懼，那麼二乘涅槃就不可能實證、不可能成就了。

二乘無為道如此，大乘之無為道亦復如是；因為大乘佛菩提道不像二乘法，只要因緣具足了，二乘法是一世可以成就的，大乘道卻得要三大阿僧祇劫才能成就。如果不是有這個眞如法身，成為定總持、念總持，那麼三大阿僧祇劫之所修，必然唐捐其功；所以依於這個眞如法身如來藏，才能成就三大阿僧祇劫的成佛之道，當然這個眞如法身正是無為大道。

又名為「**一眞法界**」。如何是「**一眞法界**」？當你證得如來藏以後，如果有心情去讀印順法師對一眞法界的解釋，看他怎麼解釋這一類的法義時，你眞的會笑掉大牙，因為那根本就是意識思惟想像的胡說。「**一眞法界**」是憑什麼而講一眞？總不能夠說一切法都是緣生緣滅，所以都歸無常空，叫作一眞。無常空還能叫作眞啊？那只能叫作斷滅空，空是虛無，不能說是眞實。

「**一眞法界**」是說當你找到了萬法的根源——《阿含經》中說的「**諸法本母**」，你可以現前觀察萬法都從這個根本心中出生的，然後把生滅的萬法收歸於這個眞實法之中，那生滅的萬法就跟著變成眞實了；就好像鏡中的影像生滅不住，但如果把影像攝歸鏡體時，影像就跟鏡子同樣眞實不生滅了；這就是「**一眞法界**」，因為萬法都歸眞心如來藏所有。

萬法就如同影像，在明珠的表面來來去去，雖然這些影像是生滅的，可是這些萬法都屬於明珠所有；明珠既不生滅，珠體表面的影像就會一直存在不滅；這時是以明珠不生滅的事實作爲基準，來說這些影像是不生滅的，這樣就可以成立了。如果不談明珠自體而只談影像，那影像當然是生滅法、虛妄法；可是明珠自體是不生滅的，而所有的影像歸屬於這個明珠，這些影像就跟著明珠永遠存在了。所以只要明珠在，就永遠有影像；即使你把燈光都關了，它還是有黑暗的影像，這明珠就叫作「**一眞法界**」。如來藏明珠生一切萬法，一切萬法生滅不住，但攝歸於不生滅的如來藏明珠時，一切萬法就跟著成爲「**一眞法界**」。要這樣才能說「**無量即一、一即無量**」。

「**亦名無去無來菩提薩埵**」，請問：你們今天有沒有來講堂？今天可以說有來。可是我若在增上班課程中問，假使有人說是有來，我就把他亂棍打出講堂去，因爲轉依了如來藏時就應該說是無去無來。無去無來的菩薩就是如來藏，因爲如來藏無形無色，當然祂從來都沒有來去；不管你色身怎麼跑，祂終究是沒有來去。你說：「**我現在來到正覺講堂，你如來藏不是跟著來了**嗎？」祂如果會回答你，祂一定以驚訝的口氣說：「嗄？嗄？」祂不認識正覺講堂，祂更不認識蕭平實，也不認得路，又是無形無色，怎麼會有來去！然後聽經完了回到家時你說：「咱們到家了，如來藏先生！」祂如果會回答，還是會疑問地說：「嗄？」因爲祂也不知道你說的什麼叫作到家了。對祂來講，祂根本沒有來去，是你才有來去。可是你如果捨了祂，祂也沒有來去。你捨了祂，是你去了、滅了，祂一樣是沒有去。所以，當你證得祂的時候，你就是無去無來的菩薩。

「亦名無性涅槃」，爲什麼呢？因爲祂眞的無性。常常有人罵：「這個某甲眞的沒有人性。」那如來藏是沒有什麼性可以說呢？假使某甲沒有人性，下一輩子得要去畜生道，是因爲他沒有了人性而有畜生性，在中陰境界中，雖然不想往生畜生道，可是當他被業風所吹之下就會誤入畜生胎中，如來藏就會在幾個月之中，弄了個畜生身給下一世的牠；可是畜生性是誰？依舊是從五陰來說的。上一世的某甲改成這一世某乙的名字了，譬如人改成畜生了，但牠的如來藏還是無性——祂沒有人性或畜生性。也許牠還記得上一輩子謗了賢聖，所以下了畜生道去了，於是牠記恨在心中；有一天終於互相又遇見了，就狠狠咬那位賢聖一口。好啦！這一下子，因爲牠是惡心而且是故意在那邊等待，起心動念專要幹這件事，並且咬上了，這叫作根本、方便、成已三個罪具足了，這一來牠便有地獄罪而成就地獄性了，捨報後牠的如來藏會幫牠造了一個地獄身，那時的地獄性還是他的地獄五陰所有，如來藏還是無眾生性。也許他在地獄中具足地獄性，可是他的如來藏還是無地獄性。實相心如來藏雖然無一切性，可是卻常住涅槃之中，所以這個如來藏就叫作「**無性涅槃**」。

「**亦名金剛三昧實諦**」，為什麼呢？當你證得這個法身如來，心得決定毫無懷疑，那麼你就得到了實相般若，這個實相般若的智慧能夠不退轉時就稱為三摩地——實相三摩地。而這個實相三摩地是眞實的正理，是不可被推翻的，所以又叫作「**金剛三昧實諦**」。因為你沒有辦法推翻這個智慧，而這個心也是你無法破壞的，所以證得此心而如此觀察時，生起了金剛智慧，也能決定信受不疑，這時你所知的這個眞實道理，就叫作「**金剛三昧實諦**」。

「**亦名自性清淨心**」，因為祂從無始劫以來就是清淨的，從來不分別人我；祂不貪不瞋不癡，永無三毒；而且是無始劫以前就無三毒了，這不是自性清淨嗎？當然祂是「**自性清淨心**」。

「亦名如來藏（ㄗㄤˋ）」，有人剛學佛就把它唸作如來藏（ㄘㄤˊ）。那也通，爲什麼呢？因爲如來藏中藏如來，以收藏自心如來法性而言也通，因爲祂眞的收藏著自心如來一切法性。你別看說地上有一隻蟑螂，趕快拿起拖鞋正要打牠，突然間想起這一句話，就說：「喔！不能打。」因爲想起菩薩們說牠也藏著如來。所以我們住在山上看見了蛇，不該是把牠打死；想要打死蛇很容易，棍子拿來一掃，就很容易打死牠。但不該打死牠，應該辛苦一些，很小心地把牠夾了丟到河裡去，牠會游水，牠就走開了。爲什麼不能殺掉牠？其實很多人都想殺掉牠，因爲牠吃掉了好多保育類青蛙——欸！牠違法。可是蛇有沒有瞭解說這樣是違法？沒有！因爲牠不知道違法，牠生而爲蛇也是果報，也是生態環境中的一部分，所以你只能從庭院中把牠夾了，把牠放生。爲什麼不能打死牠？因爲牠也有如來藏，牠的如來藏裡面也藏著自己的如來法身，牠將來也會成佛。搞不好三大阿僧祇劫以後牠成佛了，殺牠的人才剛學佛不久，祂想：「以前你殺過我。」所以，每一個人的金剛心裡面都含藏著成爲如來的可能性，將來成爲如來的一切功德都在實相心如來藏裡面；正因爲祂含藏著未來的如來，所以「亦名如來藏」。

「**亦名實相般若**」，因爲實相是依祂而說的；一切法的功能差別都從祂而來，這就是四生二十五有等三界法界中的眞相。證得這個眞相了就會生起智慧，那智慧不是世間的智慧，就叫作「**實相般若**」；而實相般若以實相心如來藏爲體，離了如來藏就沒有「**實相般若**」可證，所以「**亦名實相般若**」。

「**亦名正因佛性**」，因爲成佛之性以如來藏爲正因；不論是從心體本身來說，或者從心體所含藏的成佛種子來說，或者從如來藏的本覺示現在十八界之中如何運作，也就是從十住菩薩眼見的佛性來說，祂都叫作「**正因佛性**」。若是離了如來藏心，離了祂的性用，離了祂的妙眞如性，就沒有成佛之性可言了。

「**亦名中道一乘**」，因爲祂永遠不離二邊，卻永遠不落於二邊之中；函蓋了二邊卻不落於二邊，所以祂叫作中道，而中道就是唯一佛乘中才有的法。

「**亦名淨性涅槃**」，也就是說，這一種涅槃是本來就清淨性，是從來沒有染汙的涅槃，不是像二乘聖人的兩種涅槃是經過修行以後才生起的，是未修之前本就是清淨的涅槃；而實相心如來藏正是這樣的體性，所以淨性涅槃是依如來藏心體而施設的，所以又有一個名字，菩薩把祂叫作「**本來自性清**

淨涅槃」。

「亦名一念眞如」，因爲如來藏的一念不止萬年，祂的一念是無量無邊不可思議阿僧祇恆河沙數劫；但這只是方便說爲「一念」，因爲祂永遠都是一念不生，祂從來沒有別的念；無始劫以前就是這個念，現在還是這個念，未來你成佛祂還是這個念，就是記持一切種子；祂永遠是同一念，這樣才叫作一念萬年，其實豈止一念萬年？所以祂「亦名一念眞如」。今天講到這裡。

《實相般若波羅蜜經》上週宗說的部分是引用雪峰義存及玄沙師備的開示。上週最後一句是講「一念眞如」，可是這句「一念眞如」，有時候眞是害死人，大師們往往會開示說：「我們學禪打坐是要坐到一念萬年，永遠不起念，才能成爲一念眞如。」他就解釋說：「得要坐到一念不生可以保持非常非常久，那才能叫作開悟，所以說上座以後要一念萬年。」如果一上座一直到下座都沒有妄想，就說他證得一念萬年境界了，可以自稱開悟了，然後大家就在意識心的離妄念上面作文章。這種現象是在正覺同修會逐漸廣大弘揚起來之前，也就是六、七年之前的台灣佛教界、大陸佛教界都是如此（編案：這是二〇〇九年三月時說）。在十餘年前，有許多寺院裡面—不管寺名是不是叫作禪寺─反正佛教寺院裡大部分都是這樣，只要有在辦修行活動的，你看那大殿上、寮房裡都貼著毛筆字：「不怕念起，只怕覺遲。」說不要怕語言妄念生起，最怕的是妄念生起了以後，你覺察得太晚了；是說要儘快看見妄念生起，隨即把它斬斷。原來大家學禪時都是在求一念不生。

也有日本人來台灣湊熱鬧，他們來傳什麼法呢？傳鈴木大拙學自曹洞道元禪師的只管打坐，以平常心對待一切境界。那就是說，什麼都放下不管了，只管當前現在正在打坐的離念。那坐到什麼時候叫作開悟見性呢？就是坐到完全的一念不生，身心輕安，因此生起了歡喜心，那時候心花朵朵開，說這樣叫作明心見性了。可是不管他們心花怎麼開，總及不上人家證初禪、二禪、三禪、四禪吧！因爲他畢竟只是輕安而已，然後才剛下座不久，輕安就不見了，那時又不見花了，因爲沒有住在心花朵朵開的境界了，就說見性的境界退失了，眞是誤會一場。我說，想求那個心花開的境界，倒不如把眼睛捏一捏、擠一擠，立刻看見滿天是花，還要比他好，至少還有眼花。所以大家都在求離念，把一念不生當作開悟的境界。但我們說眞話，縱使他們下座以後一樣一念不生，就算可以活一萬年，整整一萬年中都不起一念，也還不算開悟；因爲一念萬年也是念，萬年不起一念時還是淨念。就算一個淨念給他保持萬年好了，終究不夠看；因爲如來藏是從來不起念，而且是無始劫以來就不曾起念。他們還得先生起一個念，然後把那個念維持了萬年，是有生之念。那到底孰勝孰劣？高下立判。

所以禪師家有時候說話就怕聽者錯會，只要一錯會，問題就來了，隨後開始修行的門路就跟著偏差了。所以「一念眞如」到底是什麼念？「一念眞如」其實念念不斷，但這個念不在六塵中，也永遠都沒有語言文字或六塵覺觀。所以「一念眞如」亦名念念眞如，但是在六塵中從來不曾起念，因此亦名無念眞如，這也可以講得通。所以，哪一天有人來問你：「你們在正覺開悟了，請問如何是一念眞如？」你就告訴他：「念念眞如。」他說：「什麼？明明一念，你怎麼講念念？」你就告訴他：「一念就是念念。」如果不懂，再來問：「如何是念念眞如？」你就告訴他：「無念眞如。」又變成無念了，這眞是要叫他永遠摸不著邊，正因爲摸不著邊才覺得你高啊！這下就說：「我還眞服了你。」只有這樣，你才有機會度得他，否則你想要度他，難啊！

所以，並不是證了金剛心如來藏就天下底定，證了以後你要怎麼樣活用，要有無量無邊的方便善巧用來利樂跟你有緣的人；你只要讓他服了，改天打個電話去：「張三！正覺講堂快開課了，來報名啊！」他就來了。他來了，不一定當你的徒弟，因爲你還沒有當親教師，可是未來世他就是你佛座下的徒弟了，因爲是經由你的法緣而入道。那麼可能將來你成佛的時候，他在你座下當等覺，或是當十地、八地不等的菩薩，你的佛土也就跟著莊嚴了。所以不要被「一念眞如」這一念兩個字給繫縛了，否則眞的要像那些野狐大師們一樣念念相續不斷了。這個理說講完了，接著這一段經文總是要作個總結，回到《實相經》中這段經文說：

【爾時世尊復以一切如來住平等相，爲諸菩薩說一切法最勝平等性實相般若波羅蜜法門，所謂：「一切法平等性故，般若波羅蜜平等性。一切法第一義性故，般若波羅蜜第一義性。一切法法性故，般若波羅蜜法性。一切法業用性故，般若波羅蜜業用性。」】

如果有個利根的禪和子，我這樣嘮嘮叨叨唸了一大堆給他，他早就悟去了，還要等禪三參究啊？這樣一段唸完，他若開悟了，這個人無妨成爲人天師。可是，禪師們有時候又拿來罵人，而且罵人不帶髒話：「如果我禪師家這麼唸完了，當人還不會，自救不得，豈解爲得他人？」你看！就這樣罵人。禪師罵人還罵得爽快，別人被罵也沒有回嘴的地方；可是哪一天他遇見了咱家，他還罵，我就說：「禪師家！你這麼囉嗦幹什麼？一個字就解決了，你還唸了這麼一大堆。」當然他會講：「料你不是那個料。」我就說：「你禪師家當年哭哭啼啼弄了幾天幾夜才悟入的，你還要求人家這麼一段話就悟，天下沒這個理！」然後就丟給他一句話：「勿輕未學。」轉頭就走。

可是他禪師家那樣子作，也不是沒道理；因爲畢竟是從 世尊一脈相傳下來的，這教外別傳就是這樣傳的，你不叫他這樣傳，難道你要他去當經師（法師）、當論師啊？他可不想當，他只想當禪師；所以咱們何樂不爲呢，偏要那麼辛苦當經師幹什麼？那我就問：一切法的平等性、一切法的第一義性、一切法的法性、一切法的業用性，這些都是般若波羅蜜的業用性、平等性，然而這個平等性應當如何證？很簡單，請 世尊老人家來爲大家開示：

頡唎——！

經文：【爾時世尊復以一切如來爲眾生依怙相，爲諸菩薩說一切眾生依

怙實相般若波羅蜜法門，所謂：「一切眾生是如來藏，普賢菩薩體性遍故。一切眾生是金剛藏，金剛藏水所灌灑故。一切眾生是正法藏，是正言詞所說性故。一切眾生是妙業藏，善巧妙業所運爲故。」爾時如來復說咒曰：

底唎——（長呼）！】

講記：剛才 世尊直接說了，不曉得有沒有人會了？禪師家搞怪，其實是其來有自，這都是承襲 世尊一脈相傳下來的。老實說，阿羅漢們個個都是直心，但大多不是很聰明。以前阿羅漢們都是這樣，難得幾個聰明的，看得出來就那幾個，富樓那、舍利弗、須菩提，還有個摩訶迦旃延也還不錯，但都直心。所以大部分的阿羅漢們就是個直心，可是當 佛陀度了他們成阿羅漢，籌量籌量說：我示現涅槃以後再轉個五蘊，得要到別的星球世界去示現度眾，這些大菩薩們我都帶走了，那麼現在這個地方，佛法誰來住持呢？當然得要這一些迴心大乘而證悟的阿羅漢們來住持，畢竟他們都已經成爲聖位菩薩了。

在政治學上不是講說「以夷制夷」，對不對？征服了夷人就讓夷人自己來治理夷人；清朝也會這一招「以漢制漢」，結果治理到後來，清朝也變漢朝了。這就是中國人厲害的地方，誰來統治華夏以後，最後他就變成中國人了。本來是胡人，入了關就變漢人。現在還有滿人嗎？正統的滿人已經寥寥無幾了。現在美國也學這一招，對不對？一樣嘛！可是我告訴你，這一些都跟 佛學的，佛就是以夷制夷，來到這個地球度了這一批人，就讓這一批人用佛法來傳，然後 佛陀一批人又到別的星球去了，就這樣一直去示現八相成道。每一個地方度了人成阿羅漢，叫他迴小向大，幫他悟了，然後就由他們去住持了。開疆闢土救護眾生都得要這樣，不能說來到這個星球，然後說：「**文殊！你留下來。**」好了，那到了別的星球：「**觀世音！你留下來。**」留到最後，身邊都沒人可用了，還能再去別的星球演出八相成道的無生戲嗎？

你們沒有想到 佛陀該怎麼作，因爲你們距離 佛陀那個境界還太遠，根本不可能會想到這些事情。可是，你如果到了一個層次以後，當你知道了十地的次第以後，你漸漸會注意到諸佛都會怎麼作，你要學著點；因爲你隨後的二大阿僧祇劫佛道——第一大阿僧祇劫以後，換你要來演這一場戲，這場戲是演個沒完沒了的。而這個以夷制夷的策略，也是所有以前度化的夷人所樂見的，因爲你把法傳給他們以後，剛開始你會輔佐他們學習著怎樣來弘法，未來他們有能力時，還是會全部交給他們自己去弘法的，這也是他們所樂見的，而這時他們其實也已經不是夷人而是菩薩了。

那麼，度那些人成爲大阿羅漢以後，當然要幫他們悟入實相而生起般若，才能成爲實義菩薩。可是幫他們證悟般若之前要先作什麼？要先灌輸正確知見，所以就得講經——講《般若經》，然後一面講著，要同時看看哪些大阿羅漢慧力比較好，先幫他們悟了再說。所以最先悟的就是須菩提、舍利弗、富樓那、迦旃延，就是他們幾個人，其他的人是跟在後面慢慢再上來的。可是在講經的過程，把正確的知見灌輸給這些大阿羅漢們，總得要有一些機鋒助他們直接證悟實相心如來藏，光靠講經要他們證如來藏是很困難的。所以大阿羅漢們跟在身邊，佛陀有時候就弄一點機鋒讓他們直接去會；只要一會了，接著講經就眞的聽懂了。所以，這個教外別傳是不可廢棄的。教外別傳跟教下的經典，在佛法中就像鳥的兩個翅膀，缺一不可。缺了一個就只能在地上晃啊晃啊，再怎麼晃，就是上不了天，所以教外別傳是不許廢除掉的。因此，佛陀當然會有一些教外別傳的機鋒，被記錄下來的有幾十則；但我相信，佛陀的機鋒絕對不只那一些，有許多是沒有被記錄下來的。

所以我們本於這樣的宗旨，建設大溪祖師堂，是專門為辦理精進禪三用的，同時紀念 克勤祖師。祖師堂的建築，在那一塊地的格局裡已經佔了主位。由於宗門下事，現在佛教界已經不存在了，只剩下咱們正覺有；咱們正覺講經說法並不缺，就是需要一個地方來辦精進禪三，用的就是教外別傳的法；雖然我們有時候也用玄奘菩薩那種方式，但是因人而異，不是對所有人都可以這樣幫忙。在我們正覺，雖然依教外別傳的法證悟了，也只是入門；但這個禪悟的法，仍然要在正覺同修會裡面佔著主位，因為這是親證實相般若的根本——佛菩提道中的眞見道；若不從這裡悟入，經教再怎麼弘揚都沒用。

你講經講得很好，是依實證的現量而講的；你也在書中把經典註解得再好，詳細寫了出來說明，人們往往會說：「**那蕭平實不過是經論讀多了，所以很會寫書，他眞能悟個什麼？**」眾生是不信的，那你怎麼辦？你就要對眾生信心不足的部分，針對眾生有疑的部分來對治，那就得要寫《公案拈提》，讓大家看看說：「**原來宗門下事，人家也懂。**」就這樣先把學禪的人堵了嘴巴，讓他們讀久了以後，終於有一點點信心了，願意來學，就不會再像以前這樣子說：「唉呀！他只懂得經論，他讀得太多了，所以才會講那麼好，他根本沒開悟啦！」這種話就不會繼續講了。他們每天讀我書中的二、三則公案拈提，每次讀完了，信心就增加一分。讀過一百天，不就有一百分的信心了嗎？剛開始說：「想不到他的文筆還不錯。」不看內容，只看文筆欸！最後想一想說：「其實也不只是文筆不錯，他還眞的有內涵。」終於有了信心了。

那我們爲什麼要寫《公案拈提》？因爲這是實相般若的入手處。所以宗門下事是用來支撐教下的一個方法，要從宗門裡悟入以後，教下諸經才會讀得懂。可是單有宗門下事也不行，到時候人家說：「你說那些禪，全都是自己講的。你自以爲是開悟，有誰跟你印證了？」對呀！眞的沒有人幫我印證。以前我以爲可以幫我印證的人，結果是沒有能力爲任何人印證的凡夫，那該怎麼辦？那就直接請經典來印證嘛！所以就用經典來比對。當大家說：「如來藏是外道神我。」好！我就要比對看看：如來藏是不是外道神我？把這個道理講了清楚、剖析了出來以後，跟教下有沒有完全符合？終於大家想一想：「我們用教典中講的道理作憑據，也找不到蕭平實的毛病；從實證上又不懂他到底悟個什麼，我們也不知道什麼叫作如來藏，那要怎麼樣對話？我們根本沒辦法與他對話，想要評論他也評論不了；而我們肚子裡有多少東西，全都給他看光了；可是他肚子裡有什麼，我們都不曉得。」心裡是很氣，就故意反說：「這蕭平實沒有辦法跟佛教界對話。」我還眞接受他們這個說法啦！

我也說自己眞的沒辦法跟佛教界對話，譬如說，一個教微積分的大學教授，你叫他來跟剛剛學會四則運算的小學生對話，要怎麼對話呢？小學生說一加一等於二，大學教授拿了微積分來講給這個小學生聽，該怎麼講？眞的像以前的那個電視節目的名稱：雞同鴨講，眞的沒有交集啦！所以我還眞接受了，我就說：我眞的沒辦法跟佛教界對話，所以我當孤家寡人也當很久了。可能人家都說：「高處不勝寒，我就不理你，讓你一個人在那上面待著寒去。」他們後來就是這樣都不理我，不管我講什麼都不理我，沒有人願意寫一篇文章來回應，十幾年來都很冷場啊！好在後來你們一個一個來了，這場面就開始熱呼起來，不再冷場，而他們也就只能聽我或讀我講什麼法了。

但我們正覺爲什麼能夠這樣？因爲我們經由教下來證明我們在宗門中

的所悟是對的，然後由這個宗門來通達教下，可以為大家證明宗門是應該悟個什麼，所以宗門與教下兩個結合起來就可以飛翔無阻了。當諸方大師們在地面踏步數著：「一、二，一、二……」，都在地面上走著的時候，我們就在天上飛翔，看著他們走路。他們在地面上帶著隊伍浩浩蕩蕩幾十萬人，氣勢很龐大；而我們縱使只有一隻鳥在上面飛，其實也夠了，他們也只能看著。當正覺在天空飛久了，大家看看說：「正覺同修會可以在天上飛，很不錯欸！」終於有人願意來了，就是今天的你們也跟著我在天上飛，正法的力量就能因為你們的加入而增長廣大；正法就是因為這樣而增長廣大，是由於你們來參加。

可是你們也因為加入而成為正法中的一分子，道業就從這一世開始突飛猛進，這也是相輔相成。如果我一個人突飛猛進一直往前走，身邊連一個徒弟也沒有，將來我成佛的時候就叫作孤家佛、寡人佛，那還像佛嗎？所以菩薩寧可成佛的速度晚一點沒關係，得要多度一些人。度多了，佛土自然就莊嚴了。所以如果悟了以後，老是想：「我只要當禪師，我一輩子度一個人就好了！我度一個人勝過度一萬、十萬個阿羅漢。」那他想要成佛就得聽雞啼，絕對快不起來，那到底誰聰明？

以前我是想：度眾很辛苦，如果自己一個人好好修行，眞的輕鬆寫意。所以剛開始的想法是：我把法傳了，哪個大法師、大居士願意接法了，就讓他們去弘揚，就沒我的事了。沒想到大法師、大居士們都不可靠，如今只能靠自己。正覺同修會後來成立了，我也是一直在計畫，決定要在二〇〇一年退休。想不到佛法的弘揚是沒有退休這件事情的，我就一直退不下來。因爲佛法中沒有退休年限，也沒有退休金可領。到最後這兩隻腳都抽不了，陷在利樂眾生、救護眾生的泥淖裡面抽不了腿；這右腳抽起來，左腳就陷下去；左腳抽起來，右腳又陷下去，根本抽不了腿，現在就只好認命了。你們今天聽了這個道理就要記得，佛法不是幫人家悟了以後，自己躲到深山裡面茅棚之中盤著腿，一天到晚像枯木禪一樣就杵在那邊動也不動。那是無法增長智慧的，原因是福德永遠不夠。福德不夠時，實相般若的智慧就增長不了或增長得很慢。而福德的最大來處就是：救護眾生、利樂眾生。

可是把佛世弘法度眾的內情、狀況瞭解了以後，從歷史記錄中找來找去，都只會看見是　佛陀一個人在耍機鋒。彌勒菩薩很低調，他連一個機鋒也沒有。他已經是妙覺菩薩了，又是當來下生成佛的人，也就是一生補處菩薩，但他爲什麼很低調？爲什麼他只管幫著 佛陀度眾生就好？他自己也不太說法，也從來沒使過一個幫人開悟的機鋒，原因是什麼？其實很簡單：「我只要把釋迦牟尼佛捧得高高的，我專門承擔出家人的管理等雜事，由佛陀專心度一大堆人就行了，將來這些人不都是我成佛時的徒弟嗎？」對嘛！就是要這樣子作，這就是聰明人。所以，將來在佛座下當妙覺菩薩時，就是要這樣當，躲在背後該幹什麼就幹，一直不停地作事。

正因爲 彌勒菩薩作了一切打雜事情，幫 釋迦牟尼佛就是幫自己：「只要佛陀度得越多人，我將來成佛時的徒眾就越多。」所以你看，佛陀授記的時候說，龍華樹下的聲聞三會（這還沒有講到菩薩會），光是聲聞三會所度的人，是九十六億、九十四億、九十二億人；這些人在 彌勒尊佛座下成爲阿羅漢，都是以前 釋迦牟尼佛的弟子。那不是撿現成的嗎？有什麼不好？所以要懂得這些道理。這些道理懂了，無事不可爲，就在 佛陀身邊打雜，佛陀吩咐說：「彌勒！某件事情你去處理一下。」也就去了，這樣就行了。看來好像是很卑賤的事，因爲全都在打雜，所有雜事都是 彌勒菩薩一手承擔，包括大阿羅漢座下的阿羅漢們，以及三果人、初果人，那些僧團裡面什麼事情都是他在處理。文殊與 觀世音菩薩是不管這個事的，文殊、觀世音菩薩只管配合 釋迦牟尼佛專門來演弘法的戲。這樣看來，當年 彌勒菩薩常住的執事是什麼？應該叫作督監，寺院裡、僧團裡大大小小的事情都是他在處理。佛陀當法主時不管這些事，除非犯戒一類的事，否則 佛陀不管僧團中生活上的事，由 彌勒菩薩一肩承擔。這樣子師徒互相成就，前佛後佛法法不斷，就一直傳下去了。

回到宗門與教下來說也是如此，也是要宗門與教下相輔相成，否則的話，傳不了多久，一定會中斷。因爲如果光有宗門，後代佛弟子說：「**你說你是乘願再來，我怎麼知道？那我應該也是乘願再來。因爲你是自己說的，也沒有人爲你證明，當然我也可以自己隨便講啊！**」那麼誰都不服誰，憑什麼來證明這個乘願再來的祖師，所悟是貨眞價實的證悟內容？當然得要有教下的經典來作證。所以我還眞感謝有人願意印經典，正因爲還有白馬精舍願意不賺錢，眞正以成本價來流通《大藏經》，所以我當年有《大藏經》可以用，可以證明我所悟的內容對或不對。然後，我們再用《大藏經》所說的道理來教育入門的人，迅速提升知見。因此，宗門教下是不可偏廢的，可是宗門裡有記錄的 佛陀的教外別傳機鋒不多，就只有那麼幾十則；事實上 佛陀在世時的機鋒很多，否則哪來那麼多迴心的大阿羅漢們可以成爲實證的菩薩？

回到這段經文來，世尊用了這個機鋒，當然大眾是不容易悟入的；因爲像這樣的機鋒，聽者想要悟入眞的很難，所以祖師們跟著這樣子學，手頭也是越來越儉的。儉，懂不懂？節儉的儉。手頭越節儉的禪師，他就越發用這一類的機鋒。所以，老趙州、雲門、清涼文益，他們都是用這樣的方式接人。甚至於像千年前 克勤大師，他連這種機鋒都不給，他一生很少給人機鋒。所以禪門機鋒眞是千變萬化，但是機鋒不可無，教下也不可無，這兩個要是能充分配合，佛法復興有望。我們正覺就是秉持著這樣的理念，一開始就這樣作。所以，以前有一位組長一直勸我：「**老師啊！我們要來成立個什麼宗，不然我們能有什麼名目可以弘揚正法？名稱都不響亮。**」我就說不要，因爲佛教了義正法就是敗在分宗立派上，一個宗又一個派不斷地建立，把整體佛法給切割開來，於是就支離破碎了。把佛法切割了以後，就好像以前流行一個笑話，說有一位眼科醫師告訴病人：「我只會看右眼，您的左眼我不會看，請您另覓良醫。」就變成這樣子了。佛法如果也走上這一條路，可眞是窮途末路了，那叫作自斷其途。

我們想要復興的佛法是全面性的，不要侷限性的佛法；所以當年在大溪買了那一塊地，說要蓋正覺寺，有人就主張說：「我們要叫作正覺禪寺。」我說：「你的格局爲何要那麼小呢？」一般禪宗只是個明心就沒事了，而我們正覺不是只有明心，我們的禪還有眼見佛性，後面還有牢關；而且我們正覺還不只是這樣，我們的三關之後也還有很多、很多、很多的法，有全面性的佛法要弘揚，爲什麼要立個名稱叫作禪寺？如果立了個禪寺，將來悟了就不必弘法了嗎？就不必宣揚增上慧學的唯識種智了嗎？因爲你是禪寺，只管禪悟就好了。所以從今以後走過某個地方，看見某某禪寺的名稱時，你就說：「原來他們心量這麼小。」眞的心量太小啊！他們認爲說：「開悟明心以後就沒事了，什麼都不管了，這一生只要能開悟就夠了。」可是心量這麼小的人，我們同修會不要，因爲我們要作的是振興佛教千年基業乃至三千年；我們要作的事情是這樣宏偉，當然要有全面性的佛法繼續弘揚。但因爲禪是入門，若沒有入門就全都別談了，所以祖師堂坐在主位，將來正覺寺會坐在偏位。（編案：正覺祖師堂尚未興建正覺寺的預定土地，由於鄰地的杯葛，最後無法興建成功，已另購他地，正在籌劃興建中。）

同樣的道理，機鋒說完了，接著 世尊還是得要繼續說法；總不能一上座，這個機鋒完了換那個機鋒，接著又是另一個機鋒，只是一直都給機鋒而不說法，不能這樣。因爲眾生的智慧不夠，你如果不先提升他們的知見，每天給他們一萬個機鋒，他們一樣悟不了。所以早期我們辦禪三時，是半年就可以去參加禪三，那時大家應該有的知見都不夠。以前剛開始弘法時，我們也沒有編教材次第教授，所以去到禪三道場時，我把機鋒使出來，大家眼睛瞪得大大地，都不知道我在幹什麼；那時他們都不知道我是老婆心切，入泥入水、眉毛都拖地了，他們依舊不知道，還有人以爲我在耍猴子。這表示說，那時大眾的正知正見根本不夠，所以後來就編教材來教導，有次第性的教導正知正見，然後再去打禪三。同樣的道理，上一段經文中，世尊在末後的言語機鋒使過了，大家沒有悟入，世尊當然要繼續說法提升大家的知見水平，才會有悟入的機緣。

所以這個時候 世尊又「以一切如來爲眾生依怙相」，也就是示現了依怙相，然後「爲諸菩薩說一切眾生依怙實相般若波羅蜜法門」，這個法門就是：「一切眾生都是如來藏，因爲普賢菩薩的體性遍於一切眾生的緣故。一切眾生也是金剛藏，因爲金剛藏水所灌沐、所遍灑而成爲一切眾生的緣故。一切眾生也是正法藏，因爲一切眾生的本源如來藏的實證，要經由正言詞所說的法性才有辦法親證的緣故。而且一切眾生也都是妙業藏，因爲一切眾生種種諸法的成就，也都是如來藏的善巧妙業所運作而示現出來的緣故。」世尊把這個「一切眾生依怙實相般若波羅蜜法門」講完了，然後又說了一個咒：「底唎——！」

你看，眞老婆呵！知見開示完了，隨即就給一個機鋒。只是 世尊講經時用的機鋒一向都不太容易會。世尊用機鋒不浮濫，有時候這聲聞人聽聞了，結集起來就被記錄在聲聞經典裡面，不但北傳的《阿含經》裡面有這樣的記錄，南傳阿含《尼柯耶》中也有，由這上面也能證明 世尊在世確實是使用過機鋒的。可是這樣講完了，諸位會覺得滿意嗎？如果這樣可以滿意的話，這一部經我一次就可以講完了。

我們再來看看這一段經文說，「世尊復以一切如來爲衆生依怙相」來說法，這是顯示了一切如來是一切衆生的依怙相，這到底是什麼意思？一切如來是衆生的依怙相，當然不能夠從文字表相上去理解。如果單從表相上去理解，就不免會像世俗人一樣大罵：「我當年在發生危急的時候，大聲呼喊說『歸依佛』，佛在哪裡？又沒有示現給我看以及幫忙我。」對不對呢？依文解義時不免會像世俗人那樣罵嘛！可是這個「一切如來」究竟是指誰啊？可別自我膨脹說：「我危急的時候，一切如來都會來幫忙我。」要注意喔！這裡講的是「一切如來」，不是只有一尊如來，不過這裡講的衆生也不是單指一個衆生。意思是說，「一切如來」爲一切衆生的依怙，而世尊顯現了這個「依怙相」；這就是說，每一個衆生都有一尊如來作爲他的依怙，一切衆生當然就由「一切如來」而作依怙。

也許有人說：「哪有？我看來看去，我身邊都沒有，上下左右都沒有啊！」誰說沒有？是你自己看不見而已。因爲你自己眞的有如來，你的如來都跟在你身旁。老實說，我說祂跟在你身旁，還是有一點生分。生分懂嗎？就是台語說的「青分」啦！其實，說句老實話，祂就是你，你就是祂；說祂跟在你身邊，還眞的生分。所以就因爲你有這樣的如來一直跟你在一起，而祂永遠都是你的依怙者；你依止於祂，而祂照顧你。當你找到祂的時候，你就可以像 世尊一樣上講台，來顯示「一切如來爲眾生依怙相」，你也可以顯示啊！因爲你只要上得台來，坐定了，告訴大家：「我現在顯示一切如來爲眾生依怙相，看見了沒？看見了沒？」你就問啊！那時你身邊的隨侍菩薩們就對你說：「有啊！好清楚啊！示現得好！」（平實導師同時鼓掌……。）

眞的如此啊！經中的密意你得要讀懂啊！那麼既然示現過了，眾生或懂或不懂，總得要爲大家講解一下，爲已經親證的菩薩說，也爲尚未證悟的菩薩說「一切眾生依怙實相智慧到解脫彼岸的法門」。到底這個法門講的是什麼呢？就是「一切眾生是如來藏，因爲普賢菩薩的體性遍一切眾生的緣故」。一切眾生都是如來藏，沒有一個眾生不是如來藏，因爲菩薩看一切眾生時，都是具足二觀：一個是世俗觀，另一個是第一義觀。從蘊處界來看，這是張三菩薩，那是某乙菩薩，這是從世俗法的蘊處界來作觀；但是不管看見了誰，菩薩也都說這是如來藏，全部都是如來藏。或許有人不信說：「哪有？我看來看去就看不到如來藏，到底什麼是如來藏？」那菩薩就往他頭上抓住一根頭髮直接扯下來說：「這就是如來藏。」「什麼？這頭髮也叫作如來藏？」菩薩說：「一切莫非如來藏。」一切眾生是如來藏，是什麼道理這麼說？佛說普賢菩薩體性遍故，但是凡夫眾生們若是悟緣未熟時一定難免誤會。

　普賢菩薩有名的是什麼呢？十大願王。我剛才有請人幫我列印了出來，咱們來談談十大願王這個普賢性，爲什麼它可以說一切眾生是如來藏？十大願王，第一是禮敬諸佛，請問各位菩薩：你們每天在佛像前禮佛作功夫，禮的是哪一尊佛？有的人說：「釋迦牟尼佛！因爲祂是本師嘛！當然要禮拜祂。」有的人說：「我禮拜觀世音菩薩，因爲他很照顧我。」不管你禮那一尊佛，反正就是禮敬諸佛。如果說：「我才不禮拜別的佛，我只要禮拜釋迦牟尼佛就好。」行！那麼請問你要不要跟隨師父學法？要嘛！你師父將來成佛是叫作 釋迦牟尼佛嗎？你師父將來成佛時可能不叫作 釋迦牟尼佛，那你要不要禮拜他？要啊！因爲他成佛的時候，你可能是八地或者五地不等的菩薩，到時候你的師父成佛時告訴你說：「多少劫以前，你說不禮拜別的佛，你只禮拜釋迦牟尼佛，你今天要不要禮拜我？」（大眾笑…）因爲你不可能一世或者一萬年之間就成佛，當然你得要禮敬諸佛，都要經歷過很多、很多的佛，同樣要至心禮拜承事供養受學之後才能成佛，當然要禮敬諸佛。

但問題是，禮敬諸佛的時候，到底是禮敬哪一尊佛？譬如說二千五百年前親承　釋迦牟尼佛時，每天見了要先禮拜。好啦！當時不知道，後來證了如來藏，如今總該知道了吧？「原來我禮拜的這尊應身佛是會入滅的，是生滅的，那我到底是應該禮拜哪一尊佛？是報身佛嗎？然而報身佛在色究竟天宮，不在人間。」說到報身佛，就算你去到色究竟天宮見了、禮拜了，結果也還不是眞佛，還是所生的佛；是誰生的？還是如來藏所生的。那麼禮敬這一尊報身佛的本質是禮敬什麼？（有人答：如來藏。）喔！還是禮敬如來藏啊！好，娑婆世界這一尊佛是如來藏，你下一輩子決定要去極樂世界了，說：「這邊太髒了，人心也髒，世界也髒，我不要留下來，我要去極樂享享福了。」好了，去那邊時算是上品中生好了，住在蓮苞中一個晚上，在蓮苞中住了等於這裡的半個大劫時間，終於花開見佛了。好！那時禮拜　阿彌陀佛時，你禮的是什麼？還是禮祂的自性佛如來藏無垢識；三大阿僧祇劫的行道過程中，就是這樣一世又一世不斷地禮敬諸佛。

那時候在極樂世界，阿彌陀佛加持說：「你可以每天歷經十萬億佛土，一一承事供養，修集福德。」當然都是用 阿彌陀佛供應的蓮花去供養。好了！這時開始每天都欠 阿彌陀佛一屁股債，那就不談它啦！結果一天之中（因爲極樂世界的一天等於這裡一大劫，你當然有時間歷事十方諸佛），禮敬過十方諸佛，一一供養了蓮花，禮敬完了回來極樂世界，這眞的是禮敬諸佛，因爲不是只有禮敬一尊佛。那麼請問：這時禮敬諸佛也是禮敬了誰？當然還是如來藏。然而，大家長他人威風、滅自己志氣也夠久了，說是禮敬了那麼多佛，都在跟人家禮敬；回過頭來說說我們的自性佛呢，有時候也該禮敬一下吧？這時應該回頭來禮敬自性佛，因爲這時候悟了——在 阿彌陀佛加持之下不就悟了嗎？悟了以後當然一樣可以歷事十方諸佛禮敬供養，然後回到極樂世界來，跟 阿彌陀佛報告說：「世尊啊！我老是禮敬十方諸佛，都沒有禮敬我自己這個自性佛；佛法是平等的，自己的志氣也不該這麼老是壓抑著，那我該怎麼禮敬？」阿彌陀佛說：「你就禮拜我啊！」對啊！禮拜 阿彌陀佛時也就是禮敬自性佛了！所以這 普賢菩薩的十大願王，其中第一願王就已經遍有 普賢菩薩體性了，眞是遍於一切眾生心。

也許有人不信：「你有什麼教證敢這麼說？」我說：「有啊！你看那善財

大士五十三參，他歷經了五十二個層次總共五十三位善知識之後，結果竟然只是在普賢身中繞了一圈而已。」說句老實話，繞了那麼一大圈，全都在普賢身中繞。可是，普賢身究竟是哪個身？正是如來藏。也許有的人今天第一次來聽經，心裡說：「我以前沒有聽過大師這樣講禮敬諸佛的，今天你怎麼這樣講？不過，還是有一點道理。」我說：「何止有一點道理，真的有很多點道理；只要能夠聽得進去，未來世佛菩提道都很好走。」從禮敬諸佛來看，這個 普賢菩薩的體性是不是遍於十方諸佛？是不是也遍於自己身中？然後再來看一切諸天天主、天人，下至螻蟻、細菌，也是都有 普賢菩薩的體性。爲什麼都有 普賢菩薩的體性呢？都是因爲實相心如來藏遍一切故。

接著，譬如說「稱讚如來、廣修供養、懺悔業障、隨喜功德、請轉法輪、請佛住世、常隨佛學、恆順眾生」，最後是「普皆迴向」，莫不如此。其他的九種，我們就不必再講了，請證悟的同修們依此類推，自然就知道了。不然今天就變成宣講《華嚴經》了。所以我們今天只要再選其中的一種來說吧：「恆順眾生」。普賢菩薩是恆順眾生的，也許有人想：「我也是眾生啊！可是普賢菩薩從來沒有隨順過我。」心中不服氣。那我就要請問：普賢菩薩的體性到底是什麼性？（有人答話……）大聲一點！（眾答：如來藏。）對啊！諸位有智慧，這句話，我能夠問誰去？只能問諸位。若是去外面問了，人家說：「你在講瘋話。」

如來藏的體性就是普賢性，每一個人都有如來藏，而每一個人的如來藏都顯現了普賢性。幹嘛要把如來藏的體性叫作普賢性？爲什麼不叫作別的名字？普賢，請大家顧名思義，這是什麼意思？是普遍性的賢能。選舉到了的時候，不是說要選賢與能嗎？普賢菩薩就是賢能者。怎麼樣的賢能？恆順眾生。所謂眾生就是五陰。那麼，五陰一天到晚事情非常多，各人的 普賢菩薩永遠都恆順各個眾生五陰；普賢菩薩這個恆順眾生的體性，說穿了就是如來藏恆順五陰的體性。如來藏一天到晚在五陰中示現普賢體性，不斷地恆順你，從來沒有跟你違逆過，當然是「恆順眾生」啊！所以 世尊說：「一切眾生是如來藏，普賢菩薩體性遍故。」

祂只有二個方面違逆，但那也不能叫作違逆，因爲眾生是自作孽不可活：「誰叫你要來投胎的？你既投胎出生了，當然得要老。這是你自己要來投胎變老的，不是我普賢菩薩的體性故意要你這樣。投胎而出生了，人就是

會老，你明知而接受了才去投胎的啊！那我就恆順你的意願，我就讓你漸漸變老。」所以老了不要怪別人，也不要怪自己的 普賢菩薩——不要怪如來藏，要怪自己啊！你如果不來投胎，就不會出生，就不會變老；既然要來投胎，就一定要老，因爲如來藏就有這個 普賢菩薩的體性，祂沒有差別待遇。所以，你的如來藏恆順你五陰而示現了 普賢菩薩的體性，祂不會說：「**我對這一世的你特別好一點，我讓你老得很慢很慢，所以你可以活一萬年。**」老實說，在人壽百歲的時期讓你活一萬年，也是你倒楣；因爲活一萬年以後，老爸老媽來當你的孫子，然後又死了，你還在；結果你只能當孤家寡人，倒不倒楣？倒楣啊！因爲活上二百歲時，所有的親人都死光了，常常領受愛別離的痛苦，這是你的專利。如果活到一千歲，好不好？你如果要活一千歲；當然，這個命題太可笑了（大眾笑…），得要像王永慶那樣有很多錢財而且一直都很健康，像那樣活一萬歲就沒問題；否則到時候子孫們說：「**你是我們一百代以前的祖先，親情的距離太遠了，我才不理你。**」心中可難過了！

所以如來藏的普賢性恆順眾生時是沒有例外的，祂不會說：「**你是我所生的，所以我對你特別好。**」那可糟糕了！假使每一個人的如來藏都這樣子時，大家全都活上一萬歲，好像又天下太平了！其實不然，問題還是很多。那就是說，你自己的 普賢菩薩在這部分是不跟你示現什麼交情的。你要當人，你就得要老；每個人的窮通壽夭，總是有個壽算；這個歲數到了，普賢菩薩的體性也是很賢良的，你是該活這麼幾年，你這一世又沒有亂吃東西，也沒有亂用身體……等，所以合該讓你活到壽盡，整整活一百年，那叫作壽終正寢；那麼要等時間到了才該走人，不會提早讓你走。可是祂也不會說：**「我跟你特別親近，讓你多活三年吧！」**祂也不會這樣，因爲如來藏有 普賢菩薩的體性，絕不徇私或枉情；而這一種體性是遍於一切眾生的，從來如此。這兩件事情，從表面看來，其實很像不恆順眾生，但本質上還是恆順眾生，因爲順著眾生的業種來。往世利樂眾生，救護有情，這一世該讓你活上一百二十歲，祂就讓你活一百二十歲，也是恆順；假使往世造了惡業，這一世該活二十歲，就順著這個業種而給眾生活二十歲，這也是**「恆順眾生」**，這就是理上 普賢菩薩的**「恆順眾生」**。

當你暫時離開極樂世界去到十方世界覲見諸佛時，諸佛的第八識也是一樣，因爲 世尊說**「普賢菩薩體性遍故」**，當然諸佛也一樣有這個普賢性。那麼諸佛該活多久？不談應身佛，諸佛的報身該活多久？七百大阿僧祇劫。三大阿僧祇劫修行可以成佛，成佛以後報身住世七百大阿僧祇劫；在這七百大阿僧祇劫繼續利樂眾生，更增壽命，無法計算，但諸佛身中的 普賢菩薩體性也都在啊！這也是恆順眾生啊！因爲那如果不是五蘊就是四蘊，所以報身佛還是如此，諸佛無垢識的這種普賢性是不是一樣在恆順眾生？是啊！爲什麼能恆順眾生？因爲 普賢菩薩的體性遍於一切有情中。爲什麼能遍？因爲一切有情都有如來藏，所以「**普賢菩薩體性遍故**」，這十大願王第九個是「**恆順眾生**」，一切有情的如來藏就是這樣「**恆順眾生**」。

今天來正覺講堂聽了這些說法以後，心裡說：「**今晚聽到的法眞有意思，也很好笑，笑到我肚子都痛了，如今也覺得累了。**」回家很累了，快樂到累了就睡覺。好！你要睡覺，祂就恆順你，就讓你睡覺。當這個「普賢菩薩體性遍」一切眾生的時候，當然就顯示了各人的如來藏都具有這樣的體性；而每一個有情都有如來藏，十方法界中只要是有情就一定有如來藏。那麼，由這樣來看，當然說一切眾生就是如來藏，而一切眾生的如來藏都有 普賢菩薩的體性，這個體性當然就示現於一切眾生身上，是遍一切眾生的。普賢菩薩的體性其實無非就是如來藏的體性，所以世尊說：「一切眾生是如來藏，普賢菩薩體性遍故。」

世尊又接著說：「一切眾生是金剛藏，金剛藏水所灌灑故。」到底什麼是金剛藏？如果你們有讀過許多大乘經典，一定會讀過金剛藏菩薩這個聖號，他的名字爲什麼稱爲金剛藏？你們有沒有注意到他說的法跟什麼有關？都是在講實相心如來藏的金剛性。這就表示說，他的任務就是代表如來藏出來說話。不是如來藏要他代表，而是眾生需要他代表如來藏，所以他就示現爲金剛藏菩薩，專門爲眾生說實相心這個金剛法。爲什麼說「一切眾生是金剛藏」？因爲一切眾生都各有一個如來藏心，而這個如來藏的心性猶如金剛永不可壞，在三界中沒有一法可以毀壞如來藏。

也許有人很天才，心裡說：「我從三界外拿一個法來，不就可以壞祂嗎？」請問：三界外有法嗎？所有法全都在三界內，三界外無法。如果硬要說三界外有法，那就只有一個如來藏心——如來藏住在無餘涅槃中。當然這是方便說啦！因爲祂本來就是無餘涅槃，無餘涅槃也是依祂而施設的，當然不能說祂去三界外。可是能夠拿這個如來藏來毀壞另一個如來藏嗎？不可能！而一切法又是如來藏所生，怎麼可能反過來說「我把能生我的如來藏給壞掉」？不可能！因爲一切法的功德力用絕對不如如來藏。那麼，由於一切眾生都有如來藏，而如來藏含藏了金剛的法性，所以才叫作金剛藏。

菩薩還沒有到三地滿心之前，還沒有神通，可是菩薩爲什麼不怕耶和華？那號稱全知全能的上帝，菩薩爲什麼都不怕？哲學家老是懷疑說：「**上帝在哪裡？**」因爲上帝不可證實，哲學家認爲事實上應該是人類創造了上帝，是人們自己思想而創造一個上帝出來，就在那邊膜拜、供養，然後人們禮拜時就會有神祇來受禮拜而自居爲上帝，當人們有需要時有時也會回應人們。可是上帝是時時可以實證的嗎？答案是不行，至今沒有一個人能說：「**我可以隨時跟上帝直接感應。**」所以哲學家質疑說：「**上帝在哪裡？你們說有上帝，請證明給我看。**」眞的無法證明。然而佛教所說的卻可以證明，因爲我們大家都有自心如來第八識。「**那你證明自心如來給我看。**」一巴掌就給他，已經證明完了。當然哲學家們不信，那菩薩們就從理上加以解說：「**因爲你沒有智慧證得，而我證得了，所以經文中的說法就是我心中的境界。你沒智慧，我就從理上爲你講解，但我所講解的大多是你聽不懂的，你卻又無**

法以任何邏輯來推翻。」哲學家就說：「佛教這些實證者眞高明。」因爲他們不懂，所以就叫作高明。

話說回來，菩薩爲什麼不怕上帝？如果菩薩有神通，當然更不怕；可是沒有神通的菩薩也不怕，因爲上帝縱使眞的存在，聽到我罵他，他不高興來把我幹掉了；但他幹掉的是我這五陰，那沒關係，我又投胎去。我投胎到哪裡去，上帝也不知道，他也查不到；也許他不死心，就在那邊看著：你這個中陰身跑到哪裡去投胎？然後也許他看見了說：「好！我記住你了。」可是後來他想：「我難道得要一天到晚跟著他嗎？我不如就先睡一覺，或者享受天福一下再說啦！我過一會兒再來看。」過一會兒再來看時，這個人又長成了，又開悟生起智慧繼續責備上帝胡說了，上帝也是無可奈何。眞的無可奈何，永遠都是他的死對頭。無神通的菩薩們爲什麼能這樣？因爲有實相心金剛藏，這個金剛藏可以不斷地出生五陰，看你上帝有耐心殺幾個？他殺到最後也就膩了，只要殺上三個、五個、十個，最後想：「唉！讓他罵去，不管他啦！我要繼續過我上帝的生活，這才重要。」他也殺厭了。

這就是說，一切眾生都是金剛藏，因爲一切眾生都有這個金剛心如來藏，都以第八識金剛藏爲體。當你證得這個金剛藏的時候，時時刻刻、一生又一世，都是不斷地由這個「金剛藏水所灌灑故」，法身慧命不斷地增長，一世一世快速往佛地前進，都是由金剛藏水所灌灑的緣故。這個金剛藏就是如來藏。這個金剛藏心有種種的金剛法性示現出來，菩薩依止於這樣的金剛性，所以就說：「沒關係！成佛之道需要三大阿僧祇劫，我就三大阿僧祇劫去修行；因爲我有這個金剛心，過去世既然悟過了，我這一世就同樣能悟；這一世悟過了，我下一世當然也還能悟，怕什麼呢？怕的是人間沒有佛教存在，沒有經教存在，所以忘了我到底來人間要幹什麼。人間如果還有佛教存在，有經典也有明心見性的法門在，我何愁不悟。」所以菩薩就因爲這樣而不畏懼生死，都是因爲「金剛藏水所灌灑故」。金剛藏水不斷地像甘露一樣灑下來，渾身清涼，離諸熱惱，所以菩薩就不怕生死中的痛苦，也不怕隔陰之迷，都因爲菩薩看見而知道「一切眾生是金剛藏」。

話說回來，我們拉到現象界來說，再拉回來講。請問：密宗有沒有資格稱爲金剛乘？根本沒有資格！諸位都很清楚，因爲他們那些都是會爛壞的法，哪裡有金剛性？他們什麼時候曾被「金剛藏水所灌灑」？從來沒有啊！

每一次結緣式的灌頂時，每一個人準備一瓶礦泉水，法事過程中，喇嘛們宣稱已經爲那瓶水加持過了，所以法事快要作完時，叫大家自己往頭上灑一灑、抹一抹，說這樣已經灌頂灌好了。這也太隨便了吧！什麼才叫作眞實灌頂？一定是「**金剛藏水所灌灑故**」，才能稱爲灌頂。有資格爲人作這種灌頂的，現在只有我；有資格被我以金剛藏水灌頂的，現在也只有諸位。正因爲我知道金剛藏水的所在，所以我爲大家灌頂的時候就拿你們的金剛藏水來爲你們灌頂，都不用外水，也不用我自己的金剛藏水；而我們這個灌頂的過程，就叫作精進禪三。要像這樣才能叫作金剛乘，所以我們才有資格稱爲金剛乘。哪一天，密宗如果來爭執說他們才叫作金剛乘，我就說：「**我送給你們一個新名稱，你們叫作生滅乘。**」因爲他們的教、理、行、果，全都是生滅法，事實上也眞是這樣。

這個「**金剛藏水**」不是只有諸佛有，也不是只有諸菩薩有，而是遍於四聖六凡、三界六道一切有情都有，只是一切有情證悟之前不懂而已。一切有情的如來藏都含藏著無量無邊金剛性，所以有無盡的清涼法水，有情也是時時刻刻都被「**金剛藏水所灌灑**」，只是未悟的一切有情不知道；但不因爲凡愚有情不知道就沒有金剛藏，所以說「**一切眾生是金剛藏**」。這個金剛藏就是佛地的如來法身，也就是眾生因地中的自性如來，就是實相心如來藏；而每一個眾生都有這樣一個金剛藏在身中，成爲眾生的依怙；如果沒有實相心金剛藏作所依，如果沒有實相心金剛藏的怙助，一切有情都不可能生存的；所以一切有情各自都有的自心如來金剛藏就是眾生的依怙，因此一切有情的自心如來就稱爲一切如來——一切因地的如來。世尊此時爲大家顯示了這個事實，因此這段經文一開頭就說：「**爾時世尊復以一切如來爲眾生依怙相，爲諸菩薩說一切眾生依怙實相般若波羅蜜法門。**」在這一句經文之後 世尊隨即而作的四種開示，都只是在解說爲何一切有情的自心如來是眾生的依怙，我們已經講了前二種。

世尊又接著說：「**一切眾生是正法藏，是正言詞所說性故。**」一切眾生就是正法藏，上一週我們也引用祖師的話說：「**手不執經卷，常轉如是經。**」手上不拿著經卷，卻可以一直不斷地運轉這一部經。這就是說，此經就是實相心金剛藏、如來藏，經典中講的實相就是金剛藏境界，而金剛藏是如來藏所顯示的猶如金剛而含藏諸法的體性。這個如來藏具有金剛性而含藏了無量無邊的金剛性的法，所以不論誰把我如來藏所生的五陰毀壞了，我的如來藏依舊會再出生下一世的五陰。看你能把我毀壞到什麼時候？我不斷地出生，你壞掉一個了，我又再出生一個。如果有誰遇到這樣一個敵人，恐怖不恐怖？恐怖啊！因爲殺不完。如果有個敵人，你把他殺了，他又活過來；你再把他殺了，他又活過來，你要不要跟這樣的人爲敵？誰都不願意。偏偏金剛心如來藏就是這樣，誰要是把祂所生的五陰殺了，沒多久，祂又生個五陰出來，又繼續供給對付敵人的種子給新生的五陰，然後那個五陰又來對付某一位上帝；就這樣一世又一世延續著，好啦！上帝到最後也怕了，倒不如說：「咱們和解了！算了！我也不要再殺你，你以後也少罵我幾句。你眞的想要罵就罵吧，但別罵那麼多啦！」上帝也只好妥協了，因爲他遇到的敵人是殺不死的。

爲什麼殺不死呢？因爲這個敵人的金剛心如來藏含藏了無量無邊的法性，使所生的五蘊等諸法可以不斷地生住異滅而繼續前世「救護眾生」的志業。生住異滅看來是個無常，可是這個無常相卻是金剛心如來藏的常相之一，五蘊等無常的法性會恆常久遠不斷地由實相心金剛藏維持著，猶如明鏡表面無常的影像生滅會由明鏡永遠維持著。諸佛降生人間的一件大事因緣，就是為大家解說如來藏這個金剛性、執藏萬法的含藏性、普賢菩薩的體性，就是在講解這些法。那麼這些法，要透過語言文字講出來，這些語言文字便叫作「**正言詞**」。

言而有物、言而及義——句句都是直指第一義諦，就是「**正言詞**」，否則就是戲論。不是像達賴領頭的喇嘛教一樣胡扯，那都叫作邪言詞。而諸佛菩薩講的叫作「**正言詞**」，這些「**正言詞**」所講出來的法性，能使人領會到無量無邊法，就稱為「**正法藏**」；然而「**正法藏**」在哪裡呢？就在實相心如來藏中。把如來藏中的一切法演述了出來，藉著「**正言詞**」為眾生解說出來、講出來的「**正法藏**」，才是這些「**正言詞**」的法性，不是世間戲論的無義法性。「**正法藏**」既然是說眾生實相心中的種種法，而實相心就駐於眾生身中，所以說「**一切眾生是正法藏**」。由於「**正言詞**」所講述的就是眾生如來藏中所含藏的一切法，所以說「**正法藏**」就是「**正言詞**」所說體性的緣故。

所以一切眾生本來都具足一切法，一切佛法都在眾生身中，因為眾生個個都有如來藏，而如來藏含藏了一切正法，可是這一切正法必須要假藉「**正言詞」來爲眾生宣說；眾生聽聞、熏習以後，才有可能在世間相中的一個機鋒之下悟入，所以對於想要悟入實相般若的人而言，「正言詞」就很重要了。而「正言詞」所說的法性就是「正法藏」，因爲「正言詞」所說的都是「正法藏」的內涵。「正法藏」就蘊含在如來藏之中，如果不用「正言詞」，這「正法藏」就難以具足顯示。

譬如說，會外有很多人希望可以破格來參加正覺的精進禪三，我們有時候也會接到人家寫信或打電話來請求；當然他們在佛教界是蠻有地位，希望我們給他參加禪三。但問題是，我讓他們去了，他們能悟入嗎？門都沒有！他們去了，只能痛苦四天，那四天在禪三道場裡，根本都不曉得我的種種言語、行爲是在幹什麼；而鄰座的同參一直拜佛，究竟是在幹什麼？他們也看不懂，完全看不懂。看到許多同參們進了小參室，沒說上幾句話又出來了；他們看在眼裡，根本摸不著頭緒，那麼讓他們去了又有什麼用處？幫不上他們的忙啊！所以一定要先有「正言詞」來敘述這個「正法藏」，「正法藏」敘述出來之後，那麼聞者熏習思惟之後去理解它，然後就有了正知見。等他們有了聞慧、思慧、修慧了，然後再給他們去打禪三，那時再給他們一個機鋒，才有可能悟入。假使基本的知見都不學習，去了禪三道場就可以開悟，那他們其實也不用去打禪三，他們只要把我寫的《公案拈提》讀一讀就能悟了！問題是：究竟行不行呢？確實不行！

所以說一切眾生有如來藏，如來藏中蘊藏了一切萬法，這一切萬法裡面分爲世間法、出世間法、世出世間法。如來藏蘊藏了一切正法之藏，這正法之藏卻要藉「正言詞」來敘述。這一些「正言詞」的敘述，所顯示的法性是什麼呢？就是「正法藏」。而「正法藏」就在眾生身中——都在如來藏中，所以才說「**一切眾生是正法藏**」。所以假使有人修學佛法，主張說：「**我們要先去練氣，氣練成了以後，再不斷地演練，才能開悟。**」那叫作心外求法。二十年前我還遇到一個師兄很有趣，他還主張說：「**沒有經過氣功的成就，不可能開悟的。**」我說：「**老兄！開悟是明心、是證得眞心如來藏；你練氣功成就了，跟證得眞心無關嘛！**」也許有人問：「**我氣功成就了，是不是就沒有辦法明心？**」我說：「**那也不盡其然，不論你有氣功或沒氣功，只要有看話頭等基本功夫，也有參禪的正知正見，開悟應有的福德也有了，同樣都可以明心。**」爲什麼呢？因爲佛法是「**普賢菩薩體性遍故**」，所以佛法眞的不可小覷啊！小看了佛法就有無量大過。但是佛法在哪裡呢？在自個兒身中——在一切有情各個自身之中。這個佛法，我們就稱爲「正法藏」；但「正法藏」是什麼？就是如來藏所蘊藏的一切世出世間法。如來藏所蘊藏的一切世出世間法通達了，並且進修而具足無餘時，那就是成佛了。可是這個「正法藏」不在外面，在自己身中；而這個「正法藏」就是「正言詞」所說的法性，所以 佛說「一切眾生是正法藏」。

當你能夠這樣現觀的時候，就知道說：「我的如來一定具有我這個眾生所需要的依怙相，我的自心如來一定有對我這個眾生所能依止而且加以怙助的法相存在。」就看見了自己的自心如來有「眾生依怙相」。自己親自看見了自心如來確實對自己這個眾生有依怙相的時候，也就看見了「一切如來爲眾生依怙相」。如此看見的時候就發覺到，原來這就是實相；而這個實相的智慧，就是到達解脫生死彼岸的智慧，可是解脫生死的彼岸卻同時在生死之中。所以在生死大海中浮浮沉沉，還在生死大海中游泳時，就已經到達無生無死的彼岸了，你說妙不妙？妙！也許有人說：「那才不妙，因爲還在生死大海中。」可是你已經眞的住在離生死的彼岸了，又何妨同時陪著眾生在生死海中游泳？運動一下也不壞。因爲這些眾生往世莫不是你的親眷，若不是父母就是兄弟姊妹，不然就是子女，不然就是師長朋友，那爲什麼自己到了無生無死的彼岸了，竟然不肯陪著他們、也幫他們同到無生無死的彼岸？

世尊接著說：「**一切眾生是妙業藏，善巧妙業所運爲故。**」一切眾生眞的是「**妙業藏**」，咱們先從最簡單的來說好了。你們在人群之中，有沒有辦法找到一個跟你長得一模一樣的人？找不到呵！人的構造是這麼簡單，且不說五臟六腑，光說這個臉龐就好了，就是這麼簡單呵！有一句簡單的說法：眼橫鼻豎，二個眼睛、二個鼻孔，一個嘴巴，構造都一樣，可是爲什麼長得都不一樣？你要找到一個完全相同的臉還眞的很困難。有人在欽佩說：「**那個秦始皇的墳墓挖出來，你看那些兵馬俑，它們的臉部一個一個長得都不一樣。哎呀！眞不容易。**」但是對如來藏來講，這個才簡單呢，絕對不會跟人家造出來的完全一樣，每一張臉都是正廠的產品，沒有副廠出產的仿冒品。你要故意去造一樣的，那用模子生產不就很多了嗎？可是你如果要求一家工廠說：「**你要跟我造一些人偶出來，每一個臉龐都不一樣。**」那工廠一定說：「**你要付出很大很大的代價，而我要製造很多很多年才能交給你，並且保不**

定一千個裡面就會有一個是很相似的。」可是如來藏不會一樣，祂造出來每一個人的臉龐；不說別的，光說臉龐；已經各不相同，都不會重複，誰都無法模仿。爲什麼祂能夠這樣？因爲祂有妙業功能。

這個事相也就不談，光說造出名色出來。造名色，現在醫學工程說可以複製人、複製羊、複製豬。說句難聽一點，哪個醫學工程眞的複製過？都是藉別人的如來藏所生的細胞來作，他們何曾複製？他們把人家的如來藏製造出來的那顆細胞拿來，說要複製一隻羊，但他們使用的那個細胞是哪裡來的？還是某一隻羊的如來藏以「妙業性」生出來的。好啊！這個最初的細胞且不談它，光說醫學家弄來那顆細胞，就算細胞分裂複製而有一點初步的成績了，就算眞的是他們複製的好了，但他們有能力把它複製到後面階段或最後階段嗎？也沒有辦法，他們還是要藉著有情如來藏所生的色身來幫忙，也就是要藉有情如來藏所出生的母羊身中的子宮，來使細胞繼續成長。而且被用來複製有情的那顆細胞，一開始還得要有一個有情的如來藏進來，再由母羊的如來藏所生的四大，與進入那顆細胞的如來藏共同配合，他們才能複製一頭羊出來。所以探究到實質面的時候，醫學家們什麼時候複製過哪個有情了？根本就沒有啦！所以這也還是如來藏的妙業功能。

一切眾生名色五陰是哪裡來的？是如來藏生的，每一個眾生都顯示各有這個「妙業藏」，所以 世尊才說「一切眾生是妙業藏」。到底有情五陰身心是由什麼所造作出來的？就是如來藏的善巧妙業所運作而去造作出來的，不是誰有那個能力可創造有情眾生。今天妳們作媽媽的可要聽清楚了，以後可別跟孩子們說：「你們都是我生的。」妳們從來沒有生過他們，是他們的如來藏出生了他們，妳們只是提供環境及資源來幫他們的忙而已，能生他們五陰身心的還是他們自己。所以當妳們告訴子女說「你們都是我生的」，都只是隨順世俗言說，不是在講眞相。今天先講到這裡。

《金剛經》與《實相經》這兩部經，我們講解多久了？講多久的事其實不重要，假使一次就講完了也很好；因爲如果我一次就講完時，大家聽了都能悟入了，我也就不必再講解了，這也是妙事一樁，那麼我就直接改名爲蕭妙說，然而實際上不可能啦！所以必須要不斷地熏習實相般若妙義。因爲我們演說的最深妙難解的如來藏是「妙業藏」，能有多少人眞正信入？大家想想看，自從十九年前我開始弘法，到今年年底就滿二十年了。（編案：這是二

○○九年四月七日說的，平實導師是正覺同修會成立以前的一九八九年就開始弘法了。）

我們也一再說，禪宗開悟的眞如心是萬法的本源，說這個眞實心能生萬法，萬法都是如來藏所作。我不斷地演說第八識眞如妙法，是講到什麼時候開始，佛教界才有第一個人承認有眞如阿賴耶識，願意相信阿賴耶識如來藏是蘊處界的根源？是到不久前，《人間福報》刊出由星雲法師署名的那篇文章，算是佛教界第一次有人承認，然後就沒有下文了。而且各個道場至今也還是默然不語，不願表示認同，並且大多還是認定意識的粗心或細心爲常住心，還不肯斷除常見外道的見解；特別是密宗喇嘛教依舊堅持意識等識陰六識爲常住法，所以至今都不肯捨棄識陰境界的樂空雙運，依舊在極力追求淫根樂受的流轉生死下墮境界。

由此可見，這個眞如心阿賴耶識的「妙業藏」，確實是甚深極甚深、難解極難解、難證極難證；並且證了以後並非就沒事了，證了以後事更多。所以證得如來藏阿賴耶識以後，你們每二週還要來參加一次增上班的課程。結果你們證了眞如心阿賴耶識以後坐在下面聽，我要在上面講解更深的如來藏妙法，連續三個鐘頭不休息，看來大家都辛苦。可是話說回來，大家悟後爲什麼還要這樣辛苦？我又爲什麼需要爲大家辛苦連著講三小時？都因爲「**妙業藏**」很難讓人信受，爲了避免親證者有時退心，我得要辛苦一點繼續再講經、講論來說明祂，讓大家隨聞入觀；也得要繼續從悟後起修的內涵來開示更深妙的內容，幫大家快一點通達。可是爲了佛教界大師與學人的全面提升知見，我們還必須同時不斷地出書。我這二、三年來出書的速度幾乎是空前絕後的，佛教界寫書沒有人像我出書這麼快的；而且我的書有一個特性：內容豐富。我的書都不是內容貧乏而隨便印出來流通，就像路邊攤賣好料的老闆說：「**大碗又滿墘**（台語）。」我在書中說的都不是打高空，也不是無的放矢，因爲我的書中全部言之有物，而且講得深妙而詳細。我們的書還有一個特色：裡面的字擠得滿滿的。有些人寫書，他們的稿費眞好賺，因爲他們的書中有時候單只一個字就編排爲一行，然後再講一句話又編排成一行，那麼一頁下來的字數還不到我一段的字數；稿費那麼好賺，可見學佛人可能大家都很有錢，內容那樣貧乏的書也買得下手。

爲什麼我要不斷地寫書出來？就是要讓會外那一些人，在他們一直想要挑我的毛病時，我就藉機會多出一點書給他們去多挑毛病。挑到後來都挑不出毛病時，倒是被我洗腦成功了，他們的佛法知見水平就不知不覺提升，我也就利益他們了。就是這樣啊！所以我不斷地寫出來，讓他們把前面的書跟後面的書一起拿來比對，思惟看看有沒有大師們書中常常可見的前後矛盾現象。那些大山頭收集我的書，都設有小組在研究；但研究的結果，挑不出毛病。到最後，專門挑我的毛病的這一組研究者，倒成了我的信徒，所以他們就出來主張：「師父！我們如果不改變，不跟著弘揚第八識眞如妙理，我們就跟不上潮流了，我們遲早都會被佛教界淘汰的。因爲現在佛教界都知道：只有證得第八識如來藏時才能叫作開悟，才會有實相般若。但我們如今還在否定如來藏，那不是等於公開宣示我們還沒有開悟嗎？將來我們這個大道場還能繼續在佛教界生存嗎？」那師父聽一聽，縱使不能從命，從今以後可也不敢再公開否定如來藏了。

這意思就是說，這個如來藏心具有種種的妙業，一切妙業的功能都含藏在祂心中，所以祂是個「妙業藏」，但是卻甚深難信。尤其大乘佛教這一百年來，一直都在日本那一小撮佛學研究者，也就是松本史朗那一小撮人所提倡的批判佛教上面，附和西藏密宗應成派中觀的六識論邪見，就這樣影響了整個大乘佛教。加上台灣佛教界有人裡應外合，最有名的是釋印順配合他們，於是這百年來的大乘佛教法義被他們弄成支離破碎，大家都要來把佛菩提妙法加以隨意修剪（編案：日本人於《修剪菩提樹》一書中否定佛教正法），當然大家都無法實證大乘菩提了，大乘佛教因此眞是一蹶不振。這三、四十年來的台灣，看起來好像佛教很興盛，其實只是一個繡花枕頭。眞要派這一些大師上場去跟外道議論可就不行了，他們說的佛法都如同花拳繡腿，只供表演用的，不能與外道一見眞章，全都派不上用場。

由於他們一直在六識論外道見的範圍裡面打轉，轉了幾十年之後，現在被正覺同修會辨正，發覺六識論的意識境界沒有賣點了，終於知道六識論的市場一直在萎縮著，比現在的經濟大蕭條還要糟糕。發現很糟糕以後該怎麼辦呢？總不能坐以待斃嘛！總得發憤圖強改變行銷策略了。因爲現在佛教界的學人們開始有抉擇的智慧了，知道應成派中觀的六識論說法，只不過是凡夫大師們的見解，所以這些大山頭該怎麼辦呢？當然要掙扎圖存，於是大家就聯合起來，互相串門子了：你來捧我，我來捧你。大家開個大型會議互相奉承，把身價互相拉高，然後再買新聞媒體報導出來，讓社會人士看見他們的規模是這麼大，於是社會人士又開始對他們有一點信心了。

但問題是，那一些花招總是騙不過內行人，只要有人把正覺的書讀上三年就不再上他們的當了，因爲實修佛法的人都懂得看本質而不看表相。十九年來終於有第一位有分量的大法師願意承認第八識正法，不論是否他自己親筆寫的，但至少他署名了，然後在《人間福報》相當於社論的地位中署名登出來說：阿賴耶識就是身心的本源、萬法的本源。這表示正法的威德力開始顯露出來了，這就是大家共同努力推出正法義理來「救護眾生」而產生的結果。那麼，我們還是要繼續把正法的勢力增長，要使六識論等相似像法的勢力漸漸消滅，所以我們要繼續演說妙法，把這實相心如來藏的各種法性，從不同的方向加以述說，而這一些不同層面、不同方向，佛都已經爲我們鋪陳好了，我們只要把它演說、闡釋出來就行了。所以我們就繼續不斷地講經說法，然後每年辦四個梯次禪三，好好弄點溫火把大家燜一燜、熱一熱，其中有些人如果成熟了，就可以拿來用了。有些人是要燜久一點才會成熟，就請他們下回再來禪三道場燜；反正我們正覺這個爐不會太熱，溫度剛剛好，可以慢慢燜而不會烤焦，就這樣一分一分來增長正法的勢力。

我期待正覺同修會可以繼續存在一千年乃至三千年，那麼大家未來世都可以繼續有我們這一世所寫的書、論文等，都可以快速增益正知正見，於是重新又回到實證的正法道場中來，每一世都能快速地延續這一世所修的佛道。如果眞能像我期待的這樣，那麼正法在人間眞的是法輪常轉，正法久住，人天安樂，因爲魔道與修羅道的勢力一定會因此而削減了。可是想要達到這個目標，畢竟是需要有更多的人可以親自體驗這個如來藏眞正是「妙業藏」，我們設想的目標才有可能達成。

上週解說「一切眾生是妙業藏」，我們已經略作述說了。現在佛教界最清楚我們主張的部分內涵，就是如來藏是萬法的本源。如來藏既然是萬法的本源，顯然祂不是名言施設，祂是有眞實的自性存在。可是問題又來了，我們才一提到如來藏有眞實的自性，隨即會有一頂帽子扣到我們頭上來——自性見。那些應成派中觀六識論的凡夫們，竟然指責說我們是自性見，原來他們認爲如來藏是自性見外道法。但問題是，自性見的定義是什麼？諸位要弄清楚，然後有因緣要爲他們解說出去。自性見外道講的自性，是指六識的自性：眼識、耳識乃至意識的自性，全都只能依附六塵而存在，都只能在六塵境界中運行。但如來藏的自性都不在這六識的自性裡面，祂有的是這六識以外的種種自性，包括金剛不壞自性、實相自性、眞如自性、能生萬法的自性、收藏業種的自性……等，是能生六塵而不是依附六塵存在，也不是在六塵境界中運行，這跟自性見外道講的六識自性怎麼可能相同呢！

如果有人那樣講，你們就應該對他說：「你如果繼續主張說『如來藏的自性就是自性見外道講的自性』，那我就要說你是愚癡！」他就不好意思再講了！也許他會問：「爲什麼我這樣講，你就要說我愚癡？」你就先講個譬喻給他聽：「譬如，人家說自行車有快速前進的自性，你知道這個自性。另外有一個人說：『我有一輛六百西西的兩輪車子，我有跑得更快的自性。』你就指責說：『那就是自行車的自性。』你如果這樣講，人家會不會說你愚癡？」他想：「對啊！我如果這樣講，人家一定要說我愚癡，因爲那個六百西西的引擎自行車，跟用腳踩的人力自行車，絕對是不同的自性；雖然同樣是自行車（自性）的名字，同樣是會跑，但自性不同。」然後，你再爲他說明：「那個六百西西的引擎自行車就譬如如來藏，用腳踩的自行車的自性就譬如識陰六識的自性，兩個是不一樣的東西；雖然同樣是兩個輪子，但它們並不一樣。如來藏雖然也稱爲識而有自性，識陰六識同樣也稱爲識而有自性，但是二者的自性並不相同。」他這樣一聽，就說：「喔！我懂了。」如果他的心性好，就會讚歎你：「聽君一席話，勝讀十年書。」因爲你這麼一講，他就懂了：那是兩個不同的東西，不可以拿來作類比。也許就因爲這麼一席話，他就進入正覺大門，未來實證佛菩提道就有希望了。

如來藏就正好有這樣的自性能夠出生萬法，如來藏出生了萬法一定有祂自己能生的原因。那就是說，祂能夠造作種種的妙業。最簡單的道理，而我們也常說的，譬如說：「誰出生了你這個色身呢？」「媽媽啊！」結果回去問媽媽：「媽媽！您以前懷我的時候，有沒有每天幫我做一根頭髮、做一點手指、弄一點腳指甲，捏造心臟，有沒有？」媽媽一定說：「沒有啊！傻孩子，你怎麼問這個？」原來媽媽也沒有幫你生這個色身。「請問您，我這個色身是怎麼生出來的？」結果竟然沒有人知道，就去問老爸，老爸說：「我怎麼知道？你在媽媽肚子裡生成後就出生了，我怎麼會知道呢！」心想：「不然我就上廟裡去問好了。」於是去廟裡問：「某某大帝……」或者有人認爲耶和華、阿拉是至尊，於是上教堂請問他們：「請您指示我知道！」

也許有人想，這應該去讀經典，因爲《聖經》裡說人們是阿拉、上帝創造的。好，那就去禱告求問：「**請問上帝，您怎麼造出我的色身？**」其實他也講不出個名堂來，最後說，就是用泥巴捏一捏，吹一口氣，泥人就成爲眞正的人類了。心裡有些不信，於是請問上帝：「**請您再捏一遍變給我看，不必多，一個就好。**」捏不出來了，原來那是個神話！無法重複證實人類的色身是上帝創造出來的。所以，可以重複證實的、可以重複現前觀察出來能創造人類或一切有情身心的，就是這個第八識如來藏，這是所有證悟的菩薩們都可以現觀，也可以教導有緣人重複實證、重複現觀的，那麼這是不是妙業？是啊！連上帝都作不到，因爲上帝自己的五陰身心都還是他的如來藏幫他製造的，那個幫上帝創造出他的五陰的眞神，就叫作大梵，有時稱爲大梵天，其實就是金剛藏心如來藏。

佛陀在世的時候，有一天大梵天來禮拜 佛陀，佛陀就故意當眾問他：「**大家都傳說，眾生是你創造的，我問你一句老實話，你眞的能創造嗎？**」這大梵天只能答非所問，因爲不敢正答，於是就答非所問。佛陀當然不可能這樣就放過他，因爲要教育眾生、教育這些弟子們，使大家的慧業可以成就，於是再問一遍，大梵天還是答非所問。有人答非所問的功夫很棒的，甚至在法庭上也可以答非所問，同一個問題可以連著十幾遍答非所問。眞的好厲害！我們永遠都學不來，怎麼樣都學不來。佛陀再問大梵天第三遍，他只好回答說：「世尊！我能不能不要講？」最後只好說：「因爲大家都要這麼說，我也沒辦法啊！所以就接受眾生想像出來的說法了。」喔！原來他創造眾生的能力是無明眾生們封給他的。那麼請問：到底誰能創造眾生？當然是如來藏，如來藏才是外道說的造物主大梵天，如來藏才是眞正創造萬物的上帝啦！

所以，以後遇見了好朋友，假使是一神教的信徒，你見了面，就爲他祝福：「願上帝與你同在。」他說：「你什麼時候也信上帝了？」你說：「我很早就信上帝了。」「你是什麼時候受洗？」「我很早就受洗了。」「你是誰爲你受洗？」你就說：「如來藏爲我受洗，我的上帝是如來藏；我的上帝是每天都可以找得到的，也是可以隨時與祂溝通的。但你們的上帝，你找不到，你也無法跟他溝通，請問你要不要信我這個上帝？」讓他選擇看看，他總要想一想，因爲他的上帝永遠沒有辦法證實。

好了，現在佛教界終於可以接受第八識妙理了：原來我們蘊處界都從如來藏來。而他們無法推翻，不論從理證上或者教證上都無法推翻；甚至於他們想要用哲學思想來推翻，也是不可得。所以有一些知名大學的哲學系教授很不服氣，公開說：「**這蕭平實寫書講得這麼狂慢，書裡面竟然敢這麼說！我要寫書公開破斥他。**」希望推翻蕭平實講的法義，結果卻只能推翻了自己原來的看法。爲什麼我說的法義不可推翻？並不是我蕭平實厲害，而是因爲我所證的是實相，而實相是不可能被誰推翻的。除非錯證了實相而說出來的錯誤法義，才有可能被推翻；假使不是錯證，就不可能被推翻。流傳最久的就是 釋迦牟尼佛的第八識三乘菩提法教，二千五百多年來有誰能推翻它呢？二千五百多年來最有智慧的人在正統佛教中繼續弘揚流傳，不但不敢去推翻第八識妙義，而且還要主動去弘揚它；而這些人往往都是在哲學界、思想界最頂尖的人物，卻都投入佛門裡面尋求實證，然後終其一生都在弘揚最勝妙的如來藏妙法。何以至此呢？都因爲祂是實相，實相是最究竟法，當然不可能被推翻。

爲何這麼多有智慧的人會信受不疑、終身不變？都是因爲親自證實祂是「**妙業藏**」，都知道這不是想像思惟而講出來的。「**一切眾生是妙業藏**」，是因爲把一切眾生都攝歸如來藏，所以一切眾生同時就是如來藏，但沒有任何眾生可以外於如來藏而出生、存在乃至老死，所以說「一切眾生是妙業藏」。因爲如來藏心自有種種妙業功德，全都收藏在祂心中；而這一些妙業都是極爲善巧，不是有情所能夠仿傚的。不論哪一個有情，自稱他有多麼厲害、神通有多麼廣大，都一樣無法仿傚如來藏所造作的妙業。一切的妙業都含藏在如來藏中，所以如來藏就是「妙業藏」；而一切眾生不外於如來藏，所以「一切眾生是妙業藏」，因爲一切眾生的全部身心都是如來藏的善巧妙業所運作而出生、而示現出來的。如來這樣子開示完了，又指示大家一個入處，所以又說了咒：

底唎——！

諸位進入實相般若境界了沒？這就是如來的機鋒。由此入者是上上根人，可以度化人、天，因爲天人的智慧都比不上他。接著，再來看看補充資料。這個如來藏的法門很難弘揚，因爲：如來藏常住，這個說法、這個正理，很容易跟外道說的意識心常住互相混淆，自古以來到現在都是如此。這是說，佛門中的凡夫，也都是因爲這如來藏非常難以實證，因此懷疑如來藏這個心是不是眞實有。再加上這百年來，那一些誤會阿含聲聞解脫道的人，也常常配合外道的說法來否定如來藏妙義，所以如來藏妙義眞的很難弘揚。

在中國佛教中，釋印順有一個說法：「如來常住的思想，」請注意喔！他說的是「思想」，他不承認「如來常住」是眞正了義而且可以實證的法，不認爲如來常住的說法是義學，所以他使用「思想」兩個字。釋印順認爲：**如來常住的思想，是聲聞部派佛教分裂發展演變以後，才有大乘佛教興起；是從部派佛教的聲聞法演變以後，大乘法才開始流傳開來，才有後來的大乘佛教**。他又說：**如來常住的思想本來是外道法**。這都是釋印順在他寫的《妙雲集》裡面說的。如果因爲佛教出現在人間之前的外道之中，曾經有人主張如來常住，所以佛教出現以後講的如來常住的法義，就可以指控爲外道的思想；那麼我們就要請問印順或者他的所有門徒：佛教出現在人間之前，有沒有外道主張自己是阿羅漢？很多欸！佛陀所度的那麼多大阿羅漢，有一大半都是在外道法中本來自稱已經成爲阿羅漢了；那麼依他們的邏輯，佛法中的阿羅漢果證或思想，也應該是外道法了。

但他這個道理講不講得通？因爲我說的是同一個邏輯嘛！如果因爲佛

教出現之前，外道有如來常住的說法，那麼佛教出現後，世尊教導的如來常住法義就是外道法；那麼同樣的邏輯，佛陀出現在人間之前的外道中自稱的阿羅漢們，後來被　佛陀所度而成爲佛教中的眞實阿羅漢以後，佛教中的這些阿羅漢們也應該都是外道了。佛世的一千二百五十位大阿羅漢們，本來也是大外道，他們遇見　佛陀以前也大多自稱是阿羅漢；然後　佛陀去推翻他們說：「你們這個證境都不是眞的阿羅漢，因爲你們都錯證涅槃了。」他們被　佛陀調伏了以後，隨　佛陀修學才成爲眞正的阿羅漢；所以阿羅漢的說法顯然是佛教出現以前就在外道法中存在著，只是外道們誤會阿羅漢的解脫境界了。那麼依據釋印順那個邏輯，顯然佛教中的阿羅漢教義也是外道思想的邪法了。那他乾脆把佛教廢了，早就可以還俗去了。釋印順是不是這樣主張？我想，他心裡面應該是這樣主張的，只是不敢明講啦！

所以沒有親證之前，面對最深妙的如來藏妙法時最好少講話，因爲每一句話都有大因果。不要以爲說：話講了就過去了，如同聲音一般消滅了。事實不是這樣的，每一句話都有因果，所以才說是口業。講一個例子好了，差不多十年前，我要去訂做一個不銹鋼的物品，那一天清晨起床前作了個夢，夢見我跟那老闆講了哪幾句話，老闆回答了我哪幾句話。我說：「**奇怪！我今天要去做這個，怎麼夢見跟他講話、講什麼話，眞的會這樣嗎？**」腦袋瓜打了一個好大的問號，沒想到去到那邊時，竟然一字不差，不多一個字也不少一個字，想要多講一句話都不行。雖然這只是個無記業，但也已成爲定業了，因爲不可轉。我當時想要轉變話題，就是轉變不了；因爲那個老闆是個怪人，碰上我也是個怪人，所以想要試著轉變對談的字句，但就是轉不了，眞的沒辦法。所以當時沒有多一個字，也沒有少一個字，就這樣講完就結束了。這是不是定業？還沒有實現的事情，而它已經先顯示出來了。

這些話都還無關善惡，是無記性的口業，都已經如此了；那麼，請諸位再想一想，世俗人常常有句話說到家裡養雞當寵物的事，他們說：「**每一隻雞的一生之中，一飲一啄莫非前定。**」爲什麼老人家會這樣流傳下來，代代都有人信受？因爲業種是不會無端消失的。爲什麼不會消失？因爲一切善業、惡業、無記業，全都在自己的如來藏中造作而記存在如來藏中，都是藉著如來藏而跟眾生聯結起來。所以，說話時凡是有關善惡的，說法時凡是有關了義正法的內涵，都不許含糊，若沒有把握就不要講。因爲沒有把握而去講了以後，如果講得對，是功德一件記下了；若是講錯了呢，那口業也同時記下了。在正法之中，每一句話、每一個行爲都有它的因果關聯，眞的功不唐捐。善業如此，惡業更是如此，因爲不必護法神幫你記，自己的如來藏就記下了。爲什麼如來藏能這樣作？你又沒有吩咐祂說：「**你要全部幫我記喔！**」祂就自動幫你記存了。作了多少件功德，一件都不漏；但是如果不小心講了一句錯話，也是一句不漏。因此不知道的，最好就別講。

世尊在《楞伽經》中說過，毀謗如來藏妙義的人，話一出口便成就一闡提種性。他當下就成爲斷盡善根的人了。像釋印順那樣亂講一通、文字亂寫一堆，一心要毀掉如來藏妙義，那當然都是大因果。這個人將來什麼時候能得度？要在你們的徒子徒孫未來入地以後，他才有可能得度；若是想要在你們手裡得度，眞的很難啦！爲什麼呢？因爲他那些文字全都是大因果，他是逃不掉的。他主張說：**如來常住思想是外道法**。這句話因果有多大！

他的理由是：因爲佛教出現之前，外道就已經在講如來常住，所以這是從外道法裡面吸收進來的。那麼同樣的理由，釋迦如來出現在人間以前，外道大部分自稱是阿羅漢，都在傳揚如何證得阿羅漢果的法，那麼佛教裡的阿羅漢這個法與道理，應該也是從外道那邊吸取到佛教裡來的囉？因爲時空背景與邏輯都是一樣的啊！事實也應該是一樣啊！但他不知道的是，外道自稱的阿羅漢是沒有斷我見、我執的；而佛門中的阿羅漢們是已經斷我見與我執的。如來常住的妙理也是一樣，外道的如來常住法中所證的並非眞正的自心如來，全都落入識陰或意識境界中，未斷我見更未明心；而佛門中的如來常住，是實證第八識自心如來的，可以現觀自心如來常住而且是金剛不壞心，也是萬法出生的本源，所以佛門中的如來常住是正法，外道的如來常住只是立論正確，而修行方法及實證結果全都錯誤，不是眞正的如來常住法，怎麼可以混爲一譚呢！

所以，佛菩提妙法被釋印順等人在這百年來亂說一氣，異口同聲誣衊爲外道思想以後，佛門四眾又沒有人能夠以慧眼來鑑照他們的說法對或不對，因此這百年來的佛教界裡，如來藏法門眞的很難弘揚。在古時候，只要有人證了如來藏而出來弘揚佛法，從來沒有像我們現在這麼困難的。古時候禪師如果悟了，師父給他一支禪板，他拿了就開山去了，但那些禪師們大多只有開悟明心證得如來藏的根本無分別智的智慧。可是我們不但傳授證悟如來藏這個法，接著眼見佛性、牢關以及種智統統都有；結果我們努力弘傳到十九年後的今天，才算被台灣佛教界承認了。你們想，難不難呢？眞的是難啦！

所以，如來藏這個法眞的難以弘揚，因爲如來常住的說法，跟外道的說法在表相上似乎是一樣的；但是差異在哪裡？沒有人知道。而我們在這個時代卻要把它說明清楚，二者差異在於：外道的立論是正確的，但實踐與所證都錯誤了。外道說的阿羅漢證涅槃而不生不死，立論也是正確的，問題在於行法錯誤以及內容錯證。所以，那些外道有的人說：「**我現前在五欲之中得自在而不生不死，這就是涅槃。**」佛說這個不對。有的人證得初禪說：「**我在初禪之中離欲自由自在，這就是不生不死的涅槃。**」佛說這個也不對。乃至全部外道們一一說了自己的涅槃是第三禪、第四禪或是四空定時，佛也說全都不對，因爲都還是三界中法，不離三界生死；佛就像這樣一一推翻，最後終於有一些外道有智慧而信了 佛陀，依止修學而成爲眞正的阿羅漢，才知道以前自稱阿羅漢根本就是錯證後的大妄語。這可是《阿含經》中明文具載的佛教史實。

過去佛入滅已經很久遠了，可是如來常住這個說法還一直在傳說之中流傳下來，理論上是正確的，只是沒有人能實證，因爲實證的方法與內涵全都錯了。有時候，諸天天人也會來人間倡說如來常住的法義，但是沒有人能實證；所以那時外道有人自稱成佛，當然也是錯證，但不因爲錯證就說那個主張是不對的。那個主張是對的，問題是錯證。誰能親證？釋迦如來。所以如來藏法門不容易弘揚，特別是在末法時代邪說橫流的現代；但差堪告慰的是，有諸位繼續鼎力護持，所以這個了義正法今天終於可以突破諸方的抵制而站起來了。

現在正覺同修會這個如來正法，台灣佛教界已經承認是佛教正法，只剩密宗喇嘛教繼續否定，所以現在正覺倒有一點鶴立雞群的感覺。因爲如果到了會外去，你說自己是從正覺同修會出來的，他們就不太敢跟你講話；這表示你有一些威德，而你的威德是從哪裡來的？當然是從一個可能性來，他們心裡面想：「**這傢伙可能證得如來藏而被印證開悟了。**」這表示說，如來藏正法現在於台灣已很穩固了，但是我們不只求在這個年代穩固，還希望可以久續流傳不絕，那麼諸位如果發願未來世要在娑婆繼續弘揚正法，或者你發願去極樂世界以後要趕快回來幫忙住持正法，那麼未來世這裡還可以有正法跟大家作伴，一起「救護眾生」利樂有情邁向佛道，這就是我們努力的目標。

但是，像釋印順這樣書中公然否定第八識了義正法的事情，是現在才存在的嗎？其實不然，佛陀住世的時候，他們這樣的說法就已經存在了。有人說：「**如來常住是外道法，只有無我才是對的。**」因為如來藏正法很難實證，所以錯證、未證的人永遠是多數，實證的人永遠是少數。就好像一個國家裡面，你把所有的將軍合起來，不過就那麼幾十位，然而士兵可以有幾十萬；同理，實證的人一定是少數，當然誤會這個最勝妙法的人一定很多。如何證明這個現象是古時候就存在？我們來看看阿含部的經典中也有這麼說，就很清楚了！這是阿含部《央掘魔羅經》卷二的說法，我是從阿含部的經典裡面摘錄出來的。阿含部的經典是第一次的法藏結集時，包括律藏、雜藏在內，三藏都已具足，是在第一次結集就完成的，是在 佛陀入滅後半年就已完成了，這也是明文記載於四阿含諸經中的歷史事實。這就表示說，佛陀在世時就已經有那樣的說法，在還沒有實證的凡夫之間不斷地流傳下來，才會有我與無我的辯證問題存在，現在請看《央掘魔羅經》卷二的記載：

【若說如來藏，顯示諸世間；無智惡邪見，捨我修無我，言是佛正法。

聞彼說不怖，離慢捨身命，廣說如來藏；是名爲世間，堪忍上調伏。】

這是 央掘魔羅大士講的聖教，他其實是某一尊佛特地來娑婆世界示現，共同擁護如來藏正法。央掘魔羅在阿含部這一部經典裡面是主角，所以誰都該被他罵，只有 如來不被他罵；連 文殊菩薩都要挨他的罵，膽子好大；從表面看來他只是一位大阿羅漢，竟敢罵妙覺菩薩。文殊菩薩被公然責罵了，竟然也甘之如飴不以爲忤，因爲他很清楚知道：「這是某尊如來化現，我得要配合祂演戲。」如果你在戲裡被罵，要不要生氣？當然不氣嘛！因爲知道這只是在演戲，自己只是來扮演一個被罵的演員；而 文殊等人是永遠的演員，配合著 釋迦如來到各世界去演八相成道的戲。

央掘魔羅破斥阿羅漢說的無我法。他說：「如果有人出來演說如來藏這個妙理，經由如來藏心來顯示一切不同的世間相。這本來是個正法，可是沒有智慧的、邪惡的、偏差知見的人，卻把如來藏這個眞我捨掉而修無我法，說一切無我就是佛陀所說的正法。」請問諸位：修無我是佛法還是羅漢法？（眾答：羅漢法。）對啊！顯然諸位比經中亂說法的古人更有智慧，所以你們千萬別瞧不起自己喔！有許多人往往說：「唉呀！我是名不見經傳的人，

我算老幾？」我說：「**你不算老幾，你算老大。**」爲什麼呢？因爲被寫在經傳裡面的古人之中，其實有許多人當時的智慧還遠不如你。

無我與眞我的差別，是兩個不同的領域，無我是在世間法現象界的蘊處界上面來說的，因爲蘊處界等世間法無常、苦、空，故無我。可是佛法中的眞我並不是在講蘊處界等三界我，這眞我是從實相法界如來藏來說的。如來藏才是一切有情的眞實我，因爲祂恆住不壞，具有種種的妙業，卻又是性如金剛，不能說是無常故空的無我，這是每一個人都有的眞實我。結果佛法傳到末法時代，竟然有人誤會了羅漢法說：「**羅漢法也是六識論的法義，羅漢法的四阿含諸經裡面從來都沒有講過意根，更沒有講過第八識。**」這一百年來他們都這麼說，如今我們《阿含正義》引證《阿含經》來證實：四阿含裡面講的羅漢法都是以八識論爲基礎來說，這樣的羅漢法才不會同於斷見外道。如今《阿含正義》出版幾年了，他們爲什麼都不出來反駁呢？因爲他們都不能反駁，因爲四阿含諸經中明文記載著，全是八識論的羅漢法而不是六識論，只是不迴心的阿羅漢們不必親證第八識如來藏而已，但羅漢法從來就不是六識論的法義。

所以是他們自己誤會了四阿含諸經，亂講一通。現在我們指正出來，他們也只好閉嘴了。除了閉嘴，他們還應該要怎麼樣呢？應該要掛筆。古人寫字的毛筆上面都有個小繩子，也有一個筆架；他們現在既然不能再寫佛書了，當然只能把毛筆掛在筆架上晾乾起來，不然能怎麼辦？如果他們還要再寫，不能寫這個部分，只能寫一些無關緊要的東西而不談法義；那些東西只能叫作佛門裡面的花絮，跟法義實質無關。所以他們的羅漢法並不是佛法，眞正的羅漢法卻必須收歸到佛菩提裡面，才能說羅漢法也是佛法；但事實是，羅漢法也是八識論的法義，絕對不是以六識論的基礎來講的，如今我們已經依阿含聖教舉證出來了。所以，如果有人說：「你講如來藏眞我，那就是外道常見思想。」你就得問他：「請問外道常見思想，那個『常』講的是不是意識？」「是啊！」「如來藏是不是意識？」他若敢再說是，你就給他五爪金龍，甭客氣！因為如來藏這個本識，在阿含諸經裡面早就講過了；而如來藏本識是出生名色的心，意識是名色中的名的一部分，那麼如來藏怎麼會是意識？

所以他們是「無智惡邪見，捨我修無我」，與 佛陀講出來的妙法完全不符，竟然還敢說他們那個法是 佛陀傳授的正法，這眞的是謗佛！因爲 佛陀沒有這樣講，他們卻誣賴說那種錯誤的法義是 佛陀講的，所以這些人都在誣賴 佛陀。只有所說的法符合 佛所說的，才能夠說那是 佛講的。如果說出來的法不符合 佛所講的，就不能夠說是 佛所說的法；如果他硬要說那就是佛法，他就是在誣賴 釋迦佛。誣衊 世尊，其罪重大，可是諸位看看：二千五百多年來，佛門中有多少人誣衊了 世尊？眞的不勝枚舉，還要加上數之不盡；因爲枚舉還是少數，最後還是可以一個一個舉出來。所以眞的是數之不盡，而且他們還是個個言之有物：「**你看！我這個說法是從經文中考證出來的，我是有根據的。**」結果那些根據都是用人家亂解釋經文的內容拿來作根據。因爲現成的漢傳四阿含諸經是最古老也最有公信力的經典，他們全都不採用，都用後代人寫的所謂考證的錯誤記載拿來作爲再一次考證的資料。

如果眞要這樣，那也行啊！他們自己可以隨便把新創的佛法寫一寫，把佛經裡說的法義推翻掉，一百年後人家就拿他們寫的錯誤考證，重新拿出來而考證說：「**佛教是不曾存在過的。**」好像也可以嘛！但這樣行嗎？當然不行啊！所以你看，還有一些外國人，前些時候不是還考證說「釋迦牟尼佛在歷史上不曾存在過」，還可以這樣考證啊？問題是，人家會不會笑他愚癡？所以，講解眞正的佛法，不能夠說，捨棄了如來藏這個眞實法而去單修蘊處界無我，然後說這就是佛的正法。如果有人這樣作，便叫作無知的惡邪見；因爲如來藏正法是實相法界的事，是一切有情的眞我；而這個眞我函蓋了現象界法的蘊處界，而現象界的蘊處界顯示出來的無我法，卻是依眞我如來藏作爲基礎，才能說蘊處界等我是生住異滅、緣起故空。所以蘊處界等無我法也不能離開眞我如來藏，但他們卻誣衊說完全無我的斷滅空就是佛法。

接著說：「**聞彼說不怖，離慢捨身命，廣說如來藏；是名爲世間，堪忍上調伏。**」如果聽聞那一些人講無我法，而心裡面聽了不驚恐、不畏懼，願意捨離我慢，也就是不再認定覺知心的最微細狀態的自我是眞實法，這就叫作捨我慢；認定最微細的覺知心意識是眞我，就是阿含解脫道中說的我慢；把這個慢捨了，並且下定決心，寧可捨身命，也要廣說如來藏。像這樣「**離慢捨身命**」而「**廣說如來藏**」，對於那些正在否定如來藏而專說無我法的人，心裡面完全沒有恐怖，這樣的人才是眞正爲世間作事的人，才是眞正爲了救度世間而來的人；這個人堪忍於一切橫逆的境界，他已經成為上上調伏者。

諸位今天來聽《實相經》宗通，也許很多人如此以為：**正覺講堂還不錯，格調看起來不同凡俗，感覺氣氛也眞好；來這裡聽經的每個人，氣質也跟外面的佛教道場不一樣，聽到的又是聞所未聞法，眞好。**可是諸位有沒有想過，我們曾經遭遇過什麼樣的困難？大多數人是沒有想過的。我們曾經有一度沒辦法舉辦禪三；所以我們那時剛買到十樓第二講堂時，曾有幾個人在規劃著：乾脆把這九樓、十樓改一改，精進禪三就在這講堂裡勉強舉辦了。他們還規劃說陽台應該怎麼樣裝置，平常可以收起來，打禪三的時候陽台上的裝置就可以用來洗澡，就在這裡辦。然後又設想，開伙時要怎麼開，他們一堆人就在那邊設計著。

後來我說，這不是辦法啦！因為這是一棟辦公大樓，你們在這裡住著，不是給保全公司找麻煩嗎？那時候，包括陽台要怎麼設置淋浴設備，要設幾間浴室，全都已經在規劃了。後來我說：「**算了！我們另外再想辦法。**」正覺也曾經走到那個地步。好在後來我們有位師姊說，女童軍活動中心可以租借來打三，才移到那邊去辦；就這樣辦了好幾年的禪三。然而去那邊打禪三，大家也都很辛苦；因爲那個女童軍中心的床鋪是窄窄又短短的，是給女童軍睡的，不是給成年男人睡的，因此好多人都沒有辦法伸直了腿睡覺，都要側睡而且把腳收起來才能睡。不過，那時覺得有地方辦禪三也算不錯了，還好，終究沒有到必須在這大樓裡辦禪三的窮困地步。而我們曾經走到那種地步，當年也眞是窘態畢露。

並且老實講，要買九樓第一講堂前的那個舊曆年，其實我是準備要歇腿了！那時我準備農曆春節開年第一堂課照樣上課，上完了課就當場宣布解散，不再與大家共修了，因爲那時正覺被一些人掌控住而沒辦法全依大眾的利益來進行了。正覺曾經走到那個地步，諸位知道嗎？都不知道。你們眞的好幸福欸！我又不是爲了求名，又不爲求利，只是從頭到尾一心奉獻，沒有領過一絲一毫車馬費，薪水或錢財供養就更別說了，全都是義務把實證的佛法送給大家，竟然也要走到那個地步，那你說，如來藏正法容易弘揚嗎？眞的不容易欸！

可是我們終究還是走過來了、撐過來了。買了九樓第一講堂以後，大家有時還要顧慮說，流亡海外的西藏密宗外道什麼時候要來對我下手。你們還不知道一個內幕，現在就順便講給諸位聽一聽。我們這九樓買好了，後來不是要開始講經嗎？因爲在此以前我是不對外公開講經的，講經時都是對自己內部的同修講的。後來我認爲講經很重要，因爲經典若不好好講解的話，由著他們亂註解，佛門大眾的法身慧命眞的很危險！所以我們必須要公開講經，然後整理出來流通。那時候好多幹部們好擔心，希望我這個講桌前面應該要加裝一塊防彈玻璃。我說：「**算了吧！那防彈玻璃裝上去，講經時還能瞧嗎？**」諸位想想看，如果這裡有一塊防彈玻璃，那是什麼氣氛？當時大家擔心到那個地步。

但不能夠說他們的擔心沒有道理。是有道理啊！因爲大陸密宗有一些喇嘛一直放話說要來殺我，可是我依舊堅持說不要裝那個防彈玻璃，很難看！而且我不希望中間有個玻璃擋著，雖然大家還看得見、聽得見，但我總是覺得這是佛教界新開的一個先例；因爲自古以來佛教中沒有這個例子，我們爲什麼要開這個例子呢？而且被暗殺而死的事，我過去世也不是沒有經歷過；那有什麼問題？被殺了，二十年後還是一位說法之師，他們又能奈我何！所以我不必顧慮那個。但這是說，其實如來藏正法的弘揚，永遠都是困難重重的，打從佛世以後，從來沒有輕鬆過；但是我們必須要這樣子作，不能計較是否會喪生捨命；縱使明知會因此而捨命，我也得要作。

所以整個二十一世紀佛教，不再有人可能像我們這樣四面為敵；每天聽著都是四面楚歌，可是這些楚歌終究無法奈何我；我聽著會覺得那只是輕音樂，不會覺得有什麼哀戚；我就這樣把楚歌拿來當作散心的音樂調劑身心，成為我們弘法過程中的一些花絮。正覺同修會也就這樣子跟著我走過來了，如今已不再是四面楚歌了，現在一步一步去實現：以眞我如來藏妙法來利益佛門四眾，希望 世尊的了義正法可以延續到三千年後，這就是諸位要共同努力的。但是諸位的努力功不唐捐，從這一世成功開始，就是坦途大道；這是因為那一些六、七、八、九、十識的眾說紛紜，那一盤冷飯，我們藉二〇〇三年法難的機會，把它拿出來熱炒，調味也都調好了，就是總共八個識；然後這一盤千年冷飯炒好了，定位好了以後端出來，大家都沒辦法再調味了，因為怎麼調都調不好了，就是這個八識論的味道。他們要吃就這麼吃吧！永遠就是要吃八識論這一盤炒飯，再也沒有第二盤可以出現了。那麼未來世大家修行時就會很順利，不會再被六識論的邪知邪見誤導了。

所以說，如來藏妙法的弘傳雖然是這麼艱困，但我們沒有恐懼過，只有即將宣布停課退隱時的那一段時間灰心而說：「**既然大家都不要這個正法了，我就歸隱故鄉，完成我的心願。**」因爲我本來的想法就是歸隱，人家喜歡鐘鼎，我喜歡山林。我弘法時一開始的想法就是最後要歸隱，既然大家都不想要如來藏妙法了，我就結束弘法的事。後來是有些人去找了房子租下來當講堂，於是我依著法願又開始弘法，正覺同修會就成立了，結果就是使我今天沒有理由可以抽腿，就這樣延續到今天。

所以說採菊東籬下，或者說得辛苦一點鋤禾日當午，我都沒辦法了，現在只好每天從早到晚坐在電腦前一直敲鍵盤；如果敲到眼睛睜不開了，下去走一走，或者往沙發上打個盹；其實也睡不著，就是休息一下。覺得好些了，一、二十分鐘後再來繼續寫，就是這樣作下去。因爲住持如來藏眞我這個責任，再也沒有辦法推卸了。這樣作當然是很辛苦啦！我同修常常罵我說：「**都是你一個人，搞成大家都要這麼累。**」她常常這樣罵我說：「**如果不是你要出來弘法，大家不會這麼累啦！**」眞的使大家都好累，我當然知道。可是雖然很累，卻又沒有辦法使每一個人都上禪三去，因爲名額有限，總是僧多粥少，大家就喝稀一點，可是我們還是得要繼續作。

這就是說，在正覺學法很辛苦，大家都沒有個人的享樂時間，但你如果能夠作得到，未來就能證得這個妙法，那你就是「堪忍上調伏」，你也才是眞正的「爲世間」。否則空言說：「我來人間是爲了世間，不是爲自己。」那不是空口白話嗎？閩南語說「空嘴薄舌」，嘴巴空洞無物，而且舌頭很薄，所以講話很伶俐而騙盡天下人。可惜的是，終究騙不了自己。但是我們心安理得，知道一切所作全都功不唐捐，所以大家都很努力，佛教的未來當然就在諸位身上。這一下子，大家心裡掂掂看，仔肩輕不輕鬆？當然不輕鬆！就像溈山靈祐禪師以前還在百丈禪師座下時，不是贏得了新道場溈山嗎？那他就得去把空無一物的溈山開發出來；這個公案，無門慧開禪師拈提了以後，幫溈山下了個註腳：「溈山一期之勇，爭奈跳百丈圈圚不出，」說溈山雖有大智慧，是百丈座下最神勇的人，依舊跳不出百丈禪師那個圈圚。就是說，他得了溈山勝境以後，得要辛苦去開山，這是個重責大任，所以說靈祐禪師贏得溈山以後，看來是勝利了，但是那個責任是「檢點將來，便重不便輕」。華林首座得不到溈山，你靈祐禪師得了，其實責任比華林首座更重，一定是只重不輕，確實是如此。可是溈山靈祐有沒有吃虧呢？沒有！那一世是很辛苦，但是福德大大增加了，未來世的道業就會一步一步不斷地增上。你們不要覺得說：「那溈山古人跟我們相距好遠。」其實不遠，很親切的。

所以，眞正要弘揚如來藏是不容易的，我們看到阿含部這一部《央掘魔羅經》中的記載——這是佛滅後大約半年後就結集起來的——從這部經典的記載就知道，古時候否定如來藏而執著說一切法緣起性空，形同斷滅論的佛門僧人，像這一類的無我論者是非常多的；而且是在佛世就已經存在的，絕對不是從聲聞法中分裂出來的部派佛教時期才開始有的。部派佛教全部都是聲聞人，大乘佛法是在部派佛教之外同時並行在弘揚的，不能把大乘佛教攝入聲聞法的部派佛教裡面。那麼既然這個狀況，誤會佛法我與無我的道理，誤會眞我如來藏正義的情況，是在佛世就已經存在的，由此就知道印順派的藏密應成派中觀那一些邪見者，他們六識論的錯誤說法，還會在未來世中繼續重新生起於佛門的凡夫之中，但是永遠都不會存在佛門的賢聖之內。

至於要如何滅除這一些六識論的錯謬邪見？當我們實證了以後，這正是我們大家應該要盡的責任，是大家應該要共同挑起來的責任。可是六識論邪說不是只有應成派中觀，自續派中觀也是一樣的六識論邪見。而自續派中觀的創始者，諸位也要有所認識，就是《大正藏》裡面也有收藏其論文的很有名祖師，叫作清辨。清辨也是個六識論者，他就是自續派假中觀的創派祖師。如今應成派與自續派假中觀，全都是密宗裡誤會了的般若主旨；這是因爲密宗的雙身法必須認定識陰是眞實心，所以把這二種認定意識是中道心的假中觀納入密宗裡，不斷地演說而頂替眞正中觀的如來藏中道心。那麼請問，清辨、佛護這二人寫的論文都收入《大藏經》中，他們二人都是《大藏經》裡面記載的人物，正是見之於經傳而大名鼎鼎；可是他們的證量卻遠不如諸位，因爲他們連我見都還具足存在，就別說是親證金剛藏了，所以大家千萬不要妄自菲薄。

接下來，回到《實相經》這一段經文來，這段經文中有講四個法：「**如來藏、金剛藏、正法藏、妙業藏**」。現在我們來看如來藏到底是什麼？原來如來藏就是金剛藏，因爲如來藏性如金剛的緣故。所以你們如果讀經典，讀到哪個部分，金剛藏菩薩出來講話了，你就知道他一定是在講如來藏的金剛不可壞性；每一位菩薩在 佛陀座下聞法時應該扮演什麼角色，各人都有自宏智正覺禪師，他怎麼頌這個如來藏的？《宏智禪師廣錄》卷八：

己的前因與當時的緣起。而這個如來藏性如金剛，且看禪門裡面，天童山的

【黃金出礦斷前疑，岸走舟安覺所欺，動目是渠搖湛水。聚螢無我灼須彌，翳消便見飛華盡。機迅將知擊電遲，識得堆堆庵內主，外魔那得到藩籬。】講得多好！這

天童山的宏智正覺一生就只有一個知己，就是大慧宗杲，再也沒有別人了。他要找個知音還眞的難啦！他被大慧禪師罵了十幾年，最後還罵成知己了。天童宏智是怎麼說的？他說：「**黃金從那個礦砂裡面被挖出來了，到這時，之前的懷疑才算斷除了。**」因爲之前總是懷疑這裡面到底有沒有黃金？直到挖出黃金以後，這個疑才斷除了。但是對一般凡夫而言，那就是下一句：「**岸走舟安覺所欺。**」坐在大船裡面，覺得兩岸一直在往後走，而在船子裡是覺得安定不動的；因此誤以爲是岸在向後走，卻不知道其實是船在望前走，是被錯誤的知覺所欺瞞了。也許很多人沒坐過大江裡的大船，對這一點很難體會；可是現代人也很容易體會這道理，譬如當你搭火車的時候，這邊月台自己的車停著，月台那邊的車子慢慢地開動了，在第一時間往往會以爲是自己

所坐的火車開動了，通常是過了一、二秒以後，那一輛車子開走了，看到被那列火車遮住的後面景物時，才知道自己的火車並沒有開動，這也是被「覺」所欺。這就是形容凡夫的境界，意謂著還沒有覺悟的人都以爲自己的火車開動了，但有智慧的人都知道自己的火車還沒有動，是對方的火車在動。

接著說，搖動了眼睛到處看著，這才是祂，其實是祂不斷地搖晃澄清而如如不動的清水。每一個人不都是生來就到處看來看去？但是天童卻說「**是渠搖湛水**」。接著又說，沒有智慧的人不懂這個道理，妄想要聚集一大堆的螢火蟲來把須彌山給燒掉，這叫作「**聚螢無我灼須彌**」；就是說，那些只講蘊處界無我的許多法而想要否定眞我法的凡夫們，就像是那些聚螢者，妄想聚集一大堆的螢火蟲的火光而想要燒掉須彌山。可是「**翳消便見飛華盡**」，他們雖然這樣地愚癡，有一天如果眼前害自己看不清楚色塵的翳障消除了，他們就不再看見滿天的飛華了。「**而禪師們的機鋒是非常迅速的，你怎能知道閃電打下來時遠比禪師的機鋒還要慢呢？如果從這裡識得了——從這裡認出如來藏來了，你就可以認識自己這一座五陰庵裡面，堆著不動而安坐著的庵內主。**」

每一個人身中都有一個庵內主，然而你的佛庵是哪個？你這個色身就是你的佛庵。如果講得堂皇一點，就說你的色身就是你的佛殿；大家每天背著佛殿到處跑，佛殿裡的燈籠卻又找不到。可是，你這個庵裡面有個主人每天如如不動，就好像一堆一堆的物品擺在那邊都不動一樣，這就是「堆堆庵內主」。當你找到了坐在這樣的佛庵裡面如如不動的庵主時，你就進入佛法自性的莊嚴寶殿了，那時候「外魔那得到藩籬」。外面群魔亂舞，全都無法到達你這一座佛殿外圍的藩籬，何況是你所住的實相境界呢！請問各位證得如來藏的同修們，這天童宏智禪師到底有沒有開悟？所以你看，他講得好分明喔！絕不含糊，他眞的是有事有理。

也許有人不信，心想：「『機迅將知掣電遲』，我想不可能吧！那閃電光，雷打下來，『ㄎㄨㄤ！』就過去了，好快！你要趕過去都來不及，禪師們的機鋒有可能比它快嗎？」誰說不可能？祖師們的機鋒，他可以給你拖泥帶水拖上十幾年，但他也可以迅如閃電，快逾閃電。最長的機鋒，譬如雲門禪師，每天早上，當侍者上來服侍他漱口洗臉時，他就喚：「遠侍者！」侍者就答應：「諾！」他就問：「是什麼？」侍者弄不清楚，心想：「老和尚問我『是什麼』，我根本就不知道要幹什麼。他也沒有拿個什麼給我看，怎麼就問我『是什麼』？」雲門禪師這樣每天問，前前後後問了十八年。十八年後，有一天又問：「侍者！」「有！」「是什麼？」啊！終於會了，但也還是一樣的問答；那麼你看，這機鋒拖了十八年，是同一個機鋒，這眞的叫作拖泥帶水。這雲門禪師不嫌煩，侍者也不說他是精神病，就這樣子師徒兩個人，一個機鋒弄了十八年，然後才會了，這時雲門禪師也許會說：「我從今天起，不再喚你。」從今天開始，我不再叫你了，因爲不必叫了，這不是拖泥帶水嗎？

不過有時候禪師的機鋒可比打雷閃電還快，「如何是佛法大意？」「普！」你說快不快？這樣就過去了，雷聲或閃電都沒有這麼短。明天又有別人來問：「如何是祖師西來意？」雲門又換了：「露！」你看快不快？這比佛講的還快，佛還說：「頡唎——！底唎——！」你看，禪師眞的很快啊！「露！」比打雷還要快，所以天童說「機迅將知掣電遲」，確實比閃電還快，這麼一晃就過去了。所以，克勤大師才會說：「如擊石火、似閃電光。」那兩顆石頭一碰，打出個火花來，一剎那間便不見了，很快啊！機鋒也就過去了。如果眼光快，一把揪住了，你也就會了。如果眼光昏暗看不清楚，那或許得要十幾年了。所以，天童說的眞沒錯，可是這樣快速的機鋒只要一旦識得，你自己就成爲「堆堆庵內主」，可以心無所動地住在這個佛庵裡面，天魔波旬根本到不了你這個佛庵外面的藩籬，何況想要識得你。但這個是什麼呢？這個就是如來藏，也就是金剛藏，因爲無人可以壞祂。

也許有人懷疑說：「**那是因爲我們沒有找到祂，所以我們沒有辦法把祂毀壞。**」說句不客氣的話，就算你找到祂，你也沒有一個方法可以壞祂。而且，我們有現成的例子，二〇〇三年（喔！很快，現在已經過去六年了），他們在我座下找到了如來藏、找到阿賴耶識，他們想要強出頭，就誇大口說：「**這阿賴耶識還不是眞如，這個還是有生滅之法。**」他不是找到阿賴耶識了嗎？我在公開說法時便問：「**他們既然說阿賴耶識心是生滅法，請問他們：何時生？何時滅？**」這一下，他們個個張口結舌。沒有張口結舌的人，就是口似扁擔，全都開不了口。找到的人都無法證明祂什麼時候出生、什麼時候滅，都沒有辦法滅掉祂，也找不到祂曾經出生的時候，那麼沒有找到的人要出來說這如來藏是生滅法，那當然更不可能。

所以，當年他們那樣胡搞，那時正覺同修會裡人心惶惶，因此也有一些人眞的很厭惡他們。我說：「其實我們這個叫作：大難不死必有後福。」爲什麼？因爲這等於是由他們來提問，我們可以藉此機會向佛教界證明這個法是不生不滅的，最後他們等於是在告訴佛教界：「我們找到阿賴耶識，但我們也無法證明祂何時生、怎麼樣能滅。」所以，我那時候在親教師會議中說，後福在未來。因爲我們那時本來已經打算一年內就把台北的禪淨班每一次都要開二班，結果他們這麼一否定，等於是在上游用一大張三夾板把河流的水給堵住了，我們這裡暫時也就沒有水。但也沒有關係！我們先開小班的也可以，何況繼續開班時也不是很小。我說：「那個三夾板能把河水堵多久？未來會不會被河水沖垮？」後來果然垮了！現在經過這麼一鬧，佛教界反而看清楚了說：「你看，他們自己實證的人都無法推翻，我們沒有證的人哪有能力推翻正覺的法義？」結果反而是個好事啊！

我的看法就這麼簡單，不管怎麼樣的壞事來到我這裡都是好事了，怪不得禪師要說：「日日是好日。」不管別人怎麼樣破法，對我們都是好的，因爲我們終於師出有名，有名義可以寫〈略說第九識與第八識並存…等之過失〉、《識蘊眞義》、《眞假開悟》，以及有一些人很喜歡的《燈影》；還有台南法義組的同修們寫的《假如來藏》、《辨唯識性相》。當然，有的人說《燈影》的內涵太深了，但我不論什麼口味都端出來了，想要的人可以自己去挑選。終於佛教界就這樣承認正覺了，所以二〇〇三年的法難其實也是好事。當你證得實相心如來藏以後，再來看天童禪師，你就無法說他沒有開悟。而他講得也眞好，還眞的有才華。可惜的是他活不夠久，不然他遇見大慧宗杲以後有機會可以眼見佛性，可惜就是活不夠久。這是題外話，就不談它。

接著再來講「**正法藏**」，「**正法藏**」指的正是實相心如來藏。祂到底在哪裡？達賴喇嘛說在虛空，他有一本書是眾生出版社印的，說是在虛空。外道們說：「**我要去練精化氣、練氣化神、練神還虛，所以我要去吸取日精月華。**」然後每天一大早起身，到空曠的荒郊野外等著日頭升起來，就在那邊對著朝陽練功吐納想要吸取日精。然後只要一到了農曆十二號、十三號，就祈禱不要有烏雲，因爲接下來那幾天正好要在月下練功吸取月華。那意思是說什麼呢？是說眞實法是在身外哦！原來外道們都是同一個樣，都要心外求法，不知道自己身中本然就具足圓滿了。但是佛法中不像外道們這麼說，且看《大方廣佛華嚴經》卷七十一，這當然是八十華嚴中說的。《華嚴經》有三個版本：四十、六十、八十華嚴，這當然是八十華嚴裡面的經文，才會有卷七十一。

【身為正法藏，心是無礙智；既得智光照，復照諸群生。心集無邊業，莊嚴諸世間；了世皆是心，現身等眾生。】

讀了這首偈，諸位有沒有一個聯想？《華嚴經》還有一首偈也很有名：「心如工畫師，能畫諸世間；五蘊悉從生，無法而不造。」有沒有？（有人答：有。）對啊！跟這首偈有沒有很像？意思大約是一樣的，這個心當然不可能是指意識心。請問諸位：當你晚上作夢的時候，那個夢境是誰畫出來的？是意識畫的嗎？或者是意根的你所畫的嗎？都不可能啊！因為意識與意根都是在如來藏心所畫出來的那個境界相裡面喜怒哀樂，所以是依附於那個夢境世間而歡喜、驚恐、奔逃，而那個夢境世間誰畫出來的？那夢境遠比宋徽宗的工筆畫還要工筆欸！宋徽宗畫花鳥，他的工筆畫是一絕，他好用心畫畫，怪不得會亡國；如果他沒有亡國，大慧宗杲就不必被宋高宗迫害；這就不管它，因為是題外話。這個「心」畫出來的夢境世間，不只叫作維妙維肖，那根本是個眞實世間；因為夢中那個世間跟你醒過來所見的世間六塵是完全一樣的，色調也沒有變，眞實感也沒有變，活龍活現也都沒有變，全都一樣啊！差別只是沒有跟清醒位的世間聯結而已。

夢境中被畫出來的那個世間，是誰畫的？能夠這樣畫得無比精緻，再也找不到別人能畫的了，只有實相心如來藏才能夠畫得出來。所以如來藏在夢境裡面幫你畫出那個外在環境，又畫出許許多多的人物，而且夢中那些人物，如來藏都是依事實而畫出來的，就像是有先考證過一般；你夢見的某甲是那個個性，現實生活中的某甲就是那個個性；每一個細節，如來藏似乎都考證過，都不會爲你造假，祂也不會取材錯誤。祂畫出世間同時畫出裡面的人物，還可以跟你互動，厲害吧！有誰能畫出這樣的人物？但如來藏都畫出來了，畫出來之後讓你意根、意識在裡面喜怒哀樂。

祂畫出來的不是只有物質世間，還包括別的五陰世間，所以你在夢境裡面所遇見的那一些人，不管認識不認識，都可以跟你互動。這是誰在操控？都是如來藏。因爲這不是意識、意根辦得到的，所以祂眞的就像是天下最工於畫事的工筆畫畫師一樣，畫得一絲不苟。再說，當你清醒過來以後，清醒位所見的六塵世間難道還有外於如來藏嗎？也沒有啊！還是你的如來藏所畫的。因為你的眼根放眼看出去之後，如來藏就在你腦袋中畫出這樣的景色來，讓你覺知心來接觸、了別，與外世間完全沒有走樣。祂畫的速度又快得不得了，好厲害！並且你都不必供應祂什麼電力、顏料，祂都幫你畫得好好的。

再說回來，祂只畫你所見的色塵世間嗎？不然歟！祂那個工筆畫出來的還可以畫成立體的。什麼樣的立體世間？就是一個又一個你所見的眾生身體也都是祂畫出來的。而每一個眾生的如來藏也都各自畫出自己五陰的模樣來，祂的畫筆眞厲害！人之不同各如其面，每一個如來藏都會自己畫；這一世畫成這個模樣，下一世畫成那個模樣，上一世畫的又是另一個模樣，都不會重複，眞的很厲害！可是祂畫得這麼多，而祂把所有的正法也同時容納在祂自己心中，祂卻不在你身外，祂總是跟你在一起，比你的拜把兄弟還要親；祂把所有的正法都含藏在你身中，你不必往外面去找。所以說達賴喇嘛是個糊塗人，竟然說要往虛空去找自己的本源。

因此，《華嚴經》就告訴你說：「自己的色身是正法藏，而眞實心有無礙的智慧。」想想看，你夢境中該怎麼樣，祂都幫你安排得好好的。如果你的因緣是可以去體驗恐怖的境界，祂也願意提供。如果你的心情是適合去體驗快樂的安逸世界，祂也可以提供。什麼樣的境界祂都可以提供，祂沒有任何障礙，祂有這種無礙智。當你證得了這樣的「**正法藏**」，就得到了智光所照耀的智慧。被這個智慧光明照耀了以後，你有智慧了，就可以拿這個智慧轉頭來照耀「**諸群生**」。這就是我們這些親教師們正在作的事情：「**既得智光照，復照諸群生。**」可是這個心有些什麼特性？《華嚴經》說「**心集無邊業**」，不管有情造了多少業，全部都收集起來；不論是善業、惡業、無記業的種子全部收存起來，意識與意根是不可能作到的。只要跟異熟生死有關的全部收集起來，收集了這些無邊業種以後，接著就會「**莊嚴諸世間**」。爲什麼收集一切業以後會是「**莊嚴諸世間**」？這裡面當然有道理，可是這個道理要跟諸位賣個關子，下回分解。（續後第七輯解說。）

佛教正覺同修會〈修學佛道次第表〉

第一階段

* ＊以憶佛及拜佛方式修習動中定力。
* ＊學第一義佛法及禪法知見。
* ＊無相拜佛功夫成就。
* ＊具備一念相續功夫—動靜中皆能看話頭。
* ＊努力培植福德資糧，勤修三福淨業。

第二階段

* ＊參話頭，參公案。
* ＊開悟明心，一片悟境。
* ＊鍛鍊功夫求見佛性。
* ＊眼見佛性〈餘五根亦如是〉親見世界如幻，成就如幻觀。
* ＊學習禪門差別智。
* ＊深入第一義經典。
* ＊修除性障及隨分修學禪定。
* ＊修證十行位陽焰觀。

第三階段

* ＊學一切種智真實正理—楞伽經、解深密經、成唯識論…。
* ＊參究末後句。
* ＊解悟末後句。
* ＊透牢關—親自體驗所悟末後句境界，親見實相，無得無失。
* ＊救護一切眾生迴向正道。護持了義正法，修證十迴向位如夢觀。
* ＊發十無盡願，修習百法明門，親證猶如鏡像現觀。
* ＊修除五蓋，發起禪定。持一切善法戒。親證猶如光影現觀。
* ＊進修四禪八定、四無量心、五神通。進修大乘種智，求證猶如谷響現觀。

佛菩提二主要道次第概要表——二道並修，以外無別佛法

佛菩提道——大菩提道

十信位修集信心——一劫乃至一萬劫

遠波羅蜜多

資糧位

初住位修集布施功德（以財施為主）。
二住位修集持戒功德。
三住位修集忍辱功德。
四住位修集精進功德。
五住位修集禪定功德。
六住位修集般若功德（熏習般若中觀及斷我見，加行位也）。

外門廣修六度萬行

見道位

七住位明心般若正觀現前，親證本來自性清淨涅槃。
八住位起於一切法現觀般若中道。漸除性障。
十住位眼見佛性，世界如幻觀成就。

一至十行位，於廣行六度萬行中，依般若中道慧，現觀陰處界猶如陽焰，至第十行滿心位，陽焰觀成就。

一至十迴向位熏習一切種智；修除性障，唯留最後一分思惑不斷。第十迴向滿心位成就菩薩道如夢觀。

內門廣修六度萬行

初地：第十迴向位滿心時，成就道種智一分（八識心王一一親證後，領受五法、三自性、七種第一義、七種性自性、二種無我法）復由勇發十無盡願，成通達位菩薩。復又永伏性障而不具斷，能證慧解脫而不取證，由大願故留惑潤生。此地主修法施波羅蜜多及百法明門。證「猶如鏡像」現觀，故滿初地心。

二地：初地功德滿足以後，再成就道種智一分而入二地；主修戒波羅蜜多及一切種智。滿心位成就「猶如光影」現觀，戒行自然清淨。

解脫道：二乘菩提

→ 斷三縛結，成初果解脫

→ 薄貪瞋癡，成二果解脫

→ 斷五下分結，成三果解脫

入地前的四加行令煩惱障現行悉斷，成四果解脫，留惑潤生。分段生死已斷，煩惱障習氣種子開始斷除，兼斷無始無明上煩惱。

近波羅蜜多

大波羅蜜多

圓滿波羅蜜多

修道位

究竟位

三地：二地滿心再證道種智一分，故入三地。此地主修忍波羅蜜多及四禪八定、四無量心、五神通。能成就俱解脫果而不取證，留惑潤生。滿心位成就「猶如谷響」現觀及無漏妙定意生身。

四地：由三地再證道種智一分故入四地。主修精進波羅蜜多，於此土及他方世界廣度有緣，無有疲倦。進修一切種智，滿心位成就「如水中月」現觀。

五地：由四地再證道種智一分故入五地。主修禪定波羅蜜多及一切種智，斷除下乘涅槃貪。滿心位成就「變化所成」現觀。

六地：由五地再證道種智一分故入六地。此地主修般若波羅蜜多——依道種智現觀十二因緣一一有支及意生身化身，皆自心眞如變化所現，「非有似有」，成就細相觀，不由加行而自然證得滅盡定，成俱解脫大乘無學。

七地：由六地「非有似有」現觀，再證道種智一分故入七地。此地主修一切種智及方便波羅蜜多，由重觀十二有支一一支中之流轉門及還滅門一切細相，成就方便善巧，念念隨入滅盡定。滿心位證得「如犍闥婆城」現觀。

八地：由七地極細相觀成就故再證道種智一分而入八地。此地主修一切種智及願波羅蜜多。至滿心位純無相觀任運恆起，故於相土自在，滿心位復證「如實覺知諸法相意生身」故。

九地：由八地再證道種智一分故入九地。主修力波羅蜜多及一切種智，成就四無礙，滿心位證得「種類俱生無行作意生身」。

十地：由九地再證道種智一分故入此地。此地主修一切種智——智波羅蜜多。滿心位起大法智雲，及現起大法智雲所含藏種種功德，成受職菩薩。

等覺：由十地道種智成就故入此地。此地應修一切種智，圓滿等覺地無生法忍；於百劫中修集極廣大福德，以之圓滿三十二大人相及無量隨形好。

妙覺：示現受生人間已斷盡煩惱障一切習氣種子，並斷盡所知障一切隨眠，永斷變易生死無明，成就大般涅槃，四智圓明。人間捨壽後，報身常住色究竟天利樂十方地上菩薩；以諸化身利樂有情，永無盡期，成就究竟佛道。

七地滿心斷除故意保留之最後一分思惑時，煩惱障所攝色、受、想三陰有漏習氣種子全部斷盡。

煩惱障所攝行、識二陰無漏習氣種子任運漸斷，所知障所攝上煩惱任運漸斷。

← 斷盡變易生死成就大般涅槃

圓滿成就究竟佛果

佛子蕭平實 謹製

（二〇〇九、〇二 修訂）

（二〇一二、〇二 增補）

佛教正覺同修會 共修現況 及 招生公告　2016/1/16

一、共修現況：（請在共修時間來電，以免無人接聽。）

台北正覺講堂 103 台北市承德路三段 277 號九樓 捷運淡水線圓山站旁 Tel..**總機** 02-25957295（晚上）（**分機：九樓**辦公室 10、11；知客櫃檯 12、13。 **十樓**知客櫃檯 15、16；書局櫃檯 14。 **五樓**辦公室 18；知客櫃檯 19。**二樓**辦公室 20；知客櫃檯 21。） Fax..25954493

第一講堂　台北市承德路三段 277 號九樓

禪淨班：週一晚上班、週三晚上班、週四晚上班、週五晚上班、週六下午班、週六上午班（皆須報名建立學籍後始可參加共修，欲報名者詳見本公告末頁）

增上班：瑜伽師地論詳解：每月第一、三、五週之週末 17.50～20.50 平實導師講解（僅限已明心之會員參加）

禪門差別智：每月第一週日全天　平實導師主講（事冗暫停）。

佛藏經詳解　平實導師主講。已於 2013/12/17 開講，歡迎已發成佛大願的菩薩種性學人，攜眷共同參與此殊勝法會聽講。詳解 釋迦世尊於《佛藏經》中所開示的眞實義理，更爲今時後世佛子四眾，闡述佛陀演說此經的本懷。眞實尋求佛菩提道的有緣佛子，親承聽聞如是勝妙開示，當能如實理解經中義理，亦能了知於大乘法中：如何是諸法實相？善知識、惡知識要如何簡擇？如何才是清淨持戒？如何才能清淨說法？於此末法之世，眾生五濁益重，不知佛、不解法、不識僧，唯見表相，不信眞實，貪著五欲，諸方大師不淨說法，各各將導大量徒眾趣入三塗，如是師徒俱堪憐憫。是故，平實導師以大慈悲心，用淺白易懂之語句，佐以實例、譬喻而爲演說，普令聞者易解佛意，皆得契入佛法正道，如實了知佛法大藏。

此經中，對於實相念佛多所著墨，亦指出念佛要點：以實相爲依，念佛者應依止淨戒、依止清淨僧寶，捨離違犯重戒之師僧，應受學清淨之法，遠離邪見。本經是現代佛門大法師所厭惡之經典：一者由於大法師們已全都落入意識境界而無法親證實相，故於此經中所說實相全無所知，都不樂有人聞此經名，以免讀後提出問疑時無法回答；二者現代大乘佛法地區，已經普被藏密喇嘛教滲透，許多有名之大法師們大多已曾或繼續在修練雙身法，都已失去聲聞戒體及菩薩戒體，成爲地獄種姓人，已非眞正出家之人，本質只是身著僧衣而住在寺院中的世俗人。這些人對於此經都是讀不懂的，也是極爲厭惡的；他們尚不樂見此經之印行，何況流通與講解？今爲救護廣大學佛人，兼欲護持佛教血脈永續常傳，特選此經宣講之。每逢週二 18.50~20.50 開示，不限制聽講資格。會外人士需憑身分證件換證入內聽講（此是大樓管理處之安全規定，敬請見諒）。桃園、台中、台南、高雄等地講堂，亦於每週二晚上播放平實導師所講本經之 DVD，不必出示身分證件即可入內聽講，歡迎各地善信同霑法益。

第二講堂　台北市承德路三段 267 號十樓。

禪淨班：週一晚上班、週六下午班。

進階班：週三晚上班、週四晚上班、週五晚上班（禪淨班結業後轉入共修）。

佛藏經詳解：平實導師講解。每週二 18.50~20.50（影像音聲即時傳輸）。本會學員憑上課證進入聽講，會外學人請以身分證件換證進入聽講（此為大樓管理處安全管理規定之要求，敬請諒解）。

第三講堂　台北市承德路三段 277 號五樓。

進階班：週一晚上班、週三晚上班、週四晚上班、週五晚上班。

佛藏經詳解：平實導師講解。每週二 18.50~20.50（影像音聲即時傳輸）。本會學員憑上課證進入聽講，會外學人請以身分證件換證進入聽講（此為大樓管理處安全管理規定之要求，敬請諒解）。

第四講堂　台北市承德路三段 267 號二樓。

進階班：週一晚上班、週三晚上班、週四晚上班、週五晚上班（禪淨班結業後轉入共修）。

佛藏經詳解：平實導師講解。每週二 18.50~20.50（影像音聲即時傳輸）。本會學員憑上課證進入聽講，會外學人請以身分證件換證進入聽講（此為大樓管理處安全管理規定之要求，敬請諒解）。

第五、第六講堂　為**開放式講堂**，不需以身分證件換證即可進入聽講，台北市承德路三段 267 號地下一樓、地下二樓。已規劃整修完成，每逢週二晚上講經時段開放給會外人士自由聽經，請由大樓側面梯階逕行進入聽講。**聽講者請尊重講者的著作權及肖像權，請勿錄音錄影，以免違法；若有錄音錄影被查獲者，將依法處理。**

正覺祖師堂　大溪鎮美華里信義路 650 巷坑底 5 之 6 號（台 3 號省道 34 公里處 妙法寺對面斜坡道進入）電話 03-3886110　傳眞 03-3881692 本堂供奉 克勤圓悟大師，專供會員每年四月、十月各二次精進禪三共修，兼作本會出家菩薩掛單常住之用。除禪三時間以外，每逢單月第一週之週日 9:00~17:00 開放會內、外人士參訪，當天並提供午齋結緣。教內共修團體或道場，得另申請其餘時間作團體參訪，務請事先與常住確定日期，以便安排常住菩薩接引導覽，亦免妨礙常住菩薩之日常作息及修行。

桃園正覺講堂（第一、第二講堂）：桃園市介壽路 286、288 號 10 樓（陽明運動公園對面）電話：03-3749363（請於共修時聯繫，或與台北聯繫）

禪淨班：週一晚上班、週三晚上班、週四晚上班、週五晚上班。

進階班：週六上午班、週五晚上班。

佛藏經詳解：平實導師講解。每週二晚上，以台北正覺講堂所錄 DVD 放映；歡迎會外學人共同聽講，不需出示身分證件。

新竹正覺講堂 新竹市東光路 55 號二樓之一 電話 03-5724297（晚上）

第一講堂：

禪淨班：週一晚上班、週五晚上班、週六上午班。

進階班：週三晚上班、週四晚上班（由禪淨班結業後轉入共修）。

佛藏經詳解：平實導師講解。每週二晚上，以台北正覺講堂所錄 DVD 放映。歡迎會外學人共同聽講，不需出示身分證件。

第二講堂：

禪淨班：週三晚上班、週四晚上班。

佛藏經詳解：每週二晚上與第一講堂同時播放佛藏經詳解 DVD。

台中正覺講堂 04-23816090（晚上）

第一講堂 台中市南屯區五權西路二段 666 號 13 樓之四（國泰世華銀行樓上。鄰近縣市經第一高速公路前來者，由五權西路交流道可以快速到達，大樓旁有停車場，對面有素食館）。

禪淨班：週三晚上班、週四晚上班。

進階班：週一晚上班、週六上午班（由禪淨班結業後轉入共修）。

增上班：單週週末以台北增上班課程錄成 DVD 放映之，限已明心之會員參加。

佛藏經詳解：平實導師講解。每週二晚上，以台北正覺講堂所錄 DVD 放映。歡迎會外學人共同聽講，不需出示身分證件。

第二講堂 台中市南屯區五權西路二段 666 號 4 樓

禪淨班：週一晚上班、週三晚上班、週六上午班。

進階班：週五晚上班（由禪淨班結業後轉入共修）。

佛藏經詳解：每週二晚上與第一講堂同時播放佛藏經詳解 DVD。

第三講堂、第四講堂：台中市南屯區五權西路二段 666 號 4 樓。

嘉義正覺講堂 嘉義市友愛路 288 號八樓之一 電話：05-2318228

第一講堂：

禪淨班：週一晚上班、週四晚上班、週五晚上班。

進階班：週三晚上班（由禪淨班結業後轉入共修）。

佛藏經詳解：平實導師講解。每週二晚上，以台北正覺講堂所錄 DVD 放映。歡迎會外學人共同聽講，不需出示身分證件。

第二講堂 嘉義市友愛路 288 號八樓之二。

台南正覺講堂

第一講堂 台南市西門路四段 15 號 4 樓。06-2820541（晚上）

禪淨班：週一晚上班、週三晚上班、週四晚上班、週五晚上班、週六下午班。

增上班：單週週末下午，以台北增上班課程錄成 DVD 放映之，限已明心之會員參加。

佛藏經詳解：平實導師講解。每週二晚上，以台北正覺講堂所錄 DVD 放映。歡迎會外學人共同聽講，不需出示身分證件。

第二講堂　台南市西門路四段 15 號 3 樓。

佛藏經詳解：每週二晚上與第一講堂同時播放佛藏經詳解 DVD。

第三講堂　台南市西門路四段 15 號 3 樓。

進階班：週三晚上班、週四晚上班、週六上午班（由禪淨班結業後轉入共修）。

佛藏經詳解：每週二晚上與第一講堂同時播放佛藏經詳解 DVD。

高雄正覺講堂　高雄市新興區中正三路 45 號五樓 07-2234248（晚上）

第一講堂（五樓）：

禪淨班：週一晚上班、週三晚上班、週四晚上班、週五晚上班、週六上午班。

增上班：單週週末下午，以台北增上班課程錄成 DVD 放映之，限已明心之會員參加。

佛藏經詳解：平實導師講解。每週二晚上，以台北正覺講堂所錄 DVD 放映。歡迎會外學人共同聽講，不需出示身分證件。

第二講堂（四樓）：

進階班：週三晚上班、週四晚上班、週六上午班（由禪淨班結業後轉入共修）。

佛藏經詳解：每週二晚上與第一講堂同時播放佛藏經詳解 DVD。

第三講堂（三樓）：

進階班：週四晚上班（由禪淨班結業後轉入共修）。

香港正覺講堂　☆**已遷移新址**☆

九龍觀塘，成業街 10 號，電訊一代廣場 27 樓 E 室。

（觀塘地鐵站 B1 出口，步行約 4 分鐘）。電話：(852) 23262231

英文地址：Unit E, 27th Floor, TG Place, 10 Shing Yip Street, Kwun Tong, Kowloon

禪淨班：雙週六下午班 14:30-17:30，已經額滿。
雙週日下午班 14:30-17:30，2016 年 4 月底前尚可報名。

進階班：雙週五晚上班（由禪淨班結業後轉入共修）。

增上班：單週週末上午，以台北增上班課程錄成 DVD 放映之，限已明心之會員參加。

妙法蓮華經詳解：平實導師講解。雙週六 19:00-21:00，以台北正覺講堂所錄 DVD 放映；歡迎會外學人共同聽講，不需出示身分證件。

美國洛杉磯正覺講堂　☆已遷移新址☆

825 S. Lemon Ave Diamond Bar, CA 91798 U.S.A.
Tel. (909) 595-5222（請於週六 9:00~18:00 之間聯繫）
Cell. (626) 454-0607

禪淨班：每逢週末 15：30~17：30 上課。

進階班：每逢週末上午 10：00~12：00 上課。

佛藏經詳解：平實導師講解。每週六下午 13：00~15：00，以台北正覺講堂所錄 DVD 放映。歡迎各界人士共享第一義諦無上法益，不需報名。

二、招生公告　本會台北講堂及全省各講堂，每逢**四月、十月**下旬開新班，每週共修一次（每次二小時。開課日起三個月內仍可插班）；但美國洛杉磯共修處之禪淨班得隨時插班共修。各班共修期間皆為二年半，欲參加者請向本會函索報名表（各共修處皆於共修時間方有人執事，非共修時間請勿電詢或前來洽詢、請書），或直接從本會官方網站 (http://www.enlighten.org.tw/newsflash/class)或成佛之道網站下載報名表。共修期滿時，若經報名禪三審核通過者，可參加四天三夜之禪三精進共修，有機會明心、取證如來藏，發起般若實相智慧，成為實義菩薩，脫離凡夫菩薩位。

三、新春禮佛祈福 農曆**年假**期間停止共修：自農曆新年前七天起停止共修與弘法，正月 8 日起回復共修、弘法事務。新春期間正月初一～初七 9.00～17.00 開放台北講堂、正月初一～初三開放新竹講堂、台中講堂、台南講堂、高雄講堂，以及大溪禪三道場（正覺祖師堂），方便會員供佛、祈福及會外人士請書。美國洛杉磯共修處之休假時間，請逕詢該共修處。

密宗四大派修雙身法，是外道性力派的邪法；又以生滅的識陰作為常住法，是常見外道，是假的藏傳佛教。

西藏覺囊巴以他空見弘揚第八識如來藏勝法，才是真藏傳佛教

佛教正覺同修會　弘法行事表

2014/08/19

1、**禪淨班**　以無相念佛及拜佛方式修習動中定力，實證一心不亂功夫。傳授解脫道正理及第一義諦佛法，以及參禪知見。共修期間：二年六個月。每逢四月、十月開新班，詳見招生公告表。

2、**《佛藏經》詳解**　平實導師主講。已於 2013/12/17 開講，歡迎已發成佛大願的菩薩種性學人，攜眷共同參與此殊勝法會聽講。詳解釋迦世尊於《佛藏經》中所開示的眞實義理，更爲今時後世佛子四眾，闡述 佛陀演說此經的本懷。眞實尋求佛菩提道的有緣佛子，親承聽聞如是勝妙開示，當能如實理解經中義理，亦能了知於大乘法中：如何是諸法實相？善知識、惡知識要如何簡擇？如何才是清淨持戒？如何才能清淨說法？於此末法之世，眾生五濁益重，不知佛、不解法、不識僧，唯見表相，不信眞實，貪著五欲，諸方大師不淨說法，各各將導大量徒眾趣入三塗，如是師徒俱堪憐憫。是故，平實導師以大慈悲心，用淺白易懂之語句，佐以實例、譬喻而爲演說，普令聞者易解佛意，皆得契入佛法正道，如實了知佛法大藏。每逢週二 18.50~20.50 開示，不限制聽講資格。會外人士需憑身分證件換證入內聽講（此是大樓管理處之安全規定，敬請見諒）。桃園、新竹、台中、台南、高雄等地講堂，亦於每週二晚上播放平實導師講經之 DVD，不必出示身分證件即可入內聽講，歡迎各地善信同霑法益。

有某道場專弘淨土法門數十年，於教導信徒研讀《佛藏經》時，往往告誡信徒曰：「後半部不許閱讀。」由此緣故坐令信徒失去提升念佛層次之機緣，師徒只能低品位往生淨土，令人深覺愚癡無智。由有多人建議故，平實導師開始宣講《佛藏經》，藉以轉易如是邪見，並提升念佛人之知見與往生品位。此經中，對於實相念佛多所著墨，亦指出念佛要點：以實相爲依，念佛者應依止淨戒、依止清淨僧寶，捨離違犯重戒之師僧，應受學清淨之法，遠離邪見。本經是現代佛門大法師所厭惡之經典：一者由於大法師們已全都落入意識境界而無法親證實相，故於此經中所說實相全無所知，都不樂有人聞此經名，以免讀後提出問疑時無法回答；二者現代大乘佛法地區，已經普被藏密喇嘛教滲透，許多有名之大法師們大多已曾或繼續在修練雙身法，都已失去聲聞戒體及菩薩戒體，成爲地獄種姓人，已非眞正出家之人，本質上只是身著僧衣而住在寺院中的世俗人。這些人對於此經都是讀不懂的，也是極爲厭惡的；他們尚不樂見此經之印行，何況流通與講解？今爲救護廣大學佛人，兼欲護持佛教血脈永續常傳，特選此經宣講之，主講者平實導師。

3、**瑜伽師地論**詳解　詳解論中所言凡夫地至佛地等 17 師之修證境界與理論，從凡夫地、聲聞地……宣演到諸地所證一切種智之眞實正理。由平實導師開講，每逢一、三、五週之週末晚上開示，僅限已明心之會員參加。

4、**精進禪三**　主三和尚：平實導師。於四天三夜中，以克勤圓悟大師及大慧宗杲之禪風，施設機鋒與小參、公案密意之開示，幫助會員剋期取證，親證不生不滅之眞實心——人人本有之如來藏。每年四月、十月各舉辦二個梯次；平實導師主持。僅限本會會員參加禪淨班共修期滿，報名審核通過者，方可參加。並選擇會中定力、慧力、福德三條件皆已具足之已明心會員，給以指引，令得眼見自己無形無相之佛性遍佈山河大地，眞實而無障礙，得以肉眼現觀世界身心悉皆如幻，具足成就如幻觀，圓滿十住菩薩之證境。

5、**阿含經**詳解　選擇重要之阿含部經典，依無餘涅槃之實際而加以詳解，令大眾得以現觀諸法緣起性空，亦復不墮斷滅見中，顯示經中所隱說之涅槃實際—如來藏—確實已於四阿含中隱說；令大眾得以聞後觀行，確實斷除我見乃至我執，證得**見到**眞現觀，乃至**身證**……等眞現觀；已得大乘或二乘見道者，亦可由此聞熏及聞後之觀行，除斷我所之貪著，成就慧解脫果。由平實導師詳解。不限制聽講資格。

6、**大法鼓經**詳解　詳解末法時代大乘佛法修行之道。佛教正法消毒妙藥塗於大鼓而以擊之，凡有眾生聞之者，一切邪見鉅毒悉皆消殞；此經即是大法鼓之正義，凡聞之者，所有邪見之毒悉皆滅除，見道不難；亦能發起菩薩無量功德，是故諸大菩薩遠從諸方佛土來此娑婆聞修此經。由平實導師詳解。不限制聽講資格。

7、**解深密經**詳解　重講本經之目的，在於令諸已悟之人明解大乘法道之成佛次第，以及悟後進修一切種智之內涵，確實證知三種自性性，並得據此證解七眞如、十眞如等正理。每逢週二 18.50~20.50 開示，由平實導師詳解。將於《大法鼓經》講畢後開講。不限制聽講資格。

8、**成唯識論**詳解　詳解一切種智眞實正理，詳細剖析一切種智之微細深妙廣大正理；並加以舉例說明，使已悟之會員深入體驗所證如來藏之微密行相；及證驗見分相分與所生一切法，皆由如來藏—阿賴耶識—直接或展轉而生，因此證知一切法無我，證知無餘涅槃之本際。將於增上班《瑜伽師地論》講畢後，由平實導師重講。僅限已明心之會員參加。

9、**精選如來藏系經典**詳解　精選如來藏系經典一部，詳細解說，以此完全印證會員所悟如來藏之眞實，得入不退轉住。另行擇期詳細解說之，由平實導師講解。僅限已明心之會員參加。

10、**禪門差別智**　藉禪宗公案之微細淆訛難知難解之處，加以宣說及剖析，以增進明心、見性之功德，啓發差別智，建立擇法眼。每月第一週日全天，由平實導師開示，僅限破參明心後，復又眼見佛性者參加（事冗暫停）。

11、**枯木禪**　先講智者大師的《小止觀》，後說《釋禪波羅蜜》，詳解四禪八定之修證理論與實修方法，細述一般學人修定之邪見與岔路，及對禪定證境之誤會，消除枉用功夫、浪費生命之現象。已悟般若者，可以藉此而實修初禪，進入大乘通教及聲聞教的三果心解脫境界，配合應有的大福德及後得無分別智、十無盡願，即可進入初地心中。親教師：平實導師。未來緣熟時將於大溪正覺寺開講。不限制聽講資格。

註：本會例行年假，自 2004 年起，改爲每年農曆新年前七天開始停息弘法事務及共修課程，農曆正月 8 日回復所有共修及弘法事務。新春期間（每日 9.00~17.00）開放台北講堂，方便會員禮佛祈福及會外人士請書。大溪鎭的正覺祖師堂，開放參訪時間，詳見〈正覺電子報〉或成佛之道網站。本表得因時節因緣需要而隨時修改之，不另作通知。

佛教正覺同修會　贈閱書籍 目錄　　2015/09/29

1.**無相念佛**　平實導師著　回郵 10 元
2.**念佛三昧修學次第**　平實導師述著　回郵 25 元
3.**正法眼藏—護法集**　平實導師述著　回郵 35 元
4.**真假開悟簡易辨正法&佛子之省思**　平實導師著　回郵 3.5 元
5.**生命實相之辨正**　平實導師著　回郵 10 元
6.**如何契入念佛法門**（附：印順法師否定極樂世界）平實導師著　回郵 3.5 元
7.**平實書箋**—答元覽居士書　平實導師著　回郵 35 元
8.**三乘唯識**—如來藏系經律彙編　平實導師編　回郵 80 元
（精裝本　長 27 cm　寬 21 cm　高 7.5 cm　重 2.8 公斤）
9.**三時繫念全集**—修正本　回郵掛號 40 元（長 26.5 cm×寬 19 cm）
10.**明心與初地**　平實導師述　回郵 3.5 元
11.**邪見與佛法**　平實導師述著　回郵 20 元
12.**菩薩正道**—回應義雲高、釋性圓…等外道之邪見　正燦居士著 回郵 20 元
13.**甘露法雨**　平實導師述　回郵 20 元
14.**我與無我**　平實導師述　回郵 20 元
15.**學佛之心態**—修正錯誤之學佛心態始能與正法相應 孫正德老師著 回郵35元
附錄：平實導師著**《略說八、九識並存…等之過失》**
16.**大乘無我觀**—《悟前與悟後》別說　平實導師述著　回郵 20 元
17.**佛教之危機**—中國台灣地區現代佛教之真相（附錄：公案拈提六則）
平實導師著　回郵 25 元
18.**燈　影**—燈下黑（覆「求教後學」來函等）　平實導師著　回郵 35 元
19.**護法與毀法**—覆上平居士與徐恒志居士網站毀法二文
張正圜老師著　回郵 35 元
20.**淨土聖道**—兼評**選擇本願念佛**　正德老師著　**由正覺同修會購贈** 回郵 25 元
21.**辨唯識性相**—對「紫蓮心海《辯唯識性相》書中否定阿賴耶識」之回應
正覺同修會 台南共修處法義組 著　回郵 25 元
22.**假如來藏**—對法蓮法師《如來藏與阿賴耶識》書中否定阿賴耶識之回應
正覺同修會 台南共修處法義組 著　回郵 35 元
23.**入不二門**—公案拈提集錦 第一輯（於平實導師公案拈提諸書中選錄約二十則，
合輯爲一冊流通之）平實導師著　回郵 20 元
24.**真假邪說**—西藏密宗索達吉喇嘛《破除邪說論》真是邪說
釋正安法師著　回郵 35 元
25.**真假開悟**—真如、如來藏、阿賴耶識間之關係　平實導師述著　回郵 35 元
26.**真假禪和**—辨正釋傳聖之謗法謬說　孫正德老師著　回郵 30 元

27.**眼見佛性**—駁慧廣法師眼見佛性的含義文中謬說
游正光老師著　回郵 25 元

28.**普門自在**—公案拈提集錦 第二輯（於平實導師公案拈提諸書中選錄約二十則，合輯爲一冊流通之）平實導師著　回郵 25 元

29.**印順法師的悲哀**—以現代禪的質疑為線索　恒毓博士著　回郵 25 元

30.**識蘊真義**—現觀識蘊內涵、取證初果、親斷三縛結之具體行門。
—依《成唯識論》及《惟識述記》正義，略顯安慧《大乘廣五蘊論》之邪謬
平實導師著　回郵 35 元

31.**正覺電子報** 各期紙版本　免附回郵　每次最多函索三期或三本。
（已無存書之較早各期，不另增印贈閱）

32.**現代人應有的宗教觀**　蔡正禮老師 著　回郵 3.5 元

33.**遠惑趣道**—正覺電子報般若信箱問答錄　第一輯　回郵 20 元

34.**遠惑趣道**—正覺電子報般若信箱問答錄　第二輯　回郵 20 元

35.**確保您的權益**—器官捐贈應注意自我保護　游正光老師 著　回郵 10 元

36.**正覺教團電視弘法三乘菩提 DVD 光碟（一）**
由正覺教團多位親教師共同講述錄製 DVD 8 片，MP3 一片，共 9 片。有二大講題：一爲「三乘菩提之意涵」，二爲「學佛的正知見」。內容精闢，深入淺出，精彩絕倫，幫助大眾快速建立三乘法道的正知見，免被外道邪見所誤導。有志修學三乘佛法之學人不可不看。（製作工本費 100 元，回郵 25 元）

37.**正覺教團電視弘法 DVD 專輯（二）**
總有二大講題：一爲「三乘菩提之念佛法門」，一爲「學佛正知見（第二篇）」，由正覺教團多位親教師輪番講述，內容詳細闡述如何修學念佛法門、實證念佛三昧，以及學佛應具有的正確知見，可以幫助發願往生西方極樂淨土之學人，得以把握往生，更可令學人快速建立三乘法道的正知見，免於被外道邪見所誤導。有志修學三乘佛法之學人不可不看。（一套 17 片，工本費 160 元。回郵 35 元）

38.**佛藏經** 燙金精裝本　每冊回郵 20 元。正修佛法之道場欲大量索取者，請正式發函並蓋用大印寄來索取（2008.04.30 起開始敬贈）

39.**喇嘛性世界**—揭開假藏傳佛教譚崔瑜伽的面紗　張善思 等人合著
由正覺同修會購贈　回郵 20 元

40.**假藏傳佛教的神話**—性、謊言、喇嘛教　張正玄教授編著　回郵 20 元
由正覺同修會購贈　回郵 20 元

41.**隨 緣**—理隨緣與事隨緣　平實導師述　回郵 20 元。

42.**學佛的覺醒**　正枝居士 著　回郵 25 元

43.**導師之真實義**　蔡正禮老師 著　回郵 10 元

44.**淺談達賴喇嘛之雙身法**—兼論解讀「密續」之達文西密碼
吳明芷居士 著　回郵 10 元

45.**魔界轉世**　張正玄居士 著　回郵 10 元

46.**一貫道與開悟**　蔡正禮老師 著　回郵 10 元

47.**博愛**—愛盡天下女人　正覺教育基金會 編印　回郵 10 元

48.**意識虛妄經教彙編**—實證解脫道的關鍵經文　正覺同修會編印　回郵 25 元

49.**邪箭囈語**—破斥藏密外道多識仁波切《破魔金剛箭雨論》之邪說
陸正元老師著　上、下冊回郵各 30 元

50.**真假沙門**—依 佛聖教闡釋佛教僧寶之定義
蔡正禮老師著　俟正覺電子報連載後結集出版

51.**真假禪宗**—藉評論釋性廣《印順導師對變質禪法之批判
及對禪宗之肯定》以顯示真假禪宗
附論一：凡夫知見 無助於佛法之信解行證
附論二：世間與出世間一切法皆從如來藏實際而生而顯
余正偉老師著　俟正覺電子報連載後結集出版　回郵未定

52.**假鋒虛焰金剛乘**—揭示顯密正理，兼破索達吉師徒《般若鋒兮金剛焰》。
釋正安 法師著　俟正覺電子報連載後結集出版

★ 上列贈書之郵資，係台灣本島地區郵資，大陸、港、澳地區及外國地區，請另計酌增（大陸、港、澳、國外地區之郵票不許通用）。尚未出版之書，請勿先寄來郵資，以免增加作業煩擾。

★ 本目錄若有變動，唯於後印之書籍及「成佛之道」網站上修正公佈之，不另行個別通知。

函索書籍請寄：佛教正覺同修會　103 台北市承德路 3 段 277 號 9 樓
台灣地區函索書籍者請附寄郵票，無時間購買郵票者可以等值現金抵用，但不接受郵政劃撥、支票、匯票。大陸地區得以人民幣計算，國外地區請以美元計算（請勿寄來當地郵票，在台灣地區不能使用）。欲以掛號寄遞者，請另附掛號郵資。

親自索閱：正覺同修會各共修處。　★請於共修時間前往取書，餘時無人在道場，請勿前往索取；共修時間與地點，詳見書末正覺同修會共修現況表（以近期之共修現況表爲準）。

註：正智出版社發售之局版書，請向各大書局購閱。若書局之書架上已經售出而無陳列者，請向書局櫃台指定洽購；若書局不便代購者，請於正覺同修會共修時間前往各共修處請購，正智出版社已派人於共修時間送書前往各共修處流通。 郵政劃撥購書及 大陸地區 購書，請詳別頁正智出版社發售書籍目錄最後頁之說明。

成佛之道 網站：http://www.a202.idv.tw　　正覺同修會已出版之結緣書籍，多已登載於 成佛之道 網站，若住外國、或住處遙遠，不便取得正覺同修會贈閱書籍者，可以從本網站閱讀及下載。　　書局版之《宗通與說通》亦已上網，台灣讀者可向書局洽購，售價 300 元。《狂密與眞密》第一輯~第四輯，亦於 2003.5.1.全部於本網站登載完畢；台灣地區讀者請向書局洽購，每輯約 400 頁，售價 300 元（網站下載紙張費用較貴，容易散失，難以保存，亦較不精美）。

＊＊假藏傳佛教修雙身法，非佛教＊＊

正智出版社 籌募弘法基金發售書籍目錄　2016/1/11

1.**宗門正眼**—公案拈提 第一輯 重拈　平實導師著　500 元
因重寫內容大幅度增加故，字體必須改小，並增爲 576 頁 主文 546 頁。比初版更精彩、更有內容。初版《禪門摩尼寶聚》之讀者，可寄回本公司免費調換新版書。免附回郵，亦無截止期限。（2007 年起，每冊附贈本公司精製公案拈提〈超意境〉CD 一片。市售價格 280 元，多購多贈。）

2.**禪淨圓融**　平實導師著　200 元（第一版舊書可換新版書。）

3.**真實如來藏**　平實導師著　400 元

4.**禪—悟前與悟後**　平實導師著　上、下冊，每冊 250 元

5.**宗門法眼**—公案拈提 第二輯　平實導師著　500 元
（2007 年起，每冊附贈本公司精製公案拈提〈超意境〉CD 一片）

6.**楞伽經詳解**　平實導師著　全套共 10 輯　每輯 250 元

7.**宗門道眼**—公案拈提 第三輯　平實導師著　500 元
（2007 年起，每冊附贈本公司精製公案拈提〈超意境〉CD 一片）

8.**宗門血脈**—公案拈提 第四輯　平實導師著　500 元
（2007 年起，每冊附贈本公司精製公案拈提〈超意境〉CD 一片）

9.**宗通與說通**—成佛之道 平實導師著 主文 381 頁 全書 400 頁售價 300 元

10.**宗門正道**—公案拈提 第五輯　平實導師著　500 元
（2007 年起，每冊附贈本公司精製公案拈提〈超意境〉CD 一片）

11.**狂密與真密 一～四輯**　平實導師著　西藏密宗是人間最邪淫的宗教，本質不是佛教，只是披著佛教外衣的印度教性力派流毒的喇嘛教。此書中將西藏密宗密傳之男女雙身合修樂空雙運所有祕密與修法，毫無保留完全公開，並將全部喇嘛們所不知道的部分也一併公開。內容比大辣出版社喧騰一時的《西藏慾經》更詳細。並且函蓋藏密的所有祕密及其錯誤的中觀見、如來藏見……等，藏密的所有法義都在書中詳述、分析、辨正。每輯主文三百餘頁　每輯全書約 400 頁　售價每輯 300 元

12.**宗門正義**—公案拈提 第六輯　平實導師著　500 元
（2007 年起，每冊附贈本公司精製公案拈提〈超意境〉CD 一片）

13.**心經密意**—心經與解脫道、佛菩提道、祖師公案之關係與密意　平實導師述　300 元

14.**宗門密意**—公案拈提 第七輯　平實導師著　500 元
（2007 年起，每冊附贈本公司精製公案拈提〈超意境〉CD 一片）

15.**淨土聖道**—兼評「選擇本願念佛」　正德老師著　200 元

16.**起信論講記**　平實導師述著　共六輯　每輯三百餘頁　售價各 250 元

17.**優婆塞戒經講記**　平實導師述著 共八輯 每輯三百餘頁 售價各 250 元

18.**真假活佛**—略論附佛外道盧勝彥之邪說（對前岳靈犀網站主張「盧勝彥是證悟者」之修正）　正犀居士（岳靈犀）著　流通價 140 元

19.**阿含正義**—唯識學探源　平實導師著　共七輯　每輯 300 元

20.**超意境** CD 以平實導師公案拈提書中超越意境之頌詞，加上曲風優美的旋律，錄成令人嚮往的超意境歌曲，其中包括正覺發願文及平實導師親自譜成的黃梅調歌曲一首。詞曲雋永，殊堪翫味，可供學禪者吟詠，有助於見道。內附設計精美的彩色小冊，解說每一首詞的背景本事。每片 280 元。【每購買公案拈提書籍一冊，即贈送一片。】

21.**菩薩底憂鬱** CD 將菩薩情懷及禪宗公案寫成新詞，並製作成超越意境的優美歌曲。 1.主題曲〈菩薩底憂鬱〉，描述地後菩薩能離三界生死而迴向繼續生在人間，但因尚未斷盡習氣種子而有極深沈之憂鬱，非三賢位菩薩及二乘聖者所知，此憂鬱在七地滿心位方才斷盡；本曲之詞中所說義理極深，昔來所未曾見；此曲係以優美的情歌風格寫詞及作曲，聞者得以激發嚮往諸地菩薩境界之大心，詞、曲都非常優美，難得一見；其中勝妙義理之解說，已印在附贈之彩色小冊中。 2.以各輯公案拈提中直示禪門入處之頌文，作成各種不同曲風之超意境歌曲，值得玩味、參究；聆聽公案拈提之優美歌曲時，請同時閱讀內附之印刷精美說明小冊，可以領會超越三界的證悟境界；未悟者可以因此引發求悟之意向及疑情，眞發菩提心而邁向求悟之途，乃至因此眞實悟入般若，成眞菩薩。 3.正覺總持咒新曲，總持佛法大意；總持咒之義理，已加以解說並印在隨附之小冊中。本 CD 共有十首歌曲，長達 63 分鐘。每盒各附贈二張購書優惠券。每片 280 元。

22.**禪意無限** CD 平實導師以公案拈提書中偈頌寫成不同風格曲子，與他人所寫不同風格曲子共同錄製出版，幫助參禪人進入禪門超越意識之境界。盒中附贈彩色印製的精美解說小冊，以供聆聽時閱讀，令參禪人得以發起參禪之疑情，即有機會證悟本來面目而發起實相智慧，實證大乘菩提般若，能如實證知般若經中的眞實意。本 CD 共有十首歌曲，長達 69 分鐘，每盒各附贈二張購書優惠券。每片 280 元。

23.**我的菩提路**第一輯　釋悟圓、釋善藏等人合著　售價 300 元

24.**我的菩提路**第二輯　郭正益、張志成等人合著　售價 300 元

25.**鈍鳥與靈龜**—考證後代凡夫對大慧宗杲禪師的無根誹謗。

平實導師著　共 458 頁　售價 350 元

26.**維摩詰經講記**　平實導師述　共六輯　每輯三百餘頁　售價各 250 元

27.**真假外道**—破劉東亮、杜大威、釋證嚴常見外道見　正光老師著　200 元

28.**勝鬘經講記**—兼論印順《勝鬘經講記》對於《勝鬘經》之誤解。

平實導師述　共六輯　每輯三百餘頁　售價 250 元

29.**楞嚴經講記**　平實導師述　共 **15** 輯，每輯三百餘頁　售價 300 元

30.**明心與眼見佛性**—駁慧廣〈蕭氏「眼見佛性」與「明心」之非〉文中謬說

正光老師著　共 448 頁　售價 300 元

31.**見性與看話頭**　黃正倖老師　著，本書是禪宗參禪的方法論。

內文 375 頁，全書 416 頁，售價 300 元。

32.**達賴真面目**—玩盡天下女人　白正偉老師　等著　中英對照彩色精裝大本 800 元

33.**喇嘛性世界**—揭開假藏傳佛教譚崔瑜伽的面紗　張善思 等人著　200 元

34.**假藏傳佛教的神話**—性、謊言、喇嘛教　正玄教授編著　200 元

35.**金剛經宗通**　平實導師述　共九輯　每輯售價 250 元。

36.**空行母**—性別、身分定位，以及藏傳佛教。

珍妮·坎貝爾著 呂艾倫 中譯 售價 250 元

37.**末代達賴**—性交教主的悲歌　張善思、呂艾倫、辛燕編著 售價 250 元

38.**霧峰無霧**—給哥哥的信　辨正釋印順對佛法的無量誤解

游宗明 老師著　售價 250 元

39.**第七意識與第八意識？**—穿越時空「超意識」

平實導師述　每冊 300 元

40.**黯淡的達賴**—失去光彩的諾貝爾和平獎

正覺教育基金會編著　每冊 250 元

41.**童女迦葉考**—論呂凱文〈佛教輪迴思想的論述分析〉之謬。

平實導師 著　定價 180 元

42.**人間佛教**—實證者必定不悖三乘菩提

平實導師 述，定價 400 元

43.**實相經宗通**　平實導師述　共八輯　每輯 250 元

44.**真心告訴您(一)**—達賴喇嘛在幹什麼？

正覺教育基金會編著　售價 250 元

45.**中觀金鑑**—詳述應成派中觀的起源與其破法本質

孫正德老師著　分為上、中、下三冊，每冊 250 元

46.**佛法入門**—迅速進入三乘佛法大門，消除久學佛法漫無方向之窘境。

○○居士著　將於正覺電子報連載後出版。售價 250 元

47.**藏傳佛教要義**—《狂密與真密》之簡體字版　平實導師 著 上、下冊

僅在大陸流通　每冊 300 元

48.**法華經講義**　平實導師述　共二十五輯　每輯 300 元

已於 2015/05/31 起開始出版，每二個月出版一輯

49.**西藏「活佛轉世」制度**—附佛、造神、世俗法

許正豐、張正玄老師合著　定價 150 元

50.**廣論三部曲**　郭正益老師著　　定價 150 元

51.**真心告訴您(二)**—達賴喇嘛是佛教僧侶嗎？

—補祝達賴喇嘛八十大壽

正覺教育基金會編著　售價 300 元

52.**廣論之平議**—宗喀巴《菩提道次第廣論》之平議　正雄居士著

約二或三輯　俟正覺電子報連載後結集出版　書價未定

53.**末法導護**—對印順法師中心思想之綜合判攝　　正慶老師著　書價未定

54.**菩薩學處**—菩薩四攝六度之要義　　陸正元老師著　　出版日期未定。

55.**八識規矩頌**詳解　　○○居士 註解　出版日期另訂　書價未定。

56.**印度佛教史**—法義與考證。依法義史實評論印順《印度佛教思想史、佛教史地考論》之謬說　正偉老師著　出版日期未定　書價未定

57.**中國佛教史**—依中國佛教正法史實而論。○○老師 著　書價未定。

58.**中論正義**—釋龍樹菩薩《中論》頌正理。
孫正德老師著　出版日期未定　書價未定

59.**中觀正義**—註解平實導師《中論正義頌》。
○○法師（居士）著　出版日期未定　書價未定

60.**佛藏經講記**　平實導師述　出版日期未定　書價未定

61.**阿含經講記**—將選錄四阿含中數部重要經典全經講解之，講後整理出版。
平實導師述　約二輯　每輯 300 元　出版日期未定

62.**寶積經講記**　平實導師述　每輯三百餘頁 優惠價 300 元 出版日期未定

63.**解深密經講記**　平實導師述 約四輯　將於重講後整理出版

64.**成唯識論略解**　平實導師著　五～六輯　每輯300 元　出版日期未定

65.**修習止觀坐禪法要講記**　平實導師述　每輯三百餘頁
將於正覺寺建成後重講、以講記逐輯出版　出版日期未定

66.**無門關**—《無門關》公案拈提　平實導師著　出版日期未定

67.**中觀再論**—兼述印順《中觀今論》謬誤之平議。正光老師著 出版日期未定

68.**輪迴與超度**—佛教超度法會之真義。
○○法師（居士）著　出版日期未定　書價未定

69.**《釋摩訶衍論》平議**—對偽稱龍樹所造《釋摩訶衍論》之平議
○○法師（居士）著　出版日期未定　書價未定

70.**正覺發願文**註解—以真實大願為因 得證菩提
正德老師著　出版日期未定　書價未定

71.**正覺總持咒**—佛法之總持　正圜老師著　出版日期未定　書價未定

72.**涅槃**—論四種涅槃　平實導師著　出版日期未定　書價未定

73.**三自性**—依四食、五蘊、十二因緣、十八界法，說三性三無性。
作者未定　出版日期未定

74.**道品**—從三自性說大小乘三十七道品　作者未定　出版日期未定

75.**大乘緣起觀**—依四聖諦七真如現觀十二緣起 作者未定　出版日期未定

76.**三德**—論解脫德、法身德、般若德。　作者未定　出版日期未定

77.**真假如來藏**—對印順《如來藏之研究》謬說之平議　作者未定 出版日期未定

78.**大乘道次第**　作者未定　出版日期未定　書價未定

79.**四緣**—依如來藏故有四緣。　作者未定　出版日期未定

80.**空之探究**—印順《空之探究》謬誤之平議　作者未定 出版日期未定

81.**十法義**—論阿含經中十法之正義　作者未定　出版日期未定

82.**外道見**—論述外道六十二見　作者未定　出版日期未定

正智出版社有限公司 書籍介紹

禪淨圓融：言淨土諸祖所未曾言，示諸宗祖師所未曾示；禪淨圓融，另闢成佛捷徑，兼顧自力他力，闡釋淨土門之速行易行道，亦同時揭櫫聖教門之速行易行道；令廣大淨土行者得免緩行難證之苦，亦令聖道門行者得以藉著淨土速行道而加快成佛之時劫。乃前無古人之超勝見地，非一般弘揚禪淨法門典籍也，先讀爲快。平實導師著200元。

宗門正眼——公案拈提第一輯：繼承克勤圜悟大師碧巖錄宗旨之禪門鉅作。先則舉示當代大法師之邪說，消弭當代禪門大師鄉愿之心態，摧破當今禪門「世俗禪」之妄談；次則旁通教法，表顯宗門正理；繼以道之次第，消弭古今狂禪；後藉言語及文字機鋒，直示宗門入處。悲智雙運，禪味十足，數百年來難得一睹之禪門鉅著也。平實導師著 500元（原初版書《禪門摩尼寶聚》，改版後補充爲五百餘頁新書，總計多達二十四萬字，內容更精彩，並改名爲《宗門正眼》，讀者原購初版《禪門摩尼寶聚》皆可寄回本公司免費換新，免附回郵，亦無截止期限）（2007年起，凡購買公案拈提第一輯至第七輯，每購一輯皆贈送本公司精製公案拈提〈超意境〉CD一片，市售價格280元，多購多贈）。

禪—悟前與悟後：本書能建立學人悟道之信心與正確知見，圓滿具足而有次第地詳述禪悟之功夫與禪悟之內容，指陳參禪中細微淆訛之處，能使學人明自眞心、見自本性。若未能悟入，亦能以正確知見辨別古今中外一切大師究係眞悟？或屬錯悟？便有能力揀擇，捨名師而選明師，後時必有悟道之緣。一旦悟道，遲者七次人天往返，便出三界，速者一生取辦。學人欲求開悟者，不可不讀。平實導師著。上、下冊共500元，單冊250元。

眞實如來藏：如來藏眞實存在，乃宇宙萬有之本體，並非印順法師、達賴喇嘛等人所說之「唯有名相、無此心體」。如來藏是涅槃之本際，是一切有智之人竭盡心智、不斷探索而不能得之生命實相；是古今中外許多大師自以爲悟而當面錯過之生命實相。如來藏即是阿賴耶識，乃是一切有情本自具足、不生不滅之眞實心。當代中外大師於此書出版之前所未能言者，作者於本書中盡情流露、詳細闡釋。眞悟者讀之，必能增益悟境、智慧增上；錯悟者讀之，必能檢討自己之錯誤，免犯大妄語業；未悟者讀之，能知參禪之理路，亦能以之檢查一切名師是否眞悟。此書是一切哲學家、宗教家、學佛者及欲昇華心智之人必讀之鉅著。 平實導師著 售價400元。

宗門法眼——**公案拈提**第二輯：列舉實例，闡釋土城廣欽老和尚之悟處；並直示這位不識字的老和尚妙智橫生之根由，繼而剖析禪宗歷代大德之開悟公案，解析當代密宗高僧卡盧仁波切之錯悟證據，並例舉當代顯宗高僧、大居士之錯悟證據（凡健在者，爲免影響其名聞利養，皆隱其名）。藉辨正當代名師之邪見，向廣大佛子指陳禪悟之正道，彰顯宗門法眼。悲勇兼出，強捋虎鬚；慈智雙運，巧探驪龍；摩尼寶珠在手，直示宗門入處，禪味十足；若非大悟徹底，不能爲之。禪門精奇人物，允宜人手一冊，供作參究及悟後印證之圭臬。本書於2008年4月改版，增寫為大約500頁篇幅，以利學人研讀參究時更易悟入宗門正法，以前所購初版首刷及初版二刷舊書，皆可免費換取新書。平實導師著 500元（2007年起，凡購買公案拈提第一輯至第七輯，每購一輯皆贈送本公司精製公案拈提〈超意境〉CD一片，市售價格280元，多購多贈）。

宗門道眼——**公案拈提**第三輯：繼宗門法眼之後，再以金剛之作略、慈悲之胸懷、犀利之筆觸，舉示寒山、拾得、布袋三大士之悟處，消弭當代錯悟者對於寒山大士……等之誤會及誹謗。亦舉出民初以來與虛雲和尚齊名之蜀郡鹽亭袁煥仙夫子——南懷瑾老師之師，其「悟處」何在？並蒐羅許多眞悟祖師之證悟公案，顯示禪宗歷代祖師之睿智，指陳部分祖師、奧修及當代顯密大師之謬悟，作爲殷鑑，幫助禪子建立及修正參禪之方向及知見。假使讀者閱此書已，一時尚未能悟，亦可一面加功用行，一面以此宗門道眼辨別眞假善知識，避開錯誤之印證及歧路，可免大妄語業之長劫慘痛果報。欲修禪宗之禪者，務請細讀。平實導師著 售價500元（2007年起，凡購買公案拈提第一輯至第七輯，每購一輯皆贈送本公司精製公案拈提〈超意境〉CD一片，市售價格280元，多購多贈）。

楞伽經詳解：本經是禪宗見道者印證所悟眞僞之根本經典，亦是禪宗見道者悟後起修之依據經典；故達摩祖師於印證二祖慧可大師之後，將此經典連同佛缽祖衣一併交付二祖，令其依此經典佛示金言、進入修道位，修學一切種智。由此可知此經對於眞悟之人修學佛道，是非常重要之一部經典。此經能破外道邪說，亦破佛門中錯悟名師之謬說，亦破禪宗部分祖師之狂禪：不讀經典、一向主張「一悟即成究竟佛」之謬執。並開示愚夫所行禪、觀察義禪、攀緣如禪、如來禪等差別，令行者對於三乘禪法差異有所分辨；亦糾正禪宗祖師古來對於如來禪之誤解，嗣後可免以訛傳訛之弊。此經亦是法相唯識宗之根本經典，禪者悟後欲修一切種智而入初地者，必須詳讀。　平實導師著，全套共十輯，已全部出版完畢，每輯主文約320頁，每冊約352頁，定價250元。

宗門血脈—**公案拈提第四輯**：末法怪象—許多修行人自以爲悟，每將無念靈知認作眞實；崇尚二乘法諸師及其徒眾，則將外於如來藏之緣起性空—無因論之無常空、斷滅空、一切法空—錯認爲 佛所說之般若空性。這兩種現象已於當今海峽兩岸及美加地區顯密大師之中普遍存在；人人自以爲悟，心高氣壯，便敢寫書解釋祖師證悟之公案，大多出於意識思惟所得，言不及義，錯誤百出，因此誤導廣大佛子同陷大妄語之地獄業中而不能自知。彼等書中所說之悟處，其實處處違背第一義經典之聖言量。彼等諸人不論是否身披袈裟，都非佛法宗門血脈，或雖有禪宗法脈之傳承，亦只徒具形式；猶如螟蛉，非眞血脈，未悟得根本眞實故。禪子欲知佛、祖之眞血脈者，請讀此書，便知分曉。平實導師著，主文452頁，全書464頁，定價500元（2007年起，凡購買公案拈提第一輯至第七輯，每購一輯皆贈送本公司精製公案拈提〈超意境〉CD一片，市售價格280元，多購多贈）。

宗通與說通：古今中外，錯誤之人如麻似粟，每以常見外道所說之靈知心，認作眞心；或妄想虛空之勝性能量爲眞如，或錯認物質四大元素藉冥性（靈知心本體）能成就吾人色身及知覺，或認初禪至四禪中之了知心爲不生不滅之涅槃心。此等皆非通宗者之見地。復有錯悟之人一向主張「宗門與教門不相干」，此即尚未通達宗門之人也。其實宗門與教門互通不二，宗門所證者乃是眞如與佛性，教門所說者乃說宗門證悟之眞如佛性，故教門與宗門不二。本書作者以宗教二門互通之見地，細說「宗通與說通」，從初見道至悟後起修之道、細說分明；並將諸宗諸派在整體佛教中之地位與次第，加以明確之教判，學人讀之即可了知佛法之梗概也。欲擇明師學法之前，允宜先讀。平實導師著，主文共381頁，全書392頁，只售成本價300元。

宗門正道—**公案拈提**第五輯：修學大乘佛法有二果須證解脫果及大菩提果。二乘人不證大菩提果，唯證解脫果；此果之智慧，名爲聲聞菩提、緣覺菩提。大乘佛子所證二果之菩提果爲佛菩提，故名大菩提果，其慧名爲一切種智函蓋二乘解脫果。然此大乘二果修證，須經由禪宗之宗門證悟方能相應。而宗門證悟極難，自古已然；其所以難者，咎在古今佛教界普遍存在三種邪見：1.以修定認作佛法，2.以無因論之緣起性空—否定涅槃本際如來藏以後之一切法空作爲佛法，3.以常見外道邪見（離語言妄念之靈知性）作爲佛法。如是邪見，或因自身正見未立所致，或因邪師之邪教導所致，或因無始劫來虛妄熏習所致。若不破除此三種邪見，永劫不悟宗門眞義、不入大乘正道，唯能外門廣修菩薩行。平實導師於此書中，有極爲詳細之說明，有志佛子欲摧邪見、入於內門修菩薩行者，當閱此書。主文共496頁，全書512頁。售價500元（2007年起，凡購買公案拈提第一輯至第七輯，每購一輯皆贈送本公司精製公案拈提〈超意境〉CD一片，市售價格280元，多購多贈）。

狂密與真密：密教之修學，皆由有相之觀行法門而入，其最終目標仍不離顯教經典所說第一義諦之修證；若離顯教第一義經典、或違背顯教第一義經典，即非佛教。西藏密教之觀行法，如灌頂、觀想、遷識法、寶瓶氣、大聖歡喜雙身修法、喜金剛、無上瑜伽、大樂光明、樂空雙運等，皆是印度教兩性生生不息思想之轉化，自始至終皆以如何能運用交合淫樂之法達到全身受樂為其中心思想，純屬欲界五欲的貪愛，不能令人超出欲界輪迴，更不能令人斷除我見；何況大乘之明心與見性，更無論矣！故密宗之法絕非佛法也。而其明光大手印、大圓滿法教，又皆同以常見外道所說離語言妄念之無念靈知心錯認為佛地之眞如，不能直指不生不滅之眞如。西藏密宗所有法王與徒眾，都尚未開頂門眼，不能辨別眞僞，以依人不依法、依密續不依經典故，不肯將其上師喇嘛所說對照第一義經典，純依密續之藏密祖師所說為準，因此而誇大其證德與證量，動輒謂彼祖師上師為究竟佛、為地上菩薩；如今台海兩岸亦有自謂其師證量高於 釋迦文佛者，然觀其師所述，猶未見道，仍在觀行即佛階段，尚未到禪宗相似即佛、分證即佛階位，竟敢標榜為究竟佛及地上法王，誑惑初機學人。凡此怪象皆是狂密，不同於眞密之修行者。近年狂密盛行，密宗行者被誤導者極眾，動輒自謂已證佛地眞如，自視為究竟佛，陷於大妄語業中而不知自省，反謗顯宗眞修實證者之證量粗淺；或如義雲高與釋性圓…等人，於報紙上公然誹謗眞實證道者為「騙子、無道人、人妖、癩蛤蟆…」等，造下誹謗大乘勝義僧之大惡業；或以外道法中有為有作之甘露、魔術……等法，誑騙初機學人，狂言彼外道法為眞佛法。如是怪象，在西藏密宗及附藏密之外道中，不一而足，舉之不盡，學人宜應愼思明辨，以免上當後又犯毀破菩薩戒之重罪。密宗學人若欲遠離邪知邪見者，請閱此書，即能了知密宗之邪謬，從此遠離邪見與邪修，轉入眞正之佛道。平實導師著 共四輯 每輯約400頁（主文約340頁）每輯售價300元。

弟子悟入。而此二者，皆須以公案拈提之方式爲之，方易成其功、竟其業，是故平實導師續作宗門正義一書，以利學人。全書500餘頁，售價500元（2007年起，凡購買公案拈提第一輯至第七輯，每購一輯皆贈送本公司精製公案拈提〈超意境〉CD一片，市售價格280元，多購多贈）。

宗門正義——公案拈提第六輯：佛教有六大危機，乃是藏密化、世俗化、膚淺化、學術化、宗門密意失傳、悟後進修諸地之次第混淆；其中尤以宗門密意之失傳，爲當代佛教最大之危機。由宗門密意失傳故，易令世尊本懷普被錯解，易令 世尊正法被轉易爲外道法，以及加以淺化、世俗化，是故宗門密意之廣泛弘傳與具緣佛弟子，極爲重要。然而欲令宗門密意之廣泛弘傳予具緣之佛弟子者，必須同時配合錯誤知見之解析、普令佛弟子知之，然後輔以公案解析之直示入處，方能令具緣之佛

際，是故《心經》之密意，與三乘佛菩提之關係極爲密切、不可分割，三乘佛法皆依此心而立名故。今者平實導師以其所證解脫道之無生智及佛菩提之般若種智，將《心經》與解脫道、佛菩提道、祖師公案之關係與密意，以演講之方式，用淺顯之語句和盤托出，發前人所未言，呈三乘菩提之眞義，令人藉此《心經密意》一舉而窺三乘菩提之堂奧，迥異諸方言不及義之說；欲求眞實佛智者、不可不讀！主文317頁，連同跋文及序文…等共384頁，售價300元。

心經密意——心經與解脫道、佛菩提道、祖師公案之關係與密意。二乘菩提所證之解脫道，實依第八識心之斷除煩惱障現行而立解脫之名；大乘菩提所證之佛菩提道，實依親證第八識如來藏之涅槃性、清淨自性、及其中道性而立般若之名；禪宗祖師公案所證之眞心，即是此第八識如來藏；是故三乘佛法所修所證之三乘菩提，皆依此如來藏心而立名也。此第八識心，即是《心經》所說之心也。證得此如來藏已，即能漸入大乘佛菩提道，亦可因證知此心而了知二乘無學所不能知之無餘涅槃本

宗門密意—公案拈提第七輯：佛教之世俗化，將導致學人以信仰作爲學佛，則將以感應及世間法之庇祐，作爲學佛之主要目標，不能了知學佛之主要目標爲親證三乘菩提。大乘菩提則以般若實相智慧爲主要修習目標，以二乘菩提解脫道爲附帶修習之標的；是故學習大乘法者，應以禪宗之證悟爲要務，能親入大乘菩提之實相般若智慧中故，般若實相智慧非二乘聖人所能知故。此書則以台灣世俗化佛教之三大法師，說法似是而非之實例，配合眞悟祖師之公案解析，提示證悟般若之關節，令學人易得悟入。平實導師著，全書五百餘頁，售價500元（2007年起，凡購買公案拈提第一輯至第七輯，每購一輯皆贈送本公司精製公案拈提〈超意境〉CD一片，市售價格280元，多購多贈）。

淨土聖道—兼評日本本願念佛：佛法甚深極廣，般若玄微，非諸二乘聖僧所能知之，一切凡夫更無論矣！所謂一切證量皆歸淨土是也！是故大乘法中「聖道之淨土、淨土之聖道」，其義甚深，難可了知；乃至眞悟之人，初心亦難知也。今有正德老師眞實證悟後，復能深探淨土與聖道之緊密關係，憐憫眾生之誤會淨土實義，亦欲利益廣大淨土行人同入聖道，同獲淨土中之聖道門要義，乃振奮心神、書以成文，今得刊行天下。主文279頁，連同序文等共301頁，總有十一萬六千餘字，正德老師著，成本價200元。

起信論講記：詳解大乘起信論**心生滅門**與**心眞如門**之眞實意旨，消除以往大師與學人對起信論所說**心生滅門**之誤解，由是而得了知眞心如來藏之非常非斷中道正理；亦因此一講解，令此論以往隱晦而被誤解之眞實義，得以如實顯示，令大乘佛菩提道之正理得以顯揚光大；初機學者亦可藉此正論所顯示之法義，對大乘法理生起正信，從此得以眞發菩提心，眞入大乘法中修學，世世常修菩薩正行。平實導師演述，共六輯，都已出版，每輯三百餘頁，售價各250元。

優婆塞戒經講記：本經詳述在家菩薩修學大乘佛法，應如何受持菩薩戒？對人間善行應如何看待？對三寶應如何護持？應如何正確地修集此世後世證法之福德？應如何修集後世「行菩薩道之資糧」？並詳述第一義諦之正義：五蘊非我非異我、自作自受、異作異受、不作不受……等深妙法義，乃是修學大乘佛法、行菩薩行之在家菩薩所應當了知者。出家菩薩今世或未來世登地已，捨報之後多數將如華嚴經中諸大菩薩，以在家菩薩身而修行菩薩行，故亦應以此經所述正理而修之，配合《楞伽經、解深密經、楞嚴經、華嚴經》等道次第正理，方得漸次成就佛道；故此經是一切大乘行者皆應證知之正法。平實導師講述，每輯三百餘頁，售價各250元；共八輯，已全部出版。

真假活佛—略論附佛外道盧勝彥之邪說：人人身中都有眞活佛，永生不滅而有大神用，但眾生都不了知，所以常被身外的西藏密宗假活佛籠罩欺瞞。本來就眞實存在的眞活佛，才是眞正的密宗無上密！諾那活佛因此而說禪宗是大密宗，但藏密的所有活佛都不知道、也不曾實證自身中的眞活佛。本書詳實宣示眞活佛的道理，舉證盧勝彥的「佛法」不是眞佛法，也顯示盧勝彥是假活佛，直接的闡釋第一義佛法見道的眞實正理。眞佛宗的所有上師與學人們，都應該詳細閱讀，包括盧勝彥個人在內。正犀居士著，優惠價140元。

阿含正義—唯識學探源：廣說四大部《阿含經》諸經中隱說之眞正義理，一一舉示佛陀本懷，令阿含時期初轉法輪根本經典之眞義，如實顯現於佛子眼前。並提示末法大師對於阿含眞義誤解之實例，一一比對之，證實唯識增上慧學確於原始佛法之阿含諸經中已隱覆密意而略說之，證實 世尊確於原始佛法中已曾密意而說第八識如來藏之總相；亦證實 世尊在四阿含中已說此藏識是名色十八界之因、之本—證明如來藏是能生萬法之根本心。佛子可據此修正以往受諸大師（譬如西藏密宗應成派中觀師：印順、昭慧、性廣、大願、達賴、宗喀巴、寂天、月稱、……等人）誤導之邪見，建立正見，轉入正道乃至親證初果而無困難；書中並詳說三果所證的**心解脫**，以及四果**慧解脫**的親證，都是如實可行的具體知見與行門。全書共七輯，已出版完畢。平實導師著，每輯三百餘頁，售價300元。

超意境ＣＤ：以平實導師公案拈提書中超越意境之頌詞，加上曲風優美的旋律，錄成令人嚮往的超意境歌曲，其中包括正覺發願文及平實導師親自譜成的黃梅調歌曲一首。詞曲雋永，殊堪翫味，可供學禪者吟詠，有助於見道。內附設計精美的彩色小冊，解說每一首詞的背景本事。每片280元。【每購買公案拈提書籍一冊，即贈送一片。】

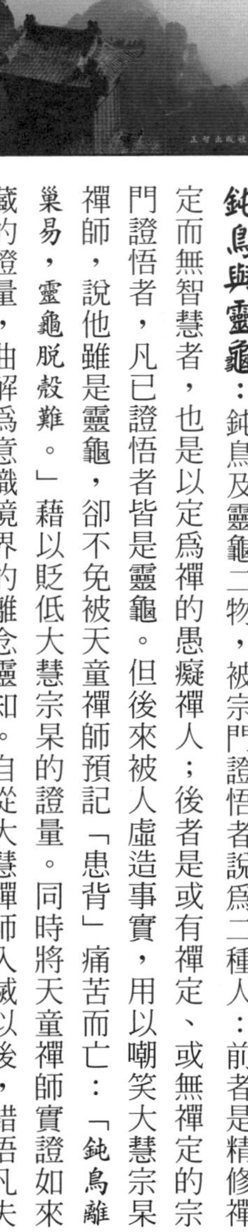

鈍鳥與靈龜：鈍鳥及靈龜二物，被宗門證悟者說爲二種人：前者是精修禪定而無智慧者，也是以定爲禪的愚癡禪人；後者是或有禪定、或無禪定的宗門證悟者，凡已證悟者皆是靈龜。但後來被人虛造事實，用以嘲笑大慧宗杲禪師，說他雖是靈龜，卻不免被天童禪師預記「患背」痛苦而亡：「**鈍鳥離巢易，靈龜脫殼難**。」藉以貶低大慧宗杲的證量。同時將天童禪師實證如來藏的證量，曲解爲意識境界的離念靈知。自從大慧禪師入滅以後，錯悟凡夫對他的不實毀謗就一直存在著，不曾止息，並且捏造的假事實也隨著年月的增加而越來越多，終至編成「鈍鳥與靈龜」的假公案、假故事。本書是考證大慧與天童之間的不朽情誼，顯現這件假公案的虛妄不實；更見大慧宗杲面對惡勢力時的正直不阿，亦顯示大慧對天童禪師的至情深義，將使後人對大慧宗杲的誣謗至此而止，不再有人誤犯毀謗賢聖的惡業。書中亦舉證宗門的所悟確以第八識如來藏爲標的，詳讀之後必可改正以前被錯悟大師誤導的參禪知見，日後必定有助於實證禪宗的開悟境界，得階大乘眞見道位中，即是實證般若之賢聖。全書459頁，售價350元。

我的菩提路第一輯：凡夫及二乘聖人不能實證的佛菩提證悟，末法時代的今天仍然有人能得實證，由正覺同修會釋悟圓、釋善藏法師等二十餘位實證如來藏者所寫的見道報告，已為當代學人見證宗門正法之絲縷不絕，證明大乘義學的法脈仍然存在，為末法時代求悟般若之學人照耀出光明的坦途。由二十餘位大乘見道者所繕，敘述各種不同的學法、見道因緣與過程，參禪求悟者必讀。全書三百餘頁，售價300元。

我的菩提路第二輯：由郭正益老師等人合著，書中詳述彼等諸人歷經各處道場學法，一一修學而加以檢擇之不同過程以後，因閱讀正覺同修會、正智出版社書籍而發起抉擇分，轉入正覺同修會中修學；乃至學法及見道之過程，都一一詳述之。其中張志成等人係由前現代禪轉進正覺同修會，張志成原為現代禪副宗長，以前未閱本會書籍時，曾被人藉其名義著文評論 平實導師（詳見《宗通與說通》辨正及《眼見佛性》書末附錄…等）；後因偶然接觸正覺同修會書籍，深覺以前聽人評論平實導師之語不實，於是投入極多時間閱讀本會書籍、深入思辨，詳細探索中觀與唯識之關聯與異同，認為正覺之法義方是正法，深覺相應；亦解開多年來對佛法的迷雲，確定應依八識論正理修學方是正法。乃不顧面子，毅然前往正覺同修會面見平實導師懺悔，並正式學法求悟。今已與其同修王美伶（亦為前現代禪傳法老師），同樣證悟如來藏而證得法界實相，生起實相般若真智。此書中尚有七年來本會第一位眼見佛性者之見性報告一篇，一同供養大乘佛弟子。全書四百頁，售價300元。

維摩詰經講記：本經係 世尊在世時，由等覺菩薩維摩詰居士藉疾病而演說之大乘菩提無上妙義，所說函蓋甚廣，然極簡略，是故今時諸方大師與學人讀之悉皆錯解，何況能知其中隱含之深妙正義，是故普遍無法爲人解說；若強爲人說，則成依文解義而有諸多過失。今由平實導師公開宣講之後，詳實解釋其中密意，令維摩詰菩薩所說大乘不可思議解脫之深妙正法得以正確宣流於人間，利益當代學人及與諸方大師。書中詳實演述大乘佛法深妙不共二乘之智慧境界，顯示諸法之中絕待之實相境界，建立大乘菩薩妙道於永遠不敗不壞之地，以此成就護法偉功，欲冀永利娑婆人天。已經宣講圓滿整理成書流通，以利諸方大師及諸學人。全書共六輯，每輯三百餘頁，售價各250元。

菩薩底憂鬱CD將菩薩情懷及禪宗公案寫成新詞，並製作成超越意境的優美歌曲。1.主題曲〈菩薩底憂鬱〉，描述地後菩薩能離三界生死而迴向繼續生在人間，但因尚未斷盡習氣種子而有極深沈之憂鬱，非三賢位菩薩及二乘聖者所知，此憂鬱在七地滿心位方才斷盡；本曲之詞中所說義理極深，昔來所未曾見；此曲係以優美的情歌風格寫詞及作曲，聞者得以激發嚮往諸地菩薩境界之大心，詞、曲都非常優美，難得一見；其中勝妙義理之解說，已印在附贈之彩色小冊中。2.以各輯公案拈提中直示禪門入處之頌文，作成各種不同曲風之超意境歌曲，值得玩味、參究；聆聽公案拈提之優美歌曲時，請同時閱讀內附之印刷精美說明小冊，可以領會超越三界的證悟境界；未悟者可以因此引發求悟之意向及疑情，眞發菩提心而邁向求悟之途，乃至因此眞實悟入般若，成眞菩薩。3.正覺總持咒新曲，總持佛法大意；總持咒之義理，已加以解說並印在隨附之小冊中。本CD共有十首歌曲，長達63分鐘，附贈二張購書優惠券。每片280元。

勝鬘經講記：如來藏爲三乘菩提之所依，若離如來藏心體及其含藏之一切種子，即無三界有情及一切世間法，亦無二乘菩提緣起性空之出世間法；本經詳說無始無明、一念無明皆依如來藏而有之正理，藉著詳解煩惱障與所知障間之關係，令學人深入了知二乘菩提與佛菩提相異之妙理；聞後即可了知佛菩提之特勝處及三乘修道之方向與原理，邁向攝受正法而速成佛道的境界中。平實導師講述，共六輯，每輯三百餘頁，售價各250元。

楞嚴經講記：楞嚴經係密教部之重要經典，亦是顯教中普受重視之經典；經中宣說明心與見性之內涵極爲詳細，將一切法都會歸如來藏及佛性—妙眞如性；亦闡釋佛菩提道修學過程中之種種魔境，以及外道誤會涅槃之狀況，旁及三界世間之起源。然因言句深澀難解，法義亦復深妙寬廣，學人讀之普難通達，是故讀者大多誤會，不能如實理解佛所說之明心與見性內涵，亦因是故多有悟錯之人引爲開悟之證言，成就大妄語罪。今由平實導師詳細講解之後，整理成文，以易讀易懂之語體文刊行天下，以利學人。全書十五輯，全部出版完畢。每輯三百餘頁，售價每輯300元。

明心與眼見佛性：本書細述明心與眼見佛性之異同，同時顯示了中國禪宗破初參明心與重關眼見佛性二關之間的關聯；書中又藉法義辨正而旁述其他許多勝妙法義，讀後必能遠離佛門長久以來積非成是的錯誤知見，令讀者在佛法的實證上有極大助益。也藉慧廣法師的謬論來教導佛門學人回歸正知正見，遠離古今禪門錯悟者所墮的意識境界，非唯有助於斷我見，也對未來的開悟明心實證第八識如來藏有所助益，是故學禪者都應細讀之。　游正光老師著　共448頁　售價300元。

見性與看話頭：黃正倖老師的《見性與看話頭》於《正覺電子報》連載完畢，今結集出版。書中詳說禪宗看話頭的詳細方法，並細說看話頭與眼見佛性的關係，以及眼見佛性者求見佛性前必須具備的條件。本書是禪宗實修者追求明心開悟時參禪的方法書，也是求見佛性者作功夫時必讀的方法書，內容兼顧眼見佛性的理論與實修之方法，是依實修之體驗配合理論而詳述，條理分明而且極爲詳實、周全、深入。本書內文375頁，全書416頁，售價300元。

禪意無限CD平實導師以公案拈提書中偈頌寫成不同風格曲子，與他人所寫不同風格曲子共同錄製出版，幫助參禪人進入禪門超越意識之境界。盒中附贈彩色印製的精美解說小冊，以供聆聽時閱讀，令參禪人得以發起參禪之疑情，即有機會證悟本來面目，實證大乘菩提般若。本CD共有十首歌曲，長達69分鐘，每盒各附贈二張購書優惠券。每片280元。

金剛經宗通：三界唯心，萬法唯識，是成佛之修證內容，是諸地菩薩之所修；般若則是成佛之道（實證三界唯心、萬法唯識）的入門，若未證悟實相般若，即無成佛之可能，必將永在外門廣行菩薩六度，永在凡夫位中。然而實相般若的發起，全賴實證萬法的實相；若欲證知萬法的眞相，則必須探究萬法之所從來，則須實證自心如來—金剛心如來藏，然後現觀這個金剛心的金剛性、眞實性、如如性、清淨性、涅槃性、能生萬法的自性性、本住性，名爲證眞如；進而現觀三界六道唯是此金剛心所成，人間萬法須藉八識心王和合運作方能現起。如是實證《華嚴經》的「三界唯心、萬法唯識」以後，由此等現觀而發起實相般若智慧，繼續進修第十住位的如幻觀、第十行位的陽焰觀、第十迴向位的如夢觀，再生起增上意樂而勇發十無盡願，方能滿足三賢位的實證，轉入初地；自知成佛之道而無偏倚，從此按部就班、次第進修乃至成佛。第八識自心如來是般若智慧之所依，般若智慧的修證則要從實證金剛心自心如來開始；《金剛經》則是解說自心如來之經典，是一切三賢位菩薩所應進修之實相般若經典。這一套書，是將平實導師宣講的《金剛經宗通》內容，整理成文字而流通之；書中所說義理，迴異古今諸家依文解義之說，指出大乘見道方向與理路，有益於禪宗學人求開悟見道，及轉入內門廣修六度萬行。講述完畢後結集出版，總共9輯，每輯約三百餘頁，售價各250元。

真假外道：本書具體舉證佛門中的常見外道知見實例，並加以教證及理證上的辨正，幫助讀者輕鬆而快速的了知常見外道的錯誤知見，進而遠離佛門內外的常見外道知見，因此即能改正修學方向而快速實證佛法。游正光老師著。成本價200元。

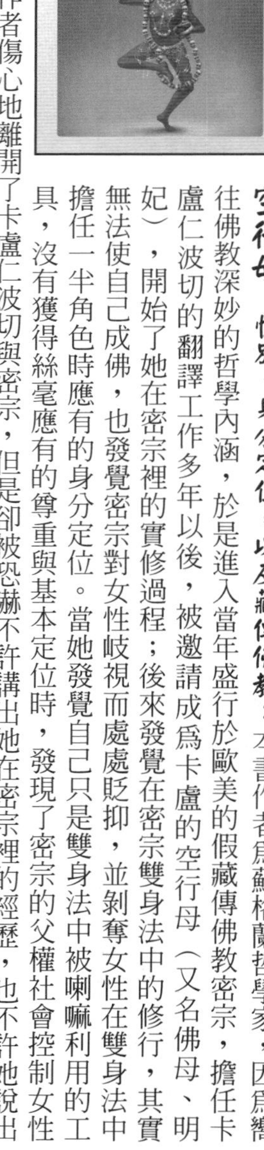

空行母——性別、身分定位，以及藏傳佛教：本書作者爲蘇格蘭哲學家，因爲嚮往佛教深妙的哲學內涵，於是進入當年盛行於歐美的假藏傳佛教密宗，擔任卡盧仁波切的翻譯工作多年以後，被邀請成爲卡盧的空行母（又名佛母、明妃），開始了她在密宗裡的實修過程；後來發覺在密宗雙身法中的修行，其實無法使自己成佛，也發覺密宗對女性岐視而處處貶抑，並剝奪女性在雙身法中擔任一半角色時應有的身分定位。當她發覺自己只是雙身法中被喇嘛利用的工具，沒有獲得絲毫應有的尊重與基本定位時，發現了密宗的父權社會控制女性的本質；於是作者傷心地離開了卡盧仁波切與密宗，但是卻被恐嚇不許講出她在密宗裡的經歷，也不許她說出自己對密宗的教義與教制下對女性剝削的本質，否則將被咒殺死亡。後來她去加拿大定居，十餘年後方才擺脫這個恐嚇陰影，下定決心將親身經歷的實情及觀察到的事實寫下來並且出版，公諸於世。出版之後，她被流亡的達賴集團人士大力攻訐，誣指她爲精神狀態失常、說謊……等。但有智之士並未被達賴集團的政治操作及各國政府政治運作吹捧達賴的表相所欺，使她的書銷售無阻而又再版。正智出版社鑑於作者此書是親身經歷的事實，所說具有針對「藏傳佛教」而作學術研究的價值，也有使人認清假藏傳佛教剝削佛母、明妃的男性本位實質，因此洽請作者同意中譯而出版於華人地區。珍妮·坎貝爾女士著，呂艾倫 中譯，每冊250元。

霧峰無霧—給哥哥的信：本書作者藉兄弟之間信件往來論義，略述佛法大義；並以多篇短文辨義，舉出釋印順對佛法的無量誤解證據，並一一給予簡單而清晰的辨正，令人一讀即知。久讀、多讀之後即能認清楚釋印順的六識論見解，與眞實佛法之牴觸是多麼嚴重；於是在久讀、多讀之後，於不知不覺之間提升了對佛法的極深入理解，正知正見就在不知不覺間建立起來了。當三乘佛法的正知見建立起來之後，對於三乘菩提的見道條件便將隨之具足，於是聲聞解脫道的見道也就水到渠成；接著大乘見道的因緣也將次第成熟，未來自然也會有親見大乘菩提之道的因緣，悟入大乘實相般若也將自然成功，自能通達般若系列諸經而成實義菩薩。作者居住於南投縣霧峰鄉，自喻見道之後不復再見霧峰之霧，故鄉原野美景一一明見，於是立此書名爲《霧峰無霧》；讀者若欲撥霧見月，可以此書爲緣。游宗明　老師著　售價250元。

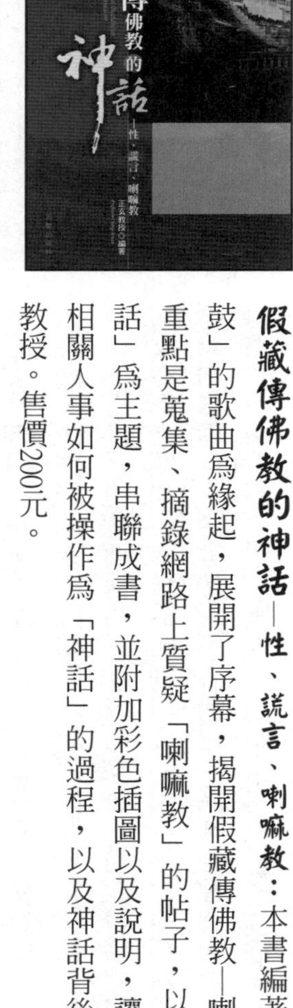

假藏傳佛教的神話—性、謊言、喇嘛教：本書編著者是由一首名叫「阿姊鼓」的歌曲爲緣起，展開了序幕，揭開假藏傳佛教—喇嘛教—的神秘面紗。其重點是蒐集、摘錄網路上質疑「喇嘛教」的帖子，以揭穿「假藏傳佛教的神話」爲主題，串聯成書，並附加彩色插圖以及說明，讓讀者們瞭解西藏密宗及相關人事如何被操作爲「神話」的過程，以及神話背後的眞相。作者：張正玄教授。售價200元。

達賴真面目—玩盡天下女人：假使您不想戴綠帽子，請記得詳細閱讀此書；假使您不想讓好朋友戴綠帽子，請您將此書介紹給您的好朋友。假使您想保護家中的女性，也想要保護好朋友的女眷，請記得將此書送給家中的女性和好友的女眷都來閱讀。本書爲印刷精美的大本彩色中英對照精裝本，爲您揭開達賴喇嘛的眞面目，內容精彩不容錯過，爲利益社會大眾，特別以優惠價格嘉惠所有讀者。編著者：白志偉等。大開版雪銅紙彩色精裝本。售價800元。

喇嘛性世界
—揭開假藏傳佛教譚崔瑜伽的面紗
The Sexual World of Lamas
—Unveiling the Truth about Tantric Yoga in Tibetan Buddhism
正智出版社

喇嘛性世界—揭開假藏傳佛教譚崔瑜伽的面紗：這個世界中的喇嘛，號稱來自世外桃源的香格里拉，穿著或紅或黃的喇嘛長袍，散布於我們的身邊傳教灌頂，吸引了無數的人嚮往學習；這些喇嘛虔誠地爲大眾祈福，手中拿著寶杵（金剛）與寶鈴（蓮花），口中唸著咒語：「唵．嘛呢．叭咪．吽……」，咒語的意思是說：「我至誠歸命金剛杵上的寶珠伸向蓮花寶穴之中」！「喇嘛性世界」是什麼樣的「世界」呢？本書將爲您呈現喇嘛世界的面貌。當您發現眞相以後，您將會唸：「噢！喇嘛．性．世界，譚崔性交嘛！」作者：張善思、呂艾倫。售價200元。

末代達賴—性交教主的悲歌：簡介從藏傳僞佛教（喇嘛教）的修行核心—性力派男女雙修，探討達賴喇嘛及藏傳僞佛教的修行內涵。書中引用外國知名學者著作、世界各地新聞報導，包含：歷代達賴喇嘛的祕史、達賴六世修雙身法的事蹟，以及《時輪續》中的性交灌頂儀式……等；達賴喇嘛書中開示的雙修法、達賴喇嘛的黑暗政治手段；達賴喇嘛所領導的寺院爆發喇嘛性侵兒童；新聞報導《西藏生死書》作者索甲仁波切性侵女信徒、澳洲喇嘛秋達公開道歉、美國最大假藏傳佛教組織領導人邱陽創巴仁波切的性氾濫，等等事件背後眞相的揭露。作者：張善思、呂艾倫、辛燕。售價250元。

第七意識與第八意識？—穿越時空「超意識」「三界唯心，萬法唯識」是佛教中應該實證的聖教，也是《華嚴經》中明載而可以實證的法界實相。唯心者，三界一切境界、一切諸法唯是一心所成就，即是每一個有情的第八識如來藏，不是意識心。唯識者，即是人類各各都具足的八識心王——眼識、耳鼻舌身意識、意根、阿賴耶識，第八阿賴耶識又名如來藏，人類五陰相應的萬法，莫不由八識心王共同運作而成就，故說萬法唯識。依聖教量及現量、比量，都可以證明意識是二法因緣生，是由第八識藉意根與法塵二法爲因緣而出生，又是夜夜斷滅不存之生滅心，即無可能反過來出生第七識意根、第八識如來藏，當知不可能從生滅性的意識心中，細分出恆審思量的第七識意根，更無可能細分出恆而不審的第八識如來藏。本書是將演講內容整理成文字，細說如是內容，並已在《正覺電子報》連載完畢，今彙集成書以廣流通，欲幫助佛門有緣人斷除意識我見，跳脫於識陰之外而取證聲聞初果；嗣後修學禪宗時即得不墮外道神我之中，得以求證第八識金剛心而發起般若實智。平實導師 述，每冊300元。

黯淡的達賴—失去光彩的諾貝爾和平獎：本書舉出很多證據與論述，詳述達賴喇嘛不爲世人所知的一面，顯示達賴喇嘛並不是眞正的和平使者，而是假借諾貝爾和平獎的光環來欺騙世人；透過本書的說明與舉證，讀者可以更清楚的瞭解，達賴喇嘛是結合暴力、黑暗、淫欲於喇嘛教裡的集團首領，其政治行爲與宗教主張，早已讓諾貝爾和平獎的光環染污了。本書由財團法人正覺教育基金會寫作、編輯，由正覺出版社印行，每冊250元。

人間佛教—實證者必定不悖三乘菩提　「大乘非佛說」的講法似乎流傳已久，卻只是日本人企圖擺脫中國正統佛教的影響，而在明治維新時期才開始提出來的說法；台灣佛教、大陸佛教的淺學無智之人，由於未曾實證佛法而迷信日本人錯誤的學術考證，錯認爲這些別有用心的日本佛學考證的講法爲天竺佛教的眞實歷史；甚至還有更激進的反對佛教者提出「釋迦牟尼佛並非眞實存在，只是後人捏造的假歷史人物」，竟然也有少數人願意跟著「學術」的假光環而信受不疑，於是開始有一些佛教界人士造作了反對中國佛教而推崇南洋小乘佛教的行爲，使佛教的信仰者難以檢擇，導致一般大陸人士開始轉入基督教的盲目迷信中。在這些佛教及外教人士之中，也就有一分人根據此邪說而大聲主張「大乘非佛說」的謬論，這些人以「人間佛教」的名義來抵制中國正統佛教，公然宣稱中國的大乘佛教是由聲聞部派佛教的凡夫僧所創造出來的。這樣的說法流傳於台灣及大陸佛教界凡夫僧之中已久，卻非眞正的佛教歷史中曾經發生過的事，只是繼承六識論的聲聞法中凡夫僧依自己的意識境界立場，純憑臆想而編造出來的妄想說法，卻已經影響許多無智之凡夫僧俗信受不移。本書則是從佛教的經藏法義實質及實證的現量內涵本質立論，證明大乘佛法本是佛說，是從《阿含正義》尚未說過的不同面向來討論「人間佛教」的議題，證明「大乘眞佛說」。閱讀本書可以斷除六識論邪見，迴入三乘菩提正道發起實證的因緣；也能斷除禪宗學人學禪時普遍存在之錯誤知見，對於建立參禪時的正知見有很深的著墨。平實導師 述，內文488頁，全書528頁，定價400元。

童女迦葉考—論呂凱文〈佛教輪迴思想的論述分析〉之謬　童女迦葉是佛世率領五百大比丘遊行於人間的歷史事實，是以童貞行而依止菩薩戒弘化於人間的大菩薩，不依別解脫戒（聲聞戒）來弘化於人間。這是大乘佛教與聲聞佛教同時存在於佛世的歷史明證，證明大乘佛教不是從聲聞法中分裂出來的部派佛教的產物，卻是聲聞佛教分裂出來的部派佛教聲聞凡夫僧所不樂見的史實；於是古今聲聞法中的凡夫都欲加以扭曲而作詭說，更是末法時代高聲大呼「大乘非佛說」的六識論聲聞凡夫極力想要扭曲的佛教史實之一，於是想方設法扭曲迦葉菩薩爲聲聞僧，以及扭曲迦葉童女爲比丘僧等荒謬不實之論著便陸續出現，古時聲聞僧寫作的《分別功德論》是最具體之事例，現代之代表作則是呂凱文先生的〈佛教輪迴思想的論述分析〉論文。鑑於如是假藉學術考證以籠罩大眾之不實謬論，未來仍將繼續造作及流竄於佛教界，繼續扼殺大乘佛教學人法身慧命，必須舉證辨正之，遂成此書。平實導師 著，每冊180元。

中觀金鑑—詳述應成派中觀的起源與其破法本質　學佛人往往迷於中觀學派之不同學說，被應成派與自續派所迷惑；修學般若中觀二十年後自以爲實證般若中觀了，卻仍不曾入門，甫聞實證般若中觀者之所說，則茫無所知，迷惑不解；隨後信心盡失，不知如何實證佛法；凡此，皆因惑於這二派中觀學說所致。自續派中觀所說同於常見，以意識境界立爲第八識如來藏之境界，應成派所說則同於斷見，但又同立意識爲常住法，故亦具足斷常二見。今者孫正德老師有鑑於此，乃將起源於密宗的應成派中觀學說，追本溯源，詳考其來源之外，亦一一舉證其立論內容，詳加辨正，令密宗雙身法祖師以識陰境界而造之應成派中觀學說本質，詳細呈現於學人眼前，令其維護雙身法之目的無所遁形。若欲遠離密宗此二大派中觀謬說，欲於三乘菩提有所進道者，允宜具足閱讀並細加思惟，反覆讀之以後將可捨棄邪道返歸正道，則於般若之實證即有可能，證後自能現觀如來藏之中道境界而成就中觀。本書分上、中、下三冊，每冊250元，已全部出版完畢。

實相經宗通：學佛之目的在於實證一切法界背後之實相，禪宗稱之爲本來面目或本地風光，佛菩提道中稱之爲實相法界；此實相法界即是金剛藏，又名佛法之祕密藏，即是能生有情五陰、十八界及宇宙萬有（山河大地、諸天、三惡道世間）的第八識如來藏，又名阿賴耶識心，即是禪宗祖師所說的眞如心，此心即是三界萬有背後的實相。證得此第八識心時，自能瞭解般若諸經中隱說的種種密意，即得發起實相般若——實相智慧。每見學佛人修學佛法二十年後仍對實相般若茫然無知，亦不知如何入門，茫無所趣；更因不知三乘菩提的互異互同，是故越是久學者對佛法越覺茫然，都肇因於尚未瞭解佛法的全貌，亦未瞭解佛法的修證內容即是第八識心所致。本書對於修學佛法者所應實證的實相境界提出明確解析，並提示趣入佛菩提道的入手處，有心親證實相般若的佛法實修者，宜詳讀之，於佛菩提道之實證即有下手處。平實導師述著，共八輯，全部出版完畢，每輯成本價250元。

真心告訴您（一）——達賴喇嘛在幹什麼？ 這是一本報導篇章的選集，更是「破邪顯正」的暮鼓晨鐘。「破邪」是戳破假象，說明達賴喇嘛及其所率領的密宗四大派法王、喇嘛們，弘傳的佛法是仿冒的佛法；他們是假藏傳佛教，是坦特羅（譚崔性交）外道法和藏地崇奉鬼神的苯教混合成的「喇嘛教」，推廣的是以所謂「無上瑜伽」的男女雙身法冒充佛法的假佛教，詐財騙色誤導眾生，常常造成信徒家庭破碎、家中兒少失怙的嚴重後果。「顯正」是揭櫫眞相，指出眞正的藏傳佛教只有一個，就是覺囊巴，傳的是　釋迦牟尼佛演繹的第八識如來藏妙法，稱爲他空見大中觀。正覺教育基金會即以此古今輝映的如來藏正法正知見，在眞心新聞網中逐次報導出來，將箇中原委「眞心告訴您」，如今結集成書，與想要知道密宗眞相的您分享。售價250元。

真心告訴您（二）—達賴喇嘛是佛教僧侶嗎？補祝達賴喇嘛八十大壽：這是一本針對當今達賴喇嘛所領導的喇嘛教，冒用佛教名相、於師徒間或師兄姊間，實修男女邪淫，而從佛法三乘菩提的現量與聖教量，揭發其謊言與邪術，證明達賴及其喇嘛教是仿冒佛教的外道，是「假藏傳佛教」。藏密四大派教義雖有「八識論」與「六識論」的表面差異，然其實修之內容，皆共許「無上瑜伽」四部灌頂爲究竟「成佛」之法門，也就是共以男女雙修之邪淫法爲「即身成佛」之密要，雖美其名曰「欲貪爲道」之「金剛乘」，並誇稱其成就超越於（應身佛）釋迦牟尼佛所傳之顯教般若乘之上；然詳考其理論，則或以意識離念時之粗細心爲第八識如來藏，或以中脈裡的明點爲第八識如來藏，或如宗喀巴與達賴堅決主張第六意識爲常恆不變之眞心者，分別墮於外道之常見與斷見中；全然違背 佛說能生五蘊之如來藏的實質。售價300元。

西藏「活佛轉世」制度—附佛、造神、世俗法：歷來關於喇嘛教活佛轉世的研究，多針對歷史及文化兩部分，於其所以成立的理論基礎，較少系統化的探討。尤其是此制度是否依據「佛法」而施設？是否合乎佛法眞實義？現有的文獻大多含糊其詞，或人云亦云，不曾有明確的闡釋與如實的見解。因此本文先從活佛轉世的由來，探索此制度的起源、背景與功能，並進而從活佛的尋訪與認證之過程，發掘活佛轉世的特徵，以確認「活佛轉世」在佛法中應具足何種果德。定價150元。

法華經講義：此書爲平實導師始從2009/7/21演述至2014/1/14之講經錄音整理所成。世尊一代時教，總分五時三教，即是華嚴時、聲聞緣覺教、般若教、種智唯識教、法華時；依此五時三教區分爲藏、通、別、圓四教。本經是最後一時的圓教經典，圓滿收攝一切法教於本經中，是故最後的圓教聖訓中，特地指出無有三乘菩提，其實唯有一佛乘；皆因眾生愚迷故，方便區分爲三乘菩提以助眾生證道。世尊於此經中特地說明如來示現於人間的唯一大事因緣，便是爲有緣眾生「開、示、悟、入」諸佛的所知所見——第八識如來藏妙眞如心，並於諸品中隱說「妙法蓮花」如來藏心的密意。然因此經所說甚深難解，眞義隱晦，古來難得有人能窺堂奧；平實導師以知如是密意故，特爲末法佛門四眾演述《妙法蓮華經》中各品蘊含之密意，使古來未曾被古德註解出來的「此經」密意，如實顯示於當代學人眼前。乃至〈藥王菩薩本事品〉、〈妙音菩薩品〉、〈觀世音菩薩普門品〉、〈普賢菩薩勸發品〉中的微細密意，亦皆一併詳述之，開前人所未曾言之密意，示前人所未見之妙法。最後乃至以〈法華大意〉而總其成，全經妙旨貫通始終，而依佛旨圓攝於一心如來藏妙心，厥爲曠古未有之大說也。平實導師述　已於2015/05/31起開始出版，每二個月出版一輯，共有25輯。每輯300元。

解深密經講記：本經係 世尊晚年第三轉法輪，宣說地上菩薩所應熏修之唯識正義經典，經中所說義理乃是大乘一切種智增上慧學，以阿陀那識—如來藏—阿賴耶識為主體。禪宗之證悟者，若欲修證初地無生法忍乃至八地無生法忍者，必須修學《楞伽經、解深密經》所說之八識心王一切種智；此二經所說正法，方是眞正成佛之道；印順法師否定第八識如來藏之後所說萬法緣起性空之法，是以誤會後之二乘解脫道取代大乘眞正成佛之道，尚且不符二乘解脫道正理，亦已墮於斷滅見中，不可謂為成佛之道也。平實導師曾於本會郭故理事長往生時，於喪宅中從首七開始宣講，於每一七各宣講三小時，至第十七而快速略講圓滿，作為郭老之往生佛事功德，迴向郭老早證八地、速返娑婆住持正法。茲為今時後世學人故，將擇期重講《解深密經》，以淺顯之語句講畢後，將會整理成文，用供證悟者進道；亦令諸方未悟者，據此經中佛語正義，修正邪見，依之速能入道。平實導師述著，全書輯數未定，每輯三百餘頁，將於未來重講完畢後逐輯出版。

佛法入門：學佛人往往修學二十年後仍不知如何入門，茫無所入漫無方向，不知如何實證佛法；更因不知三乘菩提的互異互同之處，導致越是久學者越覺茫然，都是肇因於尚未瞭解佛法的全貌所致。本書對於佛法的全貌提出明確的輪廓，並說明三乘菩提的異同處，讀後即可輕易瞭解佛法全貌，數日內即可明瞭三乘菩提入門方向與下手處。○○菩薩著 出版日期未定。

阿含經講記——**小乘解脫道之修證**：數百年來，南傳佛法所說證果之不實，所說解脫道之虛妄，所弘解脫道法義之世俗化，皆已少人知之；從南洋傳入台灣與大陸之後，所說法義虛謬之事，亦復少人知之；今時台灣全島印順系統之法師居士，多不知南傳佛法數百年來所說解脫道之義理已然偏斜、已然世俗化、已非眞正之二乘解脫正道，猶極力推崇與弘揚。彼等南傳佛法近代所謂之證果者多非眞實證果者，譬如阿迦曼、葛印卡、帕奧禪師、一行禪師……等人，悉皆未斷我見故。近年更有台灣南部大願法師，高抬南傳佛法之二乘修證行門爲「捷徑究竟解脫之道」者，然而南傳佛法縱使眞修實證，得成阿羅漢，至高唯是二乘菩提解脫之道，絕非**究竟**解脫，無餘涅槃中之實際尚未得證故，法界之實相尚未了知故，習氣種子待除故，一切種智未實證故，焉得謂爲「究竟解脫」？即使南傳佛法近代眞有實證之阿羅漢，尚且不及三賢位中之七住明心菩薩本來自性清淨涅槃智慧境界，則不能知此賢位菩薩所證之無餘涅槃實際，仍非大乘佛法中之見道者，何況普未實證聲聞果乃至未斷我見之人？謬充證果已屬逾越，更何況是誤會二乘菩提之後，以未斷我見之凡夫知見所說之二乘菩提解脫偏斜法道，焉可高抬爲「究竟解脫」？而且自稱「捷徑之道」？又妄言解脫之道即是成佛之道，完全否定般若實智、否定三乘菩提所依之如來藏心體，此理大大不通也！平實導師爲令修學二乘菩提欲證解脫果者，普得迴入二乘菩提正見、正道中，是故選錄四阿含諸經中，對於二乘解脫道法義有具足圓滿說明之經典，預定未來十年內將會加以詳細講解，令學佛人得以了知二乘解脫道之修證理路與行門，庶免被人誤導之後，未證言證，干犯道禁，成大妄語，欲升反墮。本書首重斷除我見，以助行者斷除我見而實證初果爲著眼之目標，若能根據此書內容，配合平實導師所著《識蘊眞義》《阿含正義》內涵而作實地觀行，實證初果非爲難事，行者可以藉此三書自行確認聲聞初果爲實際可得現觀成就之事。此書中除依二乘經典所說加以宣示外，亦依斷除我見等之證量，及大乘法中道種智之證量，對於意識心之體性加以細述，令諸二乘學人必定得斷我見、常見，免除三縛結之繫縛。次則宣示斷除我執之理，欲令升進而得薄貪瞋痴，乃至斷五下分結…等。平實導師述，共二冊，每冊三百餘頁。每輯300元。

修習止觀坐禪法要講記：修學四禪八定之人，往往錯會禪定之修學知見，欲以無止盡之坐禪而證禪定境界，卻不知修除性障之行門才是修證四禪八定不可或缺之要素，故智者大師云「性障初禪」；性障不除，初禪永不現前，云何修證二禪等？又：行者學定，若唯知數息，而不解六妙門之方便善巧者，欲求一心入定，未到地定極難可得，智者大師名之爲「事障未來」：障礙未到地定之修證。又禪定之修證，不可違背二乘菩提及第一義法，否則縱使具足四禪八定，亦不能實證涅槃而出三界。此諸知見，智者大師於《修習止觀坐禪法要》中皆有闡釋。作者平實導師以其第一義之見地及禪定之實證證量，曾加以詳細解析。將俟正覺寺竣工啓用後重講，不限制聽講者資格；講後將以語體文整理出版。欲修習世間定及增上定之學者，宜細讀之。平實導師述著。

★聲明★

本社於2015/01/01開始調整本目錄中部分書籍之售價，以因應各項成本的持續增加。

喇嘛教修外道雙身法，墮識陰境界，非佛教

弘揚如來藏他空見的覺囊派才是真正藏傳佛教

總經銷： 飛鴻 國際行銷股份有限公司

231 新北市新店區中正路 501 之 9 號 2 樓

Tel.02－82186688（五線代表號） Fax.02-82186458、82186459

零售：1.**全台連鎖經銷書局：**

三民書局、誠品書局、何嘉仁書店

敦煌書店、紀伊國屋、金石堂書局、建宏書局

2.**台北市：**佛化人生 羅斯福路 3 段 325 號 6 樓之 4 台電大樓對面

3.**新北市：**春大地書店 **蘆洲**中正路 117 號 明達書局 三**重**五華街 129 號

4.**桃園市縣：**誠品書局 **桃園市**中正路 20 號遠東百貨地下室一樓

金石堂 **桃園市**大同路 24 號 金石堂 **桃園**八德市介壽路 1 段 987 號

諾貝爾圖書城 **桃園市**中正路 56 號地下室 巧巧屋書局 **蘆竹**南崁路 263 號

墊腳石文化書店 **中壢市**中正路 89 號 來電書局 **大溪**慈湖路 30 號

御書堂 **龍潭**中正路 123 號

5.**新竹市縣：**大學書局 **新竹**建功路 10 號 誠品書局 **新竹**東區信義街 68 號

誠品書局 **新竹**東區中央路 229 號 5 樓 誠品書局 **新竹**東區力行二路 3 號

墊腳石文化書店 **新竹**中正路 38 號 金典文化 **竹北**中正西路 47 號

展書堂 **竹東**長春路 3 段 36 號

6.**苗栗市縣：**萬花筒書局**苗栗市**府東路 73 號 展書堂 **竹南**民權街 49-2 號

7.**台中市：** **瑞成**書局、各大連鎖書店。

詠春書局 **台中市**永春東路 884 號 文春書局 **霧峰**中正路 1087 號

8.**彰化市縣：**心泉佛教流通處 **彰化市**南瑤路 286 號

員林鎮：墊腳石圖書文化廣場 中山路 2 段 49 號（04-8338485）

9.**台南市：**博大書局 **新營**三民路 128 號

藝美書局 **善化**中山路 436 號 宏欣書局 **佳里**光復路 214 號

10.**高雄市：**各大連鎖書店、**瑞成**書局

政大書城 **三民區**明仁路 161 號 政大書城 **苓雅區**光華路 148-83 號

明儀書局 **三民區**明福街 2 號 明儀書局 三多四路 63 號

青年書局 青年一路 141 號

11.**宜蘭縣市：**金隆書局 宜蘭市中山路 3 段 43 號

宋太太梅鋪 羅東鎮中正北路 101 號（039-534909）

12.**台東市：**東普佛教文物流通處 台東市博愛路 282 號

13.**其餘鄉鎮市經銷書局：**請電詢總經銷**飛鴻**公司。

14.**大陸地區請洽：**

香港：樂文書店

旺角店 :香港九龍旺角西洋菜街 62 號 3 樓

電話 : (852) 2390 3723 email: luckwinbooks@gmail.com

銅鑼灣店 :香港銅鑼灣駱克道 506 號 2 樓

電話 : (852) 2881 1150 email: luckwinbs@gmail.com

廈門： 廈門外圖臺灣書店有限公司

地址：廈門市思明區湖濱南路809 號 廈門外圖書城3 樓 郵編：361004

電話：0592-5061658（臺灣地區請撥打 86-592-5061658）

E-mail：JKB118＠188.COM

15.**美國：世界日報圖書部：** 紐約圖書部　電話 7187468889#6262

洛杉磯圖書部　電話 3232616972#202

16.**國內外地區網路購書：**

正智出版社 書香園地　http://books.enlighten.org.tw/

（書籍簡介、直接聯結下列網路書局購書）

三民 網路書局　http://www.Sanmin.com.tw

誠品 網路書局　http://www.eslitebooks.com

博客來 網路書局　http://www.books.com.tw

金石堂 網路書局　http://www.kingstone.com.tw

飛鴻 網路書局　http://fh6688.com.tw

附註：1.請儘量向各經銷書局購買：郵政劃撥需要十天才能寄到（本公司在您劃撥後第四天才能接到劃撥單，次日寄出後第四天您才能收到書籍，此八天中一定會遇到週休二日，是故共需十天才能收到書籍）若想要早日收到書籍者，請劃撥完畢後，將劃撥收據貼在紙上，旁邊寫上您的姓名、住址、郵區、電話、買書詳細內容，直接傳真到本公司 02-28344822，並來電 02-28316727、28327495 確認是否已收到您的傳眞，即可提前收到書籍。 **2**.因台灣每月皆有五十餘種宗教類書籍上架，書局書架空間有限，故唯有新書方有機會上架，通常每次只能有一本新書上架；本公司出版新書，大多上架不久便已售出，若書局未再叫貨補充者，書架上即無新書陳列，則請直接向書局櫃台訂購。 **3**.若書局不便代購時，可於晚上共修時間向正覺同修會各共修處請購（共修時間及地點，詳閱**共修現況表**。每年例行年假期間請勿前往請書，年假期間請見共修現況表）。 **4**.郵購：郵政劃撥帳號 19068241。 **5**.正覺同修會會員購書都以八折計價（戶籍台北市者為一般會員，外縣市為護持會員）都可獲得優待，欲一次購買全部書籍者，可以考慮入會，節省書費。入會費一千元（第一年初加入時才需要繳），年費二千元。**6.尚未出版之書籍，請勿預先郵寄書款與本公司，謝謝您！** **7**.若欲一次購齊本公司書籍，或同時取得正覺同修會贈閱之全部書籍者，請於正覺同修會共修時間，親到各共修處請購及索取；**台北市讀者**請洽：103 台北市承德路三段 267 號 10 樓（捷運淡水線 圓山站旁）請書時間：週一至週五為 18.00~21.00，第一、三、五週週六為 10.00~21.00，雙週之週六為 10.00~18.00 請購處專線電話：25957295-分機 14（於請書時間方有人接聽）。

敬告大陸讀者：

大陸讀者購書、索書捷徑（尚未在大陸出版的書籍，以下二個途徑都可以購得，電子書另包括結緣書籍）：

1.**廈門外國圖書公司**：廈門市思明區湖濱南路 809 號 廈門外圖書城 3F
　郵編：361004　電話：0592-5061658　網址：JKB118@188.COM

2.**電子書**：正智出版社有限公司及正覺同修會在台灣印行的各種局版書、結緣書，已有『**正覺電子書**』陸續上線中，提供讀者於手機、平板電腦上購書、下載、閱讀正智出版社、正覺同修會及正覺教育基金會所出版之電子書，詳細訊息敬請參閱『正覺電子書』專頁：http://books.enlighten.org.tw/ebook

關於平實導師的書訊，請上網查閱：

成佛之道　http://www.a202.idv.tw

正智出版社 書香園地　http://books.enlighten.org.tw/

中國網採訪佛教正覺同修會、正覺教育基金會訊息：

http://big5.china.com.cn/gate/big5/fangtan.china.com.cn/2014-06/19/content_32714638.htm

http://pinpai.china.com.cn/

★ 正智出版社有限公司售書之稅後盈餘，全部捐助財團法人正覺寺籌備處、佛教正覺同修會、正覺教育基金會，供作弘法及購建道場之用；懇請諸方大德支持，功德無量。

★ 聲　明 ★

本社於 2015/01/01 開始調整本目錄中部分書籍之售價，以因應各項成本的持續增加。

＊ 喇嘛教修外道雙身法、墮識陰境界，非佛教 ＊

＊ 弘揚如來藏他空見的覺囊派才是真正藏傳佛教 ＊

售後服務—換書啓事（免附回郵） 2012/09/24

《楞嚴經講記》第 14 輯初版首刷本免費調換新書啓事：本講記第 14 輯出版前因 平實導師諸事繁忙，未將之重新閱讀而只改正校對時發現的錯別字，故未能發覺十年前所說法義有部分錯誤，於第 15 輯付印前重閱時才發覺第 14 輯中有部分錯誤尚未改正。今已重新審閱修改並已重印完成，煩請所有讀者將以前所購第 14 輯初版首刷本，寄回本社免費換新（初版二刷本無錯誤），本社將於寄回新書時同時附上您寄書回來換新時所付的郵資，並在此向所有讀者致上最誠懇的歉意。

《心經密意》初版書免費調換二版新書啓事：本書係演講錄音整理成書，講時因時間所限，省略部分段落未講。後於再版時補寫增加 13 頁，維持原價流通之。茲爲顧及初版讀者權益，自 2003/9/30 開始免費調換新書，原有初版一刷、二刷書籍，皆可寄來本來公司換書。

《宗門法眼》已經增寫改版爲 464 頁新書，2008 年 6 月中旬出版。讀者原有初版之第一刷、第二刷書本，都可以寄回本社免費調換改版新書。改版後之公案及錯悟事例維持不變，但將內容加以增說，較改版前更具有廣度與深度，將更能助益讀者參究實相。

換書者**免附回郵**，亦無截止期限；舊書請寄：111 台北郵政 73-151 號信箱 或 103 台北市承德路三段 267 號 10 樓 正智出版社有限公司。舊書若有塗鴨、殘缺、破損者，仍可換取新書；但缺頁之舊書至少應仍有五分之三頁數，方可換書。所有讀者不必顧念本公司是否有盈餘之問題，都請踴躍寄來換書；本公司成立之目的不是營利，只要能眞實利益學人，即已達到成立及運作之目的。若以郵寄方式換書者，免附回郵；並於寄回新書時，由本社附上您寄來書籍時耗用的郵資。造成您不便之處，再次致上萬分的歉意。

正智出版社有限公司 啓

國家圖書館出版品預行編目資料

實相經宗通／平實導師述. -- 初版. -- 臺北市：
正智, 2014.01 -
冊；　公分

ISBN 978-986-6431-68-5（第1輯：平裝）
ISBN 978-986-6431-78-4（第2輯：平裝）
ISBN 978-986-6431-79-1（第3輯：平裝）
ISBN 978-986-6431-90-6（第4輯：平裝）
ISBN 978-986-5655-00-6（第5輯：平裝）
ISBN 978-986-5655-06-8（第6輯：平裝）
ISBN 978-986-5655-16-7（第7輯：平裝）
ISBN 978-986-5655-31-0（第8輯：平裝）

1.般若部

221.44　　102027143

實相經宗通——第六輯

著述者：平實導師
音文轉換：劉惠莉
校對：章乃鈞 陳介源 孫淑貞 傅素嫻 王美伶
出版者：正智出版社有限公司
電話：〇二 28327495 28316727（白天）
傳眞：〇二 28344822
111台北郵政73-151號信箱
郵政劃撥帳號：一九〇六八二四一
正覺講堂：總機〇二 25957295（夜間）
總經銷：飛鴻國際行銷股份有限公司
231新北市新店區中正路501-9號2樓
電話：〇二 82186688（五線代表號）
傳眞：〇二 82186458 82186459
初版首刷：公元二〇一四年十一月三十日 二千冊
初版三刷：公元二〇一六年三月 二千冊
定價：二五〇元

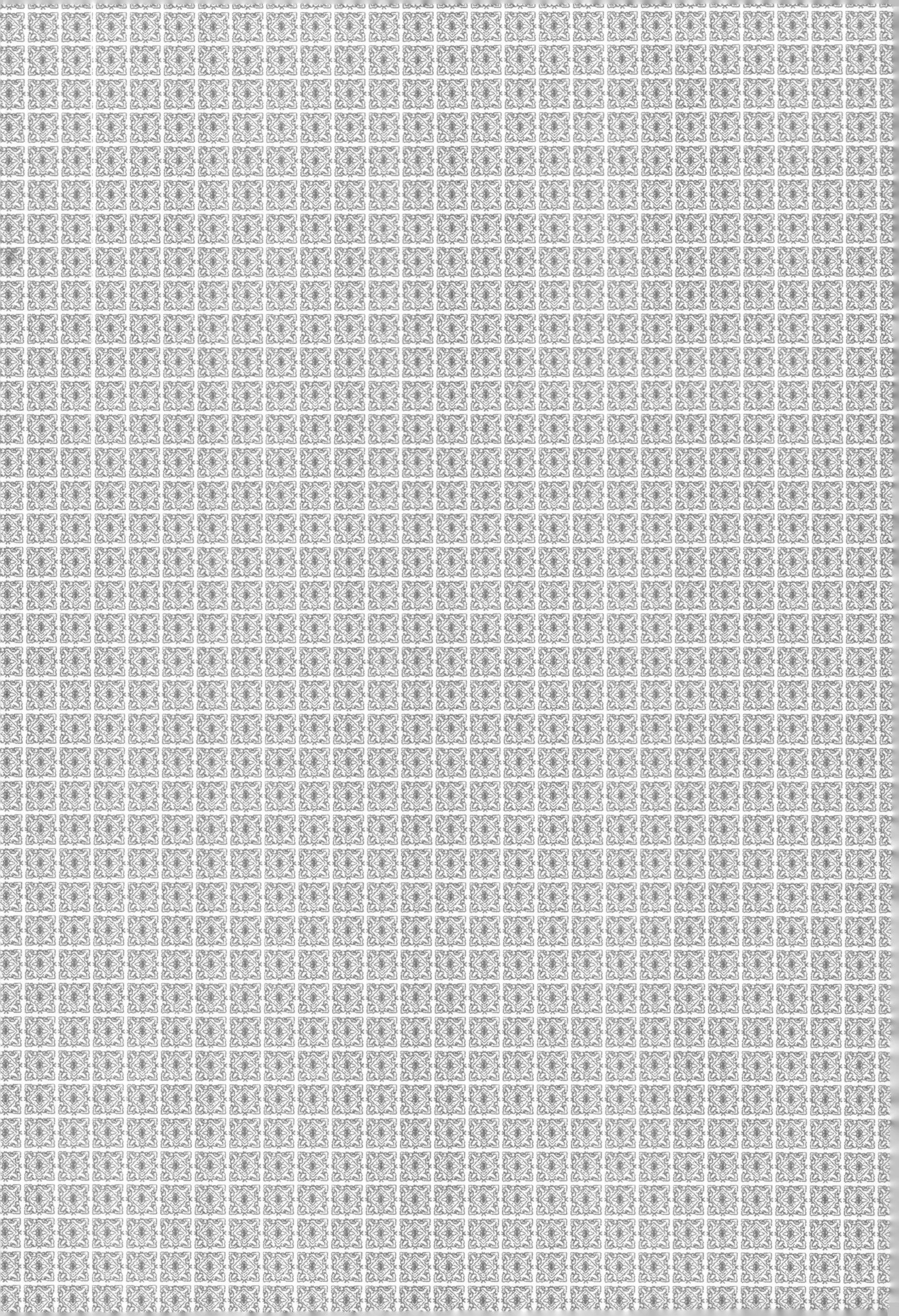